Wolf-Dietrich Meyer-Rath und Friedrich von Klitzing (Hg.)

Demerthin

Das Dorf – die Kirche – das Schloss

Lukas Verlag

Inhalt

VORWEG
Grußworte
Thomas Drachenberg   5
Joachim von Klitzing, von Klitzing'scher Familienverein   6
Daniel Feldmann, Evangelische Kirchengemeinde Demerthin   7
Zum Geleit
Bernd Janowski, Förderkreis Alte Kirchen Berlin-Brandenburg e.V.   8
Danksagung
Wolf-Dietrich Meyer-Rath   10

DAS DORF   11
Die Gemarkung Demerthin aus archäologischer Sicht   12
Kay Richter
Der Ursprung des Namens Demerthin   20
Hans Joachim Schmitt
Demerthin seit dem Mittelalter und seine spätere Entwicklung bis 1945   24
Torsten Foelsch

DIE KIRCHE   41
Die Baugeschichte der Kirche Demerthin   42
Gordon Thalmann
Die Demerthiner Wandmalereien im regionalen Kontext   50
Peter Knüvener
Die Wandmalereien in der Demerthiner Kirche –   58
Eine kultur- und frömmigkeitsgeschichtliche Interpretation
Hartmut Kühne und Nadine Mai
Restaurierung und Perspektiven für die Demerthiner Wandmalereien   108
Hans Burger
Der barocke Kanzelaltar – ein Solitär   118
Werner Ziems

DAS SCHLOSS 121

Die Familie von Klitzing – Gutsherren und ihre starken Frauen 122
Torsten Foelsch

Renaissanceschloss, Wirtschaftsgut und Parkanlage Demerthin 132
Torsten Foelsch

Das Schlossportal 144
Friedrich von Klitzing

Bemerkungen zur ehemaligen Ausstattung des Schlosses Demerthin 150
Torsten Foelsch

Der Patronatsfriedhof »Dunkle Horst« 158
Friedrich von Klitzing

Nutzungsperspektiven des Schlosses aus denkmalpflegerischer Sicht 162
Georg Frank und Andreas Salgo

ANHANG 165

Anmerkungen 166

Bildnachweise 173

Fachliteratur und Quellen 175

Die Autoren 185

Präsentationsseiten 188

Impressum 192

Grußwort

Um Denkmale nachhaltig bewahren zu können, muss man zuerst wissen, warum sie uns so wertvoll sind. Die Erforschung eines Denkmals ist eine wichtige Grundlage, um eine professionelle Erhaltungsstrategie entwerfen zu können. Dabei werden im Idealfall nicht nur die Schäden an der Substanz analysiert und bearbeitet, sondern auch die Nutzung auf die Bedürfnisse des Bauwerkes mit seinen vielen Zeitschichten abgestimmt.

Im Fall der aus dem 15. Jahrhundert stammenden Dorfkirche in Demerthin mit ihren bemerkenswerten spätmittelalterlichen Wandmalereien haben wir mit der sakralen Nutzung eine über Jahrhunderte andauernde Kontinuität.

Die Kirche ist nicht nur ein sakraler Raum, sondern ein baulicher Höhepunkt im baulichen Gefüge des ganzen Dorfes. Das Dorf wiederum erzählt seine Geschichte auf verschiedene Weise: Im Boden befinden sich die Spuren früher Besiedlungskultur, und auch die jetzige bauliche Struktur ist von vielen Zeitschichten in seiner Entwicklung geprägt.

Das von der Familie von Klitzing in der Renaissancezeit unter Einbeziehung eines Vorgängerbaus errichtete Schloss besitzt noch heute ganz im Sinne eines Festen Hauses eine große Wohndiele. Es ist im 17. und 18. Jahrhundert mit vielen Veränderungen weiterentwickelt worden. Der Bau ist bis auf das für die Mark Brandenburg einmalige rundbogige und nach sächsischem Vorbild reich geschmückte Sitznischenportal sehr schmucklos. Das Schloss ist durch die Folgen des Zweiten Weltkrieges und der Bodenreform seiner Nutzungskontinuität und seiner wirtschaftlichen Grundlagen beraubt worden. Bis heute wird nach tragfähigen Erhaltungsperspektiven gesucht, die dringend notwendig sind.

Die vorliegende Publikation macht die Bedeutung der Kirche und des Schlosses mit Park und Gutsanlage sowie der Kunstwerke deutlich und stellt den aktuellen Forschungsstand dar.

Diese Publikation ist daher nicht nur für die Einwohnerinnen und Einwohner von Demerthin bzw. Gumtow und die Touristen ein solider Wissensspeicher, sondern auch für die Fachleute der brandenburgischen Kunstgeschichte. Für die denkmalpflegerische Arbeit stellt es eine aktuelle Grundlage des Wissens um die Bauwerke dar.

Dem Redaktionsteam mit Wolf-Dietrich Meyer-Rath, Friedrich von Klitzing, Dr. Hartmut Kühne und Gordon Thalmann und den vielen Autorinnen und Autoren sei hiermit für die solide und aufwändige Arbeit gedankt.

Ich wünsche dem Buch eine weite Verbreitung.

Thomas Drachenberg
Brandenburgischer Landeskonservator

Grußwort

1438 ist das Jahr der ersten urkundlich belegten Belehnung von Klitzings mit Demerthin. Spätestens seitdem und bis 1945 waren sie hier Lehnsnehmer bzw. Gutsbesitzer. Auch das Kirchenpatronat lag während dieser Zeit in ihren Händen. Ihre tradierten Privilegien und Wahrnehmung ihrer Verantwortung für Demerthin fanden mit der Enteignung und Vertreibung 1945 ein Ende. Danach wurden im v. Klitzing'schen Familienverein weiterhin familiengeschichtliche Erinnerungen gepflegt. Das war umso wichtiger, als das Demerthiner Familienarchiv 1945 verloren gegangen ist.

1990, mit Neugründung des Landes Brandenburg, kam den geschichtlichen Wurzeln der Mark und damit der Geschichte märkischer Adelsfamilien plötzlich wieder größere Bedeutung zu. In Demerthin wurde das durch die äußere Sanierung des Schlosses einschließlich seines beziehungsreichen Portals deutlich sichtbar.

Einige Klitzing-Nachkommen haben sich ab 1990 dafür engagiert, Erinnerungen und Hilfen vorsichtig in die nun anstehenden gesellschaftlichen Umstrukturierungsprozesse einzubringen: Der verwahrloste Friedhof der Patronatsfamilie wurde vom v. Klitzing'schen Familienverein neugestaltet. Durch koordinierte familiäre Spendensammlungen wurde eine Studie zur Sanierung des Schlossportals angestoßen. Die Schloss- und die Familiengeschichte wurden im Hinblick auf neue Fragestellungen aufgearbeitet und im Jahr 2004 zum 400jährigen Jubiläum des Renaissanceschlosses auf Ausstellungstafeln präsentiert. Vor Ort wurden familiengeschichtliche Tagungen und Konzerte durchgeführt sowie eine überregionale Fachtagung angeregt und unterstützt. Einige Klitzings haben eine gemeinnützige GmbH, die Renaissanceschloss Demerthin GmbH, gegründet mit der Intention, dadurch eine sinnvolle zukünftige Schlossnutzung begünstigen zu können. Einzelne Klitzings haben Konzepte und sogar Entwürfe für Nutzungen oder Teilnutzungen des Schlosses und seiner Umgebungsgebäude in die Bemühungen der Zuständigen eingebracht. Die 2014 erschienene Broschüre *»Die spätmittelalterlichen Wandmalereien der Dorfkirche zu Demerthin«*, die Vorgänger-Publikation zu diesem Buch, geht auf Klitzing'sche Initiative und Förderung zurück.

Jetzt, 2020, hat der v. Klitzing'sche Familienverein es übernommen, Nachkommen der früheren Demerthiner Klitzings aus dem In- und Ausland um finanzielle Hilfe für dieses Buch zu bitten. Einige Klitzings haben auch aktiv an der Herausgabe mitgewirkt.

Ich danke allen Autoren, Akteuren und Spendern, die das Zustandekommen dieses Werks ermöglicht haben, insbesondere dem Förderkreis Alte Kirchen Berlin-Brandenburg, der evangelischen Kirchengemeinde, der Studienstiftung Dr. Uwe Czubatynski und dem Verein für Geschichte der Prignitz.

Den Lesern dieses Buchs in Demerthin und in der Prignitz, allen Klitzings und möglichst vielen Touristen wünsche ich Freude an den Texten und Bildern und deren Botschaften.

Joachim von Klitzing
Stellvertretender Vorsitzender des v. Klitzing'schen Familienvereins

Grußwort

Der Evangelische Kirchenkreis Prignitz betreut mehr als 200 Kirchengebäude. Darunter sind prächtige Pilgerkirchen, Stadtkirchen und eine Vielzahl von Dorfkirchen. Es ist eine Besonderheit unseres Landstriches, dass nahezu jede Ortschaft über eine Kirche verfügt, und jede von ihnen stellt einen unendlich wertvollen Schatz dar. Generation von Menschen haben sich in den jeweiligen Orten für ihre Kirchen verantwortlich gefühlt. Nur so ist es zu verstehen, dass sich die Gebäude und das Inventar bis zum heutigen Tag erhalten haben. Insofern stellen wir uns in eine lange Tradition und können ehrfürchtig und dankbar sein, dass wir an diesem so wichtigen Traditionsstrang teilhaben können.

Die Dorfkirche zu Demerthin gehört zu den faszinierendsten Zeugnissen mittelalterlicher Baukunst in unserer Region. Die spätmittelalterliche Saalkirche wurde um das Jahr 1430 von der Familie von Klitzing in Auftrag gegeben und in den folgenden Jahren fertiggestellt. Die Dorfkirche und das Renaissanceschloss bilden ein Ensemble, das in der Prignitz einmalig ist. Ein weiteres Highlight stellen die bis heute erhaltenen mittelalterlichen Wandmalereien dar. Sie zeugen von einer vorreformatorischen Frömmigkeit, die von einer beeindruckenden Bildersprache lebte.

Auch heute wird die Kirche regelmäßig für Gottesdienste, Konzerte und Lesungen genutzt. Besondere Höhepunkte sind hierbei das jährlich stattfindende Martinsfest sowie der in Zusammenarbeit mit der Grundschule Demerthin entwickelte Schulanfangsgottesdienst. Unsere Kirche ist aber auch bei Touristen beliebt. Immer wieder melden sich Besuchergruppen bei uns an, die das Innere unseres mittelalterlichen Gotteshauses bestaunen wollen. Die Ehrenamtlichen führen die Menschen sehr gerne durch ihre Kirche und engagieren sich bei der Vor- und Nachbereitung von Veranstaltungen. Dabei werden auch gerne Publikationen zu unserer Kirche und den Wandmalereien gekauft. Daher sind wir sehr dankbar, dass unser Buchprojekt eine Neuauflage erleben durfte. In diesem Zusammenhang danken wir in besonderer Weise Herrn Wolf-Dietrich Meyer-Rath und dem Förderkreis Alte Kirchen Berlin-Brandenburg e.V.

Daniel Feldmann
Pfarrer in den Pfarrsprengeln Kolrep, Gumtow und Kyritz,
Stellvertretender Superintendent des Kirchenkreises Prignitz

Zum Geleit

Demerthin – ein Dorf mit etwa 350 Einwohnern in der Prignitz, gelegen etwa 30 Kilometer südöstlich der Kreisstadt Perleberg und knapp 10 Kilometer nordwestlich von Kyritz, seit 2002 verwaltungstechnisch zur Amtsgemeinde Gumtow gehörend. Auf den ersten Blick ein Dorf wie viele andere. Rechtfertigt das ein ganzes Buch, verfasst von einer ganzen Reihe namhafter Kunst- und Regionalhistoriker, Denkmalpfleger, Restauratoren und Theologen?

Erstmals urkundlich erwähnt wurde der Ort Demerthin 1438. Fast fünf Jahrhunderte war das Dorf – mit einer Unterbrechung von nur wenigen Jahrzehnten – im Besitz der Adelsfamilie von Klitzing, deren Angehörige ein älteres sogenanntes »festes Haus« bis 1604 zu einem imposanten Renaissance-schloss ausbauten und als Patronatsherren auch für den Unterhalt und die Ausstattung der Kirche verantwortlich zeigten. Diese beiden Kunstdenkmäler, beide in ihrer Erscheinungsform singulär im Nordwesten Brandenburgs, sind es denn auch, die Demerthin – zusammen mit der Familiengeschichte der von Klitzings – ein besonderes Interesse verleihen und dieser Publikation eine Berechtigung geben.

Wie Kreisarchäologe Kay Richter mitteilt, finden sich auf der Gemarkung des Dorfes bereits eisen- und bronzezeitliche Siedlungsspuren. Eine auf alten Karten als Burgwall bezeichnete Erhöhung in der Landschaft weist auf eine deutsche Turmhügelburg des 13./14. Jahrhunderts hin. Am Fuße dieser Burg scheint zeitgleich auch das Dorf entstanden zu sein. Einen wichtigen Hinweis auf die Herkunft der im Zuge der sogenannten Ostkolonisation hier ankommenden Siedler liefert Hans Joachim Schmitt mit der Feststellung, dass der Ortsname Demerthin eine Übertragung aus dem romanischen Sprachraum darstellt. Die Kolonisten fanden ihren Weg in die Prignitz also wohl aus Flandern oder sogar aus dem heutigen Frankreich. Der weiteren Entwicklung Demerthins seit dem Mittelalter widmet sich Torsten Foelsch, der bedauernd darauf hinweist, dass Kirchenbücher erst ab dem Jahr 1770 überliefert sind und das umfangreiche Gutsarchiv 1945 verlustig ging, was historische Forschungen erschwert. Trotzdem gelingt es Foelsch, anhand von einzelnen Urkunden und Aufzeichnungen einen guten Überblick über die Schicksale des Dorfes zu geben.

Die Baugeschichte der Demerthiner Kirche beleuchtet der Denkmalpfleger Gordon Thalmann, der darauf hinweist, dass bei einer Reparatur des Fußbodens im Jahr 2014 Reste eines Feldsteinfundamentes und verkohlte Holzreste entdeckt wurden, was mit ziemlicher Sicherheit auf einen Vorgängerbau des heutigen Kirchengebäudes aus Fachwerk hinweist. Das Datum der Fertigstellung des heutigen Feldsteinbaus (1435) lässt sich anhand einer Dendrodatierung des spätgotischen, original erhaltenen Dachstuhls recht genau bestimmen. Etwas später, um 1500, entstand der Westquerturm, der seinen neugotischen Aufsatz 1896/97 erhielt. Ein besonderes Interesse der Publikation beanspruchen die spätmittelalterlichen Wandmalereien im Kirchenschiff, die durch den Kunsthistoriker und heutigen Leiter der Zittauer Museen Peter Knüvener eine Einordnung in die Kunstlandschaft der Prignitz und einen überregionalen Kontext erfahren. Aufbauend darauf liefern der Theologe Hartmut Kühne und die Hamburger Kunsthistorikerin Nadine Mai eine ausführliche Interpretation der ikonographischen und liturgischen Bedeutung der zahlreichen Bildfelder. Anhand der politischen und vor allem geistlichen Ämter der Stifter, Albrecht von Klitzing sowie seiner beiden Neffen Dietrich und Joachim, dem Hinweis auf kunsthistorische Vergleichsobjekte sowie einen Exkurs zur damals populären Rosenkranzbruderschaft, gelingt den Autoren eine plausibel erscheinende Datierung der Malereien in die 1490er Jahre. Einen Blick auf die Entdeckung, Freilegung und erste Sicherung der Wandmalereien durch Mitarbeiter der Berliner Arbeitsstelle des Instituts für Denkmalpflege in den Jahren 1968 und 1969 wirft Hans Burger, Restaurator am Brandenburgischen Landesamt für Denkmalpflege, der auch eine möglichst baldige Reinigung und erneute Restaurierung der Bildfolgen für dringend geboten hält. Einem weiteren wertvollen Ausstattungsstück, dem barocken Kanzelaltar, widmet sich abschließend zum Themenkomplex Kirche der Restaurator Werner Ziems.

Dem Klitzingschen Schlossbau – ein »*herausragendes Denkmal der Renaissancebaukunst in der Prignitz*« in seiner »*fast unverändert erhalten gebliebenen bauzeitlichen Erscheinung*« – widmet sich ein weiterer Abschnitt des Buches. Einen Überblick über die Familiengeschichte der aus der Altmark stammenden, erstmals 1232 in der Prignitz urkundlich erwähnten, langjährigen Patronatsherren und ihrer Frauen präsentiert einleitend Torsten Foelsch. Der Geschichte des Schlosses, des Wirtschaftsgutes und der Parkanlagen widmet derselbe Autor umfassende Untersuchungen, in denen er feststellt, dass sich trotz des außergewöhnlich gut erhaltenen Baukörpers von der Ausstattung durch Plünderungen nach 1945 fast nichts erhalten hat. Lediglich eine aus Anlass eines Familien-Fideikommiß 1898 ausgestellte Stiftungsurkunde liefert einen annähernden Überblick über die einstmals hier vorhandenen Gemälde und Kunstgegenstände sowie die Bibliothek und das Familienarchiv. Nach Kriegsende entstanden im Schloss Wohnungen für Vertriebene aus den ehemaligen deutschen Ostgebieten, später zogen zusätzlich die Dorfschule und ein Lebensmittelladen ein. Ein auffallendes Baudetail des ansonsten recht schmucklosen Gebäudes stellt das auffällige Sitznischenportal aus sächsischem Sandstein dar, das von einem Allianzwappen der Familien von Klitzing und von Oppen gekrönt wird. Vorgestellt wird das imposante Baudetail, das 2003 restauriert werden konnte, durch Friedrich von Klitzing, der schließlich noch den Patronatsfriedhof »*Dunkle Horst*« vorstellt, welcher 1816 außerhalb des Dorfes angelegt wurde. Hierhin erfolgten auch Umbettungen aus der zuvor genutzten Familiengruft in der Kirche. Die Grablege, zu DDR-Zeiten durch Ignoranz und Vandalismus verwahrlost, konnte durch eine Initiative des von Klitzingschen Familienverbandes bereits 1992 wieder eingeweiht werden.

Während die Dorfkirche regelmäßig für Gottesdienste und Konzerte genutzt wird, ist die Perspektive für das Renaissanceschloss leider noch immer ungewiss. Die Außenhaut ist weitgehend saniert, auch einige Räume sind notdürftig wieder hergestellt. Was jedoch fehlt, ist eine realistische Nutzungsperspektive für das mächtige Gebäude. Die Kommune als Eigentümerin ist verständlicherweise mit dem Unterhalt überfordert. Georg Frank und Andreas Salgo vom Brandenburgischen Landesamt für Denkmalpflege konstatieren abschließend dringenden Handlungsbedarf und mahnen eine Machbarkeitsstudie an.

Den Herausgebern des Bandes, Wolf-Dietrich Meyer-Rath und Friedrich von Klitzing, sowie den Autoren sei herzlich für ihre Arbeit gedankt. Entstanden ist mit der Publikation ein wichtiger Beitrag zur Prignitzer Regionalgeschichte, dem viele interessierte Leser zu wünschen sind!

Bernd Janowski
Förderkreis Alte Kirchen Berlin-Brandenburg e.V.

Danksagung

Mit diesem Buch möchte ich die von mir zusammen mit dem Förderkreis Alte Kirchen herausgegebene kleine Reihe von Publikationen zur Kulturgeschichte der Prignitz abschließen. Ich wünsche diesem Werk das gleiche Interesse der Leserinnen und Leser wie den Publikationen »Die Kirchen und Kapellen der Prignitz« (2016) und »Der Havelberger Altar in der Dorfkirche zu Rossow« (2018).

Sehr herzlich danken möchte ich den hier beteiligten Autoren für ihre vielseitigen Beiträge und ihre engagierte, unermüdliche Mitarbeit, trotz dieser für alle Beteiligten aktuell nicht einfach zu meisternden Zeit. Stellvertretend für die zahlreichen Bildautoren danke ich dem erneut beteiligten Fotografen Bernd Schönberger, dem auch die Luftaufnahmen zum Dorf zuzuschreiben sind. Ganz besonders möchte ich der Grafikerin Kathrin Reiter danken für ihre einfühlsame und ideenreiche Gestaltung der drei Bücher über eine brandenburgische Kulturlandschaft.

Für die großartige Bereitschaft, bei der Finanzierung dieses Buches behilflich zu sein, danke ich allen Förderern und Spendern: der Evangelischen Kirchengemeinde Demerthin, der Gemeinde Gumtow, dem Ingenieurbüro für Baustatik und Sanierungsplanung Dipl.-Ing. (FH) Andreas Nisse, dem Verein für Geschichte der Prignitz e.V., der Studienstiftung Dr. Uwe Czubatynski in Verbindung mit dem Förderkreis Alte Kirchen Berlin-Brandenburg e.V. und zahlreichen Einzelspendern, vor allem aus dem v. Klitzing'schen Familienverein.

Wolf-Dietrich Meyer-Rath
Förderkreis Alte Kirchen Berlin-Brandenburg e. V.

Das Dorf

Die Gemarkung Demerthin aus archäologischer Sicht

Kay Richter

Das brandenburgische Dorf Demerthin liegt ca. acht Kilometer westlich von Kyritz im südöstlichen Teil der in sich geschlossenen Kulturlandschaft der Prignitz. Die Gemarkungsgrenzen sind wohl schon im Zuge des deutschen Landesausbaus im 12./13. Jahrhundert festgelegt worden. Das Gebiet weist ganz unterschiedliche naturräumliche Bedingungen auf.

Die ca. 13 km² große Gemarkung Demerthin wird im Norden und Süden von größeren, nach Osten fließenden Flüssen begrenzt, der Jäglitz im Norden und dem Königsfließ im Süden, die nördlich von Kyritz in einander münden (Abb. 1). Das Dorf und Schloss liegen auf ca. 47 m ü. NHN unterhalb einer sich nach Osten ausdehnenden weichseleiszeitlichen Grundmoränenplatte auf ca. 51 m ü. NHN, die eine relativ ebene Fläche bis zu den Nachbardörfern Mechow und Gantikow bildet (Abb. 2). Im Westen zieht sich eine von Nord nach Süd mehr oder wenige breite Niederung auf einer Höhe von 45 bis 43 m ü. NHN mit einem Hauptgraben durch, der heute als »*Radenthiner Graben*« bzw. »*Gumtow-Graben*« bezeichnet wird und auf der Schmettauschen Karte als »*Grenz Graben*« bezeichnet ist. Die relativ ebene Fläche um den »*Kohlmetzhof*«[1] gehört ebenfalls noch zur Gemarkung Demerthin, obwohl das Gehöft auf dem Urmesstischblatt mit »*zu Gumtow*« bezeichnet ist. Im Südosten findet sich der Flurname »*Am Pappelberg*«, hier erreicht eine weichseleiszeitliche Stauchmoräne bis zu 49 m ü. NHN.

»*Am Pappelberg*« wird halbkreisförmig von einem vermoorten Niederungsbereich umschlossen, der in der Flurkarte als »*Die Torfpläne*« bezeichnet wird (Abb. 3). Auf dem Urmesstischblatt sind in der Gemarkung Demerthin drei Torfscheunen dargestellt (Abb. 4). Bis in das 20. Jahrhundert ist hier Torf abgebaut und in den Scheunen getrocknet worden. Westlich und nördlich schließen sich Wiesenflächen an und ziehen mehr oder weniger breit bis zur Jäglitz durch, wobei die beiden nach Norden bzw. Süden entwässernden Hauptgräben von vielen kleinen Gräben gespeist werden, die die angrenzenden Wiesen durchziehen.

Nordwestlich vom Dorf ist auf dem Urmesstischblatt eine »*Schaaf Schwemme*« vermerkt. Vermutlich wurde hier ein Graben zu einem Teich angestaut. Im fließenden Wasser wurden hier offenbar die Schafe vor der Schur gewaschen, um die Wolle besser verarbeiten zu können bzw. um Qualität der Wolle zu erhöhen. Auch am Dorfrand wird ein Teich als »*Schaaf Schwemme*« bezeichnet, wobei hier kein fließendes Wasser den Teich durchzieht, welches aber für das Schafwaschen in den Quellen dringend empfohlen wird. Es handelt sich hier offenbar um eine Sandgrube (Abb. 5), die vom Grundwasser gefüllt wird. An den Rändern dieser Sandgrube sind bronzezeitliche Gruben (Fundplatz 2) dokumentiert worden und neuere Untersuchungen in diesem Bereich konnten ebenfalls bronzezeitliche Siedlungsspuren nachweisen.[2]

Das Dorf Demerthin wird 1438 erstmals in den Quellen genannt[3] Die gefügekundliche und dendrochronologische Untersuchung der Kirche ergab, dass das Holz für das Dachwerk im Winter 1434 geschlagen und der Bau 1435 fertiggestellt wurde.[4] Die Siedlung bestand somit schon vor der ersten Erwähnung 1438.[5] Eine ältere deutsche Siedlung und Burganlage ist ca. ein Kilometer nordwestlich schon länger bekannt. Auf dem Schmettauschen Kartenwerk ist das Areal als »*Burg Wall*« bezeichnet

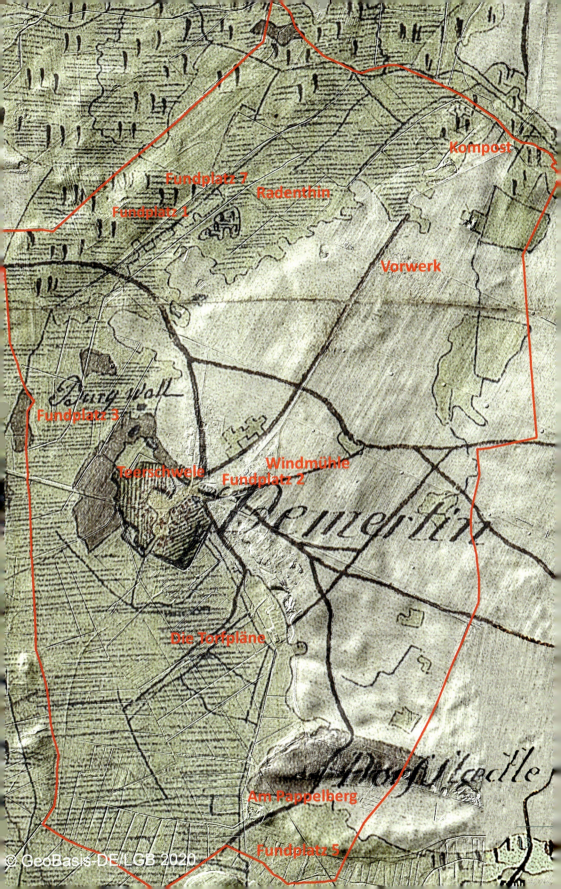

Kompost

Fundplatz 7

Radenthin

Fundplatz 1

Vorwerk

Burgwall

Fundplatz 3

Windmühle

Teerschwele

Fundplatz 2

Die Torfpläne

Am Pappelberg

Fundplatz 5

und auf der Karte des Deutschen Reiches als »*Dunkle Horst*«[6] und Friedhof. Vieles weist darauf hin, dass sich hier eine typische herrschaftliche Turmhügelburg des 13./14. Jahrhunderts befand (Abb. 6 und 7).[7] Südwestlich der Anlage sind vermehrt deutsche Siedlungsspuren (Fundplatz 3) nachgewiesen worden, so dass man von einer vormaligen Vorburgsiedlung ausgehen kann.[8] Vielleicht handelt sich es um die erste Gründung des deutschen Ortes im Zuge des Landesausbaus, der sich jedoch in der Niederung als zu nass erwies und verlassen wurde.

Im Areal des »*Burg Walls*« ist heute eine kreisrunde Anlage mit einem Durchmesser von 120 m erhalten, die sich im Gelände gut sichtbar abzeichnet. Umringt wird sie von einem 0,6 m hohen Wall und einem davor liegenden umlaufenden Graben. Erschlossen wird die Anlage von Süden über einen schwach erhöhten Damm. Die parkartige Gestaltung als Erbbegräbnis der Familie von Klitzing verfügte Wilhelm von Klitzing in seinem Testament.[9] Auf dem Urmesstischblatt ist zentral in der kreisförmigen Anlage eine rote rechteckige Markierung, die als Mausoleum bezeichnet ist. Am östlichen Rand der Anlage befindet sich eine weitere und erhöhte Kreisanlage, die zudem mit einem Kreuz markiert ist. Auf diesem erhöhten Plateau befinden sich heute die überkommenen Grabsteine der Familie von Klitzing, ein Kreuz und ein moderner Gedenkstein, auf dem Wilhelm von Klitzing (1754–1811), Wilhelmine von Klitzing (1757–1808) und Charlotte Louise Bennecke (1760–1827) genannt sind.

Das Dorf wird 1472 mit 42 Höfen und einer freien Windmühle beschrieben. Ob es sich um den gleichen Standort einer Mühle östlich des Dorfes auf einer Höhe von ca. 58,3 m ü. NHN handelt, die

2 Demerthin aus Nordosten

1565, 1686, 1745, 1791, 1801 und 1860 erwähnt ist, kann hier nur vermutet werden. Eine Bestands-aufnahme um 1860 gibt für das genutzte Land in der Gemarkung Demerthin folgendes an: 100 Mor-gen Torf, 1456 Morgen Acker, 664 Morgen Wiese und 228 Morgen Weide.[10]

Der Ortsgrundriss ist bei wenig genauer Betrachtung als Rundling mit nur einer Zufahrt von Osten zu beschreiben, jedoch bei näherer Betrachtung ist der Dorfplatz im Norden rechtwinkelig. Im Süden ist die winkelige Anlage durch den Bau von Scheunen bzw. Wirtschaftsgebäuden, der Kirche und der Gutsanlage mit Park[11] aufgelöst. Die Straße führte nur von Osten ins Dorf, wer weiter nach Westen reiste, musste ihn nördlich durch die Niederung umfahren, um entweder nach Gumtow oder nach Norden nach Vehlow bzw. östlich nach Gantikow oder Mechow zu gelangen. In Richtung Süden nach Berlitt bzw. Rehfeld führte zunächst keine direkte Verbindung.[12] Die Straße nach Süden führt auf der Schmettauschen Karte nur bis zur »Dorf Städte« »Am Pappelberg« (Abb, 8).

Am nördlichen Dorfrand ist im 19. Jahrhundert auch eine Ziegelei vermerkt. Erst spät um 1840 wurde an der Straße nach Vehlow ein Vorwerk zum Dorf angelegt. Heute wird es als Neubau zu Demerthin bezeichnet. 1791 wird schon von einem Vorwerk berichtet, offenbar handelt sich um den »Kohlmetzhof«.[13] Für die Chaussee Berlin – Hamburg wurde der Ortskern nach Westen aufgebrochen und durch die Niederung geführt.[14] Leider konnten in diesem Bereich bei der Sanierung der B 5 keine mittelalterlichen Befunde festgestellt werden.[15] Das Dorf war auch an das Eisenbahnnetz durch die vormalige Schmalspurbahnlinie von Perleberg nach Kyritz angeschlossen. Der Bahndamm südlich vom Ort wird heute als Feldweg genutzt.

3 »Die Torfpläne«

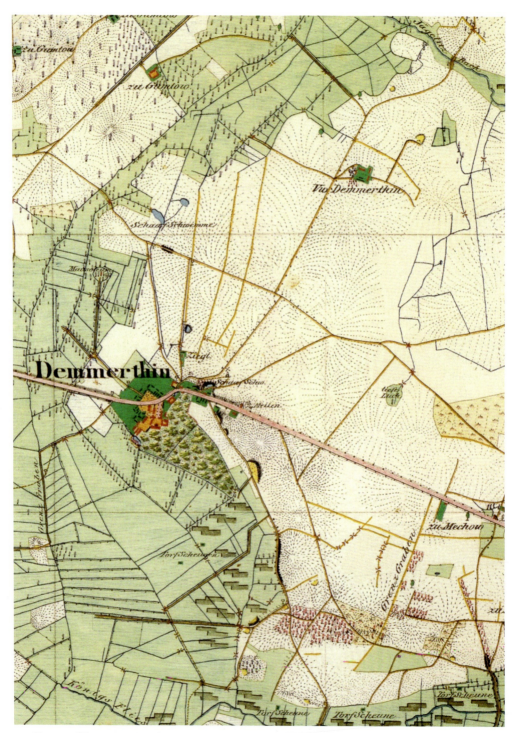

4 *Urmesstischblatt: 3039 Demerthin, 1843 (Ausschnitt)*

Südlich des »*Kohlmetzhofs*« sind zwei Fundplätze, Demerthin 1 und 7, bekannt. Bei dem Fundplatz 1, der an einer leicht erhöhten Kuppe liegt, handelt sich um ein Brandgräberfeld der jüngeren Eisenzeit.[16] Die Gräber wurden in oder neben Steinpackungen entdeckt. Der Leichenbrand wurde sowohl in Urnen als auch frei im Boden als sogenannte Brandschüttgräber aufgedeckt. Auch Grabbeigaben wie zum Beispiel Bruchstücke eines Schwertes, eine Lanzenspitze, Gürtelhakenstücke oder ein Bronzering sind geborgen worden und ins Märkische Museum überführt worden. In unmittelbarer Nähe liegt der jungsteinzeitliche Fundplatz 7. Hier handelt es sich um einen Einzelfund eines Feuersteinbeiles, welches die Familie Kaufmann aus Demerthin 1927 dem Museum in Heiligengrabe schenkte.[17] Ein gleichartiger Fund wurde südöstlich des Dorfes (Fundplatz 6) auf einer Kuppe gemeldet.[18]

Auch beim Torfabbau (Fundplatz 5) sind verschiedene Funde gemacht worden. Dabei handelt sich es wohl unter anderem um Steinbeile und Steinäxte, Tierschädel oder auch um einen Knüppeldamm. Die Funde schenkte Frau von Klitzing 1912 dem Museum in Heiligengrabe. Auch ein zu beiden Seiten zugespitzter Knochen, der damals in das Staatsmuseum in Berlin kam, ist in der Fundliste des Ortes vermerkt.[19]

Aus der Zeit der slawischen Besiedlung der Region sind bislang drei Fundplätze bekannt. Älter bekannt ist der Fundplatz 4 an einer Sandgrube in der oben beschriebenen Stauchmoräne. Der Fundplatz ist schon auf der Schmettauschen Karte als »*Dorf Städte*« bezeichnet. Es handelt sich um eine unbefestigte slawische Siedlung mit typischer Keramik mit Furchen-, Strich- und Tupfenverzierung, aber auch Werkzeug wie ein Schleifstein ist dokumentiert. Auch diese Funde wurden dem Museum in Heiligengrabe übergeben.[20]

Im »*Corpus archäologischer Quellen zur Frühgeschichte*« ist ein zweiter Fundplatz notiert. Die am Niederungsrand der Jäglitz auf einer Kuppe offenbar befindliche slawische Siedlung wird mit dem Flurnamen »*Campus*« beschrieben, jedoch findet sich diese Bezeichnung weder auf den Urkarten noch auf den Reinkarten der Gemarkung. Allerdings ist bis heute an der Jäglitz ein Flurname »*Kompost*« bekannt. Es handelt sich tatsächlich, wie beschrieben, um eine sandige Kuppe am Südufer der Jäglitz. Die gefundenen Scherben werden mit feinen Furchen- und Wellenbandverzierung beschrieben.[21]

Interessant ist auch der etwas südlich vom »*Kompost*« vergebene Flurname »*Radenthin*«, der auf einen wüst gefallenen slawischen Ort hinweisen könnte, jedoch sind bislang keine Funde bekannt. Der dritte gesicherte neue slawische Fundplatz liegt im nördlichen Bereich des Dorfangers. Hier ist bei der Verlegung einer Nahwärmeleitung eine slawische Teerschwele aufgedeckt worden, zudem berichteten die Anwohner in unmittelbarer Nachbarschaft, dass sie vermehrt slawische Keramikscherbenfunde auf ihren Grundstücken gemacht hätten.[22]

5 »Schaaf-Schwemme« am östlichen Dorfrand

7 »Dunkle Horst«

6 *»Dunkle Horst« Begräbnisstätte der Familie von Klitzing*

8 *»Am Pappelberg«*

Der Ursprung des Namens Demerthin

Hans Joachim Schmitt

Die Tatsache, dass in Brandenburg zahlreiche Ortsnamen im Laufe der mittelalterlichen Ostsiedlung – vor allem im 12. und 13. Jahrhundert – von Kolonisten aus dem Westen mitgebracht wurden (die Ortsnamenkunde nennt sie »Übertragungsnamen«), ist sicher allgemein bekannt. Dass es
neben den zahlreichen Namen germanischen (d. h. meist niederdeutschen, niederländischen oder
flämischen) Ursprungs auch einige gibt, die aus dem romanischen (d. h. nordfranzösischen oder
wallonischen) Sprachraum stammen, wissen dagegen die wenigsten. Dass auch Demerthin dazu
gehört, soll dieser Beitrag zeigen. Ferner sollen Entstehung und Bedeutung des Ortsnamens geklärt
werden.

Von den wenigen brandenburgischen Ortsnamen romanischen Ursprungs seien nur einige gut
gesicherte Fälle genannt: Frehne b. Meyenburg, Häsen im Löwenberger Land, Markee b. Nauen,
Landin b. Angermünde. Bei etlichen anderen Orten ist dies zwar möglich, aber unsicher, während
wieder andere ihnen zu Unrecht zugerechnet werden. Einzelheiten dazu findet man in meinem
sprachwissenschaftlichen Aufsatz in der Zeitschrift »Romanistik in Geschichte und Gegenwart«.[1]

Die damals übertragenen germanischen Ortsnamen sind dagegen so zahlreich, dass ich darauf ver-
zichte, hier Beispiele zu nennen. Einige werden in meinem Aufsatz in den »Mitteilungen des Vereins für
Geschichte der Prignitz« von 2013 erwähnt.[2] Was Brandenburg als Ganzes betrifft, so kann man sich
in den zwölf Bänden des »Brandenburgischen Namenbuches« informieren, die von Fall zu Fall darauf
hinweisen (wie natürlich auch auf die Ortsnamen romanischer Herkunft). In einigen findet man auch
ein zusammenfassendes Kapitel, welches das Phänomen erklärt (so auch im 6., der Prignitz gewidmeten
Band).[3] Ähnlich verfährt Reinhard E. Fischer in seiner mustergültigen, kompakten und allgemeinver-
ständlichen Gesamtdarstellung der Ortsnamen von Brandenburg und Berlin.[4]

Vorab sind des besseren Verständnisses wegen zwei wichtige Fragen zu klären.

1. Wie war es möglich, die Namen romanischer Herkunft aus dem riesigen brandenburgischen
Ortsnamenschatz zu isolieren? Die Antwort ist relativ einfach: Man wandte das Ausschlussverfahren
an. Die Ortsnamen im Raum der deutschen Ostsiedlung lassen sich nämlich in ihrer großen Mehrheit
entweder auf germanische oder, soweit sie von der Vorbevölkerung stammen, auf slawische Wurzeln
zurückführen. Es bleibt ein Rest, bei dem diese Erklärung versagt. Da Einwanderer aber auch aus dem
Umkreis der romanisch-germanischen Sprachgrenze im heutigen Belgien und Nordfrankreich gekom-
men sein mussten, lag es nahe, den gut erschlossenen romanischen Namenbestand dieser Gegenden
auf mögliche Vorbilder zu durchforsten. So verfuhr schon in den 50er und 60er Jahren der bekannte
Ortsnamenforscher Max Bathe, und seit den Achtzigern taten dies auch, sich oft auf ihn berufend, die
Verfasser des »Brandenburgischen Namenbuches«. Allerdings gibt es für die meisten dieser Namen
zwei oder gar mehrere Vorbilder, und mangels direkter urkundlicher Quellen ist es nicht möglich,
eine Entscheidung zu treffen. Da es sich meist um kleine und unbedeutende Orte handelt, sind solche
Zeugnisse, zumal zu so früher Zeit, auch nicht zu erwarten.

2. Woher wissen wir überhaupt, dass die meisten Ostsiedler nicht nur aus dem nord- und
westdeutschen Flachland, sondern auch aus den heutigen Niederlanden, Belgien und sogar

Nordfrankreich kamen? Hauptquelle ist die lateinisch geschriebene Slawenchronik des Helmold von Bosau (um 1120 – nach 1177). Die einschlägige Stelle steht in dem Albrecht dem Bären (vor 1100–1170) gewidmeten Kapitel. Dieser habe Beauftragte nach Utrecht, in die Rheingegenden und an die niederländisch-flandrische Küste gesandt, um Kolonisten anzuwerben und sie in den jenseits von Havel und Elbe unterworfenen, von slawischen Stämmen bewohnten Gebieten anzusiedeln.[5]

In die wasserreichen und sumpfigen Ebenen Brandenburgs holte man mit Vorliebe Siedler aus dem sich bis an die Nordsee- und Kanalküste erstreckenden Flachland, die ähnliche Verhältnisse kannten und viel Erfahrung mit der Trockenlegung und Urbarmachung solcher Landstriche mitbrachten. Für die Küstenbewohner kam hinzu, dass die ständige Bedrohung durch Sturmfluten und Überschwemmungen die Abwanderung begünstigte. Auch dies spielte, wie der Chronist berichtet, bei der Anwerbung der Siedler eine Rolle.

Die Territorialherren führten die Besiedlung jedoch nicht selber durch. In ihrem Auftrag wirkten sogen. »Lokatoren« (zu lat. *locatio* = Pacht[vertrag], Vergabe von Ländereien), die das Land vermaßen und an die eigentlichen Siedler verteilten. Es waren in der Regel Adlige aus dem Altsiedlungsgebiet, die in ihrem Gefolge wiederum eine Reihe von Rittern, Knappen und Bauern mit sich führten.

Nun also zurück zu Demerthin.
Der Name lässt sich – wie oben erläutert – weder auf germanische noch slawische Wurzeln zurückführen. Die Autoren des »Brandenburgischen Namenbuches« suchten also nach Vorbildern im romanischen Sprachraum Belgiens und Nordfrankreichs. Nun ist er im 15. und 16. Jahrhundert auch als *Damertin, Domertyn* bezeugt. Hier springt die Ähnlichkeit mit frz. *Dammartin* bzw. *Dommartin* (beide Formen existieren nebeneinander) geradezu ins Auge. Um weitergehende Schlüsse zu ziehen, muss die wissenschaftliche Namenkunde allerdings die Formen der frühen Urkundenbelege, und zwar möglichst noch aus der Zeit der Namensübertragung im 12. und 13. Jahrhundert, heranziehen. Für das Prignitzer Dorf lauten sie:[6] a[nno] 1375 Clawes [= Klaus] *Demertin* (Personenname aus Havelberg), a. 1438 *damertin*, a. 1525 *Domertyn*, a. 1552 *Demerthin*, a. 1588 *Damertin*, a. 1677 *Demmertien*.

Nach Vergleich mit den Belegen der beiden großen Ortsnamenbücher, die das Namengut der Ursprungsregionen erfassen, kommen zwei gleichnamige Orte in Frage, und zwar einer in Belgien bei Lüttich / Liège, der andere in Frankreich unweit des Ärmelkanals, ca. 50 km südlich Boulogne-sur-Mer, im Artois, aber direkt an der Grenze zur Picardie:

1. *Dommartin* b. Saint-Georges-sur-Meuse, Arr[ondissement] Waremme: a. 1166 *Dummartin*.[7]
2. *Dommartin* b. Tortefontaine, Arr. Montreuil-sur-Mer, Département Pas-de-Calais: a. 1147 *Donmartin*, a. 1159 *Damertin*, a. 1175 *Dommartin*.[8]

Vergleicht man die Daten der Erstbelege im Westen mit denen in Brandenburg, so klafft zwischen ihnen eine Lücke von immerhin gut zwei Jahrhunderten. Trotzdem ist eine Namensübertragung so gut wie sicher. Siedlungen sind nämlich meist erheblich älter als ihre oft zufällige urkundliche Ersterwähnung. Den Ausschlag gibt hier aber die große formale Ähnlichkeit, die kaum auf Zufall beruhen kann.

Wie man den französischen Belegen unschwer ansieht, trägt das Prignitzer Dorf den Namen des Hl. Martin. Sein französisches Vorbild ist auch sprachgeschichtlich interessant, denn das Wort *Dom* oder *Dam* (aus lat. *dominus*) ist der Vorläufer des späteren *Saint*. Es war bis um das Jahr 1000 in Gebrauch und wurde dann in den Ortsnamen nach und nach von diesem abgelöst. Die ältere Bezeichnung ist im französischen Sprachraum jedoch noch weit verbreitet. So sind die den Namen des Hl. Petrus tragenden *Dampierre* und *Dompierre* vor allem im Norden und Osten recht häufig; das bekannteste Beispiel ist aber wohl *Domrémy* an der Maas / Meuse, der Geburtsort von Jeanne d'Arc, der Jungfrau von Orléans. In ihm steckt der Name des Hl. Remigius, französisch *Saint Rémy*.

Aus welchem der beiden Dommartin die Siedler nun tatsächlich kamen, bleibt mangels direkter urkundlicher Quellen im Dunkeln. Hier enden üblicherweise die Bemühungen der primär sprachwissenschaftlich arbeitenden Ortsnamenforscher, und so verfuhr auch ich im oben erwähnten Brandenburg-Aufsatz.

Jetzt aber ging ich bei meinen Nachforschungen zu Demerthin einen Schritt weiter und versuchte, in die realen historischen Hintergründe der vermuteten Abwanderung einzudringen. Dabei kamen überraschende und bisher unbekannte Erkenntnisse zutage, die die Sache in einem neuen Licht erscheinen lassen. Um dies zu erklären, muss ich etwas ausholen.

Durch Recherchen in Wikipedia (deutsch und französisch) hatte ich herausgefunden, dass das unter 2. genannte Dommartin nicht mehr existiert, dafür aber an seiner Stelle eine Abtei mit Namen *Saint-Josse de Dommartin*. Um Näheres zu erfahren, wandte ich mich an den Bürgermeister der heute zuständigen Gemeinde Tortefontaine. Dommartin wurde im Jahre 1831 unter die Nachbarorte aufgeteilt. Meine Anfrage wurde an den jetzigen Eigentümer des Abteigeländes weitergeleitet. Dieser, ein Privatmann aus Lille, hat es vor 25 Jahren vom Staat erworben, dem es seit der Nationalisierung in der Revolution von 1789 gehörte, und er restauriert seither die offenbar beträchtlichen Überreste mit staatlicher Hilfe. Es handelte sich um eine bedeutende Prämonstratenserabtei,[9] die 1161 an die jetzige Stelle verlegt wurde, nachdem sie 1131 nur wenige Kilometer entfernt gegründet worden war. Dass ausgerechnet dieser Orden sie dort errichtete, bringt möglicherweise neues Licht in die Frage nach der Herkunft der nach Brandenburg gekommenen Siedler. Er wurde nämlich 1120/21 von einem Vertrauten Kaiser Lothars III., dem später heiliggesprochenen Norbert von Xanten gegründet. Dieser wurde schon 1126 zum Erzbischof von Magdeburg ernannt. Von dort hatte er großen Einfluss auf die Christianisierung und Kolonisation der neu eroberten ostelbischen Gebiete, wobei sein Orden natürlich eine führende Rolle spielte (u. a. wurde 1144 auch das Stift Jerichow errichtet). Die Vermutung liegt nahe, dass der Orden, neben seinen eigenen kolonisatorischen Aktivitäten, auch Siedler aus dem Westen an interessierte Grundherren vermittelte, so vielleicht auch an den Bischof von Havelberg. Es wären dann von der Prämonstratenserabtei Dommartin abhängige Bauern gewesen, die man nach Brandenburg schickte, die Demerthin gegründet und den Namen mitgebracht hätten. Ob diese Hypothese sich durch archivalische Nachforschungen beweisen ließe, vermag ich nicht zu beurteilen. Dr. Czubatynski vom Domstiftsarchiv Brandenburg hält sie jedenfalls für durchaus begründet, zumal dem Bischof von Havelberg im Jahre 1150 von Kaiser Konrad III. ein Privileg zwecks Ansiedlung von Kolonisten »jeglicher Herkunft« gewährt wurde (Mitteilung vom 18.11.2019). Träfe sie zu, so wäre Demerthin meines Wissens die erste brandenburgische Gemeinde mit einem übertragenen romanischem Namen, die mit hoher Wahrscheinlichkeit einem einzigen und somit bestimmten Ursprungsort zugeordnet werden könnte.

Allerdings darf ein mögliches Gegenargument nicht unter den Tisch fallen. Die Gegend um Dommartin ist nämlich keine der für die Ursprungsgebiete der Siedler typischen, oben beschriebenen Landschaften. Es fehlen Sümpfe oder Moore, und die Küste ist relativ weit entfernt (bis zum Meer sind es mindestens 20 Kilometer Luftlinie). Wie zahlreiche Beispiele zeigen, sollte man sich allerdings hüten, diese Kriterien absolut zu setzen. Zudem liegt der Ort sehr weit im Süden, denn sowohl bis Boulogne-sur-Mer als auch zur mittelalterlichen Sprachgrenze im Norden sind es gut 50 Kilometer Luftlinie. Trotzdem erscheinen mir diese geographisch-topographischen Argumente weniger gewichtig als die enge Verbindung des Ortes und seiner Bewohner zum Prämonstratenserorden und dessen Ausgreifen in die ostelbischen Territorien.

Um zu einem ausgewogenen Urteil zu gelangen, ist es unerlässlich, auch das belgische Dommartin genauer in den Blick zu nehmen. Es liegt ca. 20 Kilometer westlich Lüttich / Liège, an einer alten Römerstraße und nahe der heutigen Sprachgrenze im Haspengau (frz. *Hesbaye*), einem der fruchtbarsten Landstriche Belgiens. Eine Besonderheit des Dorfes sind laut französischer Wikipédia mehrere »fermes fortes [= befestigte Höfe]«, d. h. imposante, rechteckig um einen Innenhof angeordnete Gutsareale, die in heutiger Form bis ins 17. Jahrhundert zurückgehen. Es ist nicht auszuschließen, dass solche auch schon im 12. und 13. Jahrhundert existierten, doch habe ich dazu nicht nachgeforscht. Kombiniert man diese Möglichkeit mit dem bäuerlichen Charakter der Region, ihrer dichten Besiedlung und einem daraus eventuell resultierenden Bevölkerungsüberschuss, so könnte sie natürlich auch für eine mittelalterliche Abwanderung nach Brandenburg sprechen. Hinzu kommt, dass einige der von den Autoren des »Brandenburgischen Namenbuches« (wie auch schon von früheren Forschern) vermuteten Ursprungsorte in derselben Gegend liegen.[10]

Eine Entscheidung zwischen den beiden Möglichkeiten ist schwierig, doch halte ich die Prämonstratenser-These für wahrscheinlicher.

Demerthin seit dem Mittelalter und seine spätere Entwicklung bis 1945

Torsten Foelsch

Die vorgeschichtliche Zeit (s. Beitrag von Kay Richter), aber auch in wesentlichen Zügen die mittelalterliche Geschichte Demerthins liegen – wie bei den allermeisten Dörfern der Prignitz – im Dunkeln. Die rätselhaften Flurbezeichnungen »*Burg Wall*« nordwestlich sowie »*Dorfstaedte*« südöstlich von Demerthin auf der Schmettau'schen Karte (1767–87) werfen auch nur ein blasses Schlaglicht auf die vielen unbeantworteten Fragen zur früheren Siedlungsgeschichte Demerthins. Nur wenige greifbare Spuren in den spärlich überlieferten Quellen offenbaren etwas vom Schicksal des Dorfes und seiner Bewohner in alter Zeit. Baulich sind dies einzig die feldsteinerne Dorfkirche und die ältesten Teile des heutigen Gutshauses – in der Bevölkerung Schloss genannt –, wenngleich auch sie nicht bis in die früheste Zeit der deutschen Besiedlung (um 1200) und der mittelalterlichen Dorfgründung zurückreichen. Die vermutlich dem Hl. Georg gewidmete Kirche, über die noch weiter unten ausführlich zu sprechen sein wird (s. Beitrag von Gordon Thalmann), steht in der Mitte des Dorfrundlings, geht in ihrem Saalbau auf das frühe 15. Jahrhundert zurück und wurde um 1435 baulich fertiggestellt. Ihr mächtiger Westturm (1896/97 erneuert), der die kleinen mittelalterlichen Bauernhäuser aus Fachwerk und mit ihren Strohdächern überragte, kam erst um 1510

1 Ausschnitt aus dem Schmettauschen Kartenwerk von 1767–87 mit Lage des Dorfes Demerthin und Umgebung

zur Vollendung. In den Jahrzehnten dazwischen entstanden in ihrem Innern die Wandmalereien mit den farbenfrohen Bilderzyklen zur Passionsgeschichte, zur biblischen Geschichte und zu Heiligenlegenden.[1]

1438 trat das Dorf Demerthin urkundlich erstmals in Erscheinung, als Markgraf Friedrich II. die drei Vettern Hans, Dietrich und Henning von Klitzing (»*dy Klytczinge*«) mit Geldhebungen, dem Kirchenlehen und Gericht in Demerthin sowie weiterem umfangreichen Besitz in der Umgebung (u. a. Karnzow, Bork) belehnte. Damit ist auch diese märkische Uradelsfamilie hier erstmals ansässig erwähnt. Auch in späteren kurfürstlichen Lehnbriefen werden stets die von Klitzing auf Demerthin angesprochen, so 1472, als sie u. a. mit 42 Pachthufen in Demerthin belehnt wurden.[2] Vermutlich gehen die ältesten Teile des heutigen Schlosses wie auch die Kirche auf diese Zeit zurück. Mit der Etablierung eines festen Rittersitzes am südlichen Rand des Dorfrundlings wurde dessen ursprüngliche Geschlossenheit sukzessive aufgebrochen und im Jahre 1828 bei Durchlegung der neuen Chaussee gänzlich aufgegeben.

Die Familie von Klitzing gehört zum ältesten Adel der Mark Brandenburg und wurde bereits 1237 in der Urkunde, mit der die Brüder Johann und Gebhard von Plotho ihrer Stadt Kyritz städtische Verfassungseinrichtungen verliehen hatten, mit Johannes de Clitsine als Zeuge urkundlich zuerst erwähnt. In Demerthin blieb die Familie, die ursprünglich Lehnsträger des Havelberger Bischofs war, mit einer Unterbrechung von 1662 bis 1738 bis zum Jahre 1945 sesshaft und errichtete hier unter Einbeziehung älterer Vorgängerbauten 1604 das noch heute stehende Schloss in seinem charakteristischen Renaissance-Gewand (vgl. Kap. Das Schloss).

Die als Runddorf angelegte Siedlung dürfte im Verlaufe des 13. Jahrhunderts entstanden sein. Sie beackerte im Jahre 1472 mit ihren Höfen ganze 42 Hufen und hatte damals schon eine Windmühle, die sich bis ins 19. Jahrhundert hier hielt. Die Anzahl der ursprünglich im Rundling angesetzten Hüfner verringerte sich nach Etablierung des von Klitzing'schen Rittersitzes in der Nachbarschaft zur Kirche. 1576 wurden insgesamt 15 Hüfner und 8 Kossäten genannt, von denen nach Ende des 30jährigen Krieges laut Landreiterbericht aus dem Jahre 1652 noch 7 Vollhüfner, 2 Halbhüfner und 6 Kossäten-Stellen verblieben waren.[3] Bei der Aufstellung des neuen Steuer-Katasters 1686/87 gab es wieder 11 besetzte Hüfner-Stellen, vier waren noch unbesetzt. Von den acht vorhandenen landlosen Kätner-Stellen waren noch drei unbesetzt. Das Gut hatte inzwischen 14 Hufen der Dorffeldmark unter Pflug. Eine Hufe von der Hüfner-Stelle Heineburg wurde damals dem Pfarrgehöft zugeschlagen. An den Gemeinheitsteilungen im Jahre 1851 waren schließlich 10 Zweihüfner und 6 Einhüfner beteiligt, die damit den endgültigen Umfang der Bauernstellen im Dorfe bis zu den Veränderungen der sog. Bodenreform von 1945 markierten.[4] Die heute noch vorhandenen Gebäude auf den verbliebenen Hofstellen weisen überwiegend eine Bausubstanz aus der zweiten Hälfte des 19. Jahrhunderts und danach auf. Einige Wohnhäuser zeigen mit ihrer Giebelständigkeit noch den historischen Zustand der Konfiguration der Höfe, die sich um den Rundlingsplatz gruppierten und in der Mitte die Kirche mit dem Kirchhof, dem Pfarrhaus und der Dorfschule umfassten. Der um die Kirche herum gelegene Kirchhof nahm – wie überall in der Mark – ursprünglich die Gräber der Dorfeinwohner auf. Erst um 1818 begründete die Gemeinde dann an der heutigen Stelle außerhalb des Dorfes einen neuen Friedhof. Bis 1811 war die Kirche auch die Grablege für die Patronatsfamilie, deren verschiedene Mitglieder in einer Gruft unter dem Kirchenfußboden ruhen (vgl. den Abschnitt zum Park).[5]

Das älteste erhaltene Kirchenbuch beginnt erst 1770, so dass Nachrichten über die hier ursprünglich ansässigen Familien nur aus anderen Quellen wie den Kirchenvisitationen, dem Landreiterbericht von 1652 oder dem Steuerkataster von 1686/87 geschöpft werden können. Auch über die Wirtschaftsverhältnisse im Dorf und auf dem Gut im 15. und 16. Jahrhundert wissen wir nur wenig, da das Gutsarchiv 1945 verlorenging. Nur in der kirchlichen und staatlichen Archivüberlieferung finden sich einige Anhaltspunkte zur spätmittelalterlichen Geschichte von Dorf und Gut. So erfahren wir z. B. aus den Streitakten des 16. Jahrhunderts einiges über die gutsherrlichen Praktiken der damals in Demerthin wohnenden Brüder Dietrich, Georg und Joachim von Klitzing. Da geht aus den Streitigkeiten von 1544 u. a. hervor, dass Dietrich von Klitzing in Demerthin auf »gemeinsamen Pfandhöfen« einen Weinberg anlegte und auch Kirchenland dazu missbrauchte. Im Übrigen benutze er die Kirche – wie schon sein Vater – als Scheune, »näme nicht nur den leuten mit seinem Korn und Hausgerät den Platz weg, sondern zöge auch große Mäuse hinein, die das Kirchengerät zerfressen. Wenn man das hochwürdige Sakrament in der Kirche halten will, ›feldt es von dem Meusefraß so gewaltig hernieder, das solchs den Leutten in der Kirchen einen großen verdris gibt.‹ Und wenn seine Leute in der Kirche Korn aufschütten, machen sie dort von Mist und Stroh so ein ›Wusth‹, wie in einem Kuhstall sein mag.«[6] Die späteren Generationen gingen achtsamer und ehrfurchtsvoller mit der Kirche und ihrer Ausstattung um, auch die Patronatsfamilie, die bis ins 20. Jahrhundert hinein immer wieder wertvolle Inventarstücke gestiftet hat, zuletzt Adda von Klitzing im Kriegsjahr 1917 den schönen Kronleuchter. Irgendwann nach der Reformation in der zweiten Hälfte des

2 Demerthin, Senkrecht-Luftbildaufnahme vom 14. April 1945 mit Lage von Schloss, Park und Dorf

16. Jahrhunderts wurden allerdings die farbigen Bilderzyklen an den Kirchenwänden – wie überall in den Kirchen – weiß übertüncht und waren bald vergessen, so dass späteren Generationen ihre plötzliche Wiederentdeckung 1968 eine große Überraschung war. (vgl. Kap. Die Kirche)

1552 verschrieb der Kurfürst Joachim II. dem damals zu Demerthin angesessenen Dietrich von Klitzing (1516–63), der zusammen mit seinem Bruder Georg (1516–55) Haushofmeister und Rat des Markgrafen Johann Georg war, die Kyritzer Klostergebäude, die dieser 1552 zur Hälfte an die Stadt Kyritz zur Versorgung der Armen abtrat und außerdem eine Armenstiftung errichtete. Die andere Hälfte der Klostergebäude solle er »für sich gebrauchen und behalten.«[7] Teile der später abgetragenen Gebäude stehen noch heute. 1570 erbte Andreas von Klitzing (1526–86), ein Neffe des Dietrich, Demerthin mit Zubehör. Der ebenfalls als Kammerjunker und Rat in den Diensten des Kurfürsten Joachim II. stehende Andreas von Klitzing war außerordentlich erfolgreich in Geldgeschäften und erwarb zusammen mit dem Kanzler Lampert Diestelmeyer 1558 die Anwartschaft auf die Güter Walsleben und Radensleben bei Neuruppin. In der Teilung zwischen den beiden Käufern erhielt Andreas von Klitzing das Gut Walsleben, das er nach seiner Verheiratung 1575 zu seinem stattlichen Wohnsitz ausbaute. Als er 1586 früh verstarb, führte die Witwe Katharina geb. von Oppen (1553–1621) für ihre Söhne die Geschäfte und ließ bis 1604 besonders das Gutshaus prächtig ausbauen und zur heutigen Größe erweitern. Es wurde zunächst bis 1624 von ihrem Sohn Kaspar (1581–1638) bewohnt, der allerdings dann nach Walsleben übersiedelte. Erst seine Witwe, Ehrentraut geb. von Wulffen (1591–1659), nahm gegen Ende des 30jährigen Krieges 1642 zusam-

3 Demerthin, Dorfkirche, Blick von Nordwest auf die Turmfassade, links ein Wirtschaftsgebäude des Gutes, um 1935

men mit ihrer Tochter Anna Ehrentraut, später vermählten von Platen (1628–nach 1694) ihren Wohnsitz wieder im Schloss Demerthin. Als sie 1638 nach Demerthin kam, übernahm sie den Rittersitz *»öde und wüst. Kein Brot, kein Saatkorn, kein Stück Vieh war anzutreffen. Sie musste in den drei ersten Jahren wegen der großen Kriegsunruhen und Unsicherheit alles wüste stehen las-sen und konnte erst 1642 mit der Bewirtschaftung beginnen. [...]«* und das Gut mit hohen Kosten wieder hochwirtschaften. *»Sie steckte Baukosten hinein und versorgte die Bauern mit Korn und Vieh, laut der Rechnung in Höhe von 2.036 Thlr.«*[8]

Diese Informationen sind nur wenige Streiflichter auf eine sonst weitgehend im Dunkeln liegende mittelalterliche Dorf- und Gutsgeschichte, die sich erst mit der zunehmenden Aktenüberlieferung ab dem 17. Jahrhundert mehr aufklart. Die Kirchenvisitation von 1600 birgt derlei frühe Mitteilungen, daneben auch die Akten der Lehnskanzlei. Damals wurden als Gotteshausleute in Demerthin Claus Heuer, der Dorfschulze Jürgen Waßmundt und Achim Ziggel genannt. Die Kirchenältesten waren damals Hans Gumptow, Merten Kressin, Achim Giese und Achim Luggeviel. Als Küster wirkte zu der Zeit Jürgen Lübstrow und als Pfarrer der damals 34jährige Joachim Kausel, der in Frankfurt a. d. Oder studiert hatte und das Pfarrhaus neben der Kirche bewohnte. 1652 gehörten zu den alteingesessenen

Familien: Hindenborg, Leppien, Lamprecht, Bullendorf, Libbeströe, Bäelkoje und Küster. Neue Namen, die 1652 genannt wurden, zogen aus den umliegenden Dörfern und aus Holstein zu: Hüperath und Meinike aus Gantikow, Schütte aus Tornow, Mielatz aus Zernitz und Wernicke aus Vehlow. Kurt Witte stammte aus Holstein. 30 Jahre später waren viele dieser Namen wieder aus Demerthin verschwunden, die Höfe teilweise von anderen Namen besetzt. Hindenburg (später Himburg), Lamprecht, Schütte (auch Schütze), Küster und Mielatz hatten sich behauptet. Auch sie verschwanden teilweise später wieder und andere Namen traten durch Einheirat oder Kauf als Hofbesitzer hinzu.

Die Kriegswirren lasteten schwer auf der Prignitz und auch Demerthin und seine Herrschaft waren davon nicht unberührt geblieben. So wurde Kaspar von Klitzing, der 1614 noch die Güter seines Bruders Dietrich in Radensleben und Walsleben erbte, mit seiner Familie durch *»die kriegerischen Schwärme und durch raubende und plündernde Horden gezwungen, seine Besitzungen zu verlassen, um mit Erlaubnis des Kurfürsten seine Wohnung im Schlosse zu Neu-Ruppin zu nehmen.«*[9]

4 Walsleben, Kreis Ruppin, Figurengrabstein für Andreas von Klitzing an der Kirche, Foto um 1914

In den schlimmsten Jahren 1637 und 1638 ging er mit seiner Familie in die sichere Residenzstadt Berlin, wo er 1638 starb. Der Krieg und seine Folgen ließen das Vermögen, das er von seinem Vater geerbt hatte und das seine Mutter so geschickt verwaltet hatte, dahinschmelzen, so dass sein Sohn Andreas Dietrich († 1660) gegenüber seiner Stiefmutter, Ehrentraut von Klitzing, geb. von Wulffen (1591–1659), Pfandverpflichtungen eingehen musste. Für die auf seinen Gütern stehenden umfangreichen Schulden übernahm Ehrentraut von Klitzing 1639 Demerthin mit Drewen, Karnzow, Bork, Wutike und Brüsenhagen pfandweise. Nach ihrem Tode wurde ihr zum Gedächtnis ein Epitaph über dem Predigerstuhl an der Wand aufgehängt. Ihr Pfandbesitz ging 1651 vertraglich an die Familie von Platen über, denn ihre Tochter und Erbin

5 Wappen-Epitaph für Klaus Ernst von Platen (1612–69) in der Marienkirche zu Berlin, 1988

Anna Ehrentraut (1628 – nach 1694) hatte sich 1649 mit dem kurfürstlich-brandenburgischen Geheimen Etats- und Kriegstrat und Generalkriegskommissar Claus Ernst von Platen (1612–69) vermählt. Das Ehepaar Platen / Klitzung stiftete anlässlich seiner Vermählung die beiden noch heute erhaltenen Zinnleuchter für den Altar in der Kirche zu Demerthin.

Nachdem mit dem 1675 vor Dinat gefallenen Kaspar Levin von Klitzing, einem Urenkel der Demerthiner Schlosserbauerin von 1604, die Alt-Demerthiner Linie ausgestorben war, entspann sich um den Besitz von Demerthin ein jahrzehntelanger Lehnstreit zwischen den Klitzings der jüngeren Häuser Rehfeldt und Drewen mit denen von Platen, denen man bereits 1702 das erst 1713 auslaufende Pfandverhältnis mit Demerthin und Zubehör gekündigt und die erneute Belehnung zur gesamten Hand beantragt hatte. Die von der Familie von Platen geforderte Auslösesummer von ca. 50.000 Talern empfanden die Klitzings als zu hoch und strengten daher vor dem Kammergericht zu Berlin einen Prozess an, der sich über Jahrzehnte hinzog und 1730 in der gewaltsamen Inbesitznahme von Schloss und Gut durch die von Klitzing gipfelte. Diesem dramatischen Höhepunkt des »Kampfes um Demerthin« folgten weitläufige Prozesse und Rechtsgutachten verschiedener Universitäten sowie der Schöppenstühle zu Frankfurt a.d. Oder und Minden und schließlich 1738 ein Vergleich zwischen den Streitparteien. Die Brüder Karl Wilhelm, Hans Philipp und Ernst Friedrich von Klitzing a. d. H. Rosenwinkel akzeptierten die Zahlung von 18.500 Talern in Gold an die von Platen und nahmen Demerthin für ihren Karnzower Vetter Kaspar Joachim von Klitzing wieder in Besitz.

Nach diesem Demerthiner Herrschaftsintermezzo der Familie von Platen und dem kuriosen Streit um den Besitz nahm also Kaspar Joachim von Klitzing (1694–1761) 1738 auf Grund von Abmachungen mit seinen drei Vettern Demerthin endgültig in Besitz und ließ das Schloss zu seinem Wohnsitz herrichten und neu ausstatten. Neben einigen modischen Renovierungen und Umbauten der Innenräume ließ er vor allem den Treppenturm des Schlosses 1748 durch einen Aufsatz mit geschwungener Haube verschönern und in der Kirche vermutlich den dortigen Kanzelaltar errichten, worauf eine alte, heute verlorene Inschrift mit Wappen an der Brüstung der Herrschaftsempore hindeutete.[10] Das Gut wurde nach seinem Tode zunächst verpachtet, bevor es der Sohn Wilhelm von Klitzing (1754–1811) 1776 selbst übernehmen und im Schloss der Väter mit seiner jungen Gemahlin, Dorothea Wilhelmine geb. von Nimschewsky (1757–1808), seinen eigenen Hausstand einrichten konnte. Pächter des Gutes war zuletzt der Amtmann Friedrich Ludwig Giese. Der Zustand des Gutes und der Gebäude muss bei Übernahme durch den jungen Erben, 1776, sehr schlecht gewesen sein,

6 *Kaspar Joachim von Klitzing (1694–1761), Gemälde, ehem. im Schloss Demerthin (Kriegsverlust)*

wie Wilhelm von Klitzing später selbst schilderte (vgl. Beitrag Familie von Klitzing).

Erst in jenen Jahren, nämlich 1770, setzen auch die erhaltenen Demerthiner Kirchenbücher an, so dass wir erst seit der Zeit über die in Demerthin ansässigen Bauern- und Kossäten-Familien sehr gut informiert sind und darüber hinaus Einzelheiten über die Geschichte der Patronatsfamilie und der Angestellten »auf dem Hofe« erfahren. Ende des 18. Jahrhunderts wurden die Bauern-Familien Zander, Meyer, Tangermann, Valköge, Henning, Roewer (auch Röwert), Oergell, Lugviel, Himburg, Toppel, Reuter, Schultz und Selle hier häufig namhaft. Im Laufe der Jahrzehnte kamen immer wieder neue Namen hinzu, wenn Hofbesitzer ohne Kinder zu hinterlassen, starben und die Höfe dadurch in andere Hände gelangten. Auch durch Einheirat kam es zu Hofübernahmen durch Schwiegersöhne und damit zu einem Wechsel von Besitzernamen. Von den alteingesessenen Familien hielten sich noch bis in die zweite Hälfte des 19. Jahrhunderts und das beginnende 20. Jahrhundert in Demerthin die Namen: Selle, Himburg, Henning, Roewert, Oergell, Schulz und Meyer. Im Verlaufe des 19. Jahrhunderts kamen dagegen als neue Bauernnamen u. a. Plagemann, Müller und Toppel nach Demerthin und zeigen deutlich, dass ein immerwährender Wandel der Besitz- und Sozialstruktur durch Erbe, Kauf, Verkauf, Aussterben und Wanderungsbewegungen auch die Dörfer der Prignitz von jeher geprägt hat. Eine Konstante bildete bis zur Bauernbefreiung allein die Anzahl der nach dem 30jährigen Krieg bereits vorhanden gewesenen Bauernhöfe und der wenigen Eigentümerstellen, auf denen Arbeiter und Handwerker siedelten.

Die Bauernbefreiung zu Beginn des 19. Jahrhunderts führte auch im Siedlungsbild von Demerthin zu einem grundlegenden Wandel und insbesondere an der Peripherie des Siedlungskerns zum Verkauf kleinerer Landstücke, auf denen neue Eigentümerstellen mit neuen Wohnhäusern entstanden. Hier boten sich nun Möglichkeiten zur zusätzlichen Ansiedlung von Handwerkern. In den Kirchenbüchern und den Grundbüchern des 19. und 20. Jahrhunderts finden sich im Detail die hier neu angesiedelten Berufszweige. Daneben wuchs im gleichen Maße auch auf dem herrschaftlichen Hofe die Anzahl der Gutsarbeiter, Tagelöhner und Saisonkräfte, die unterzubringen waren und die Wohnung bereitgestellt bekommen mussten. Neben den traditionell im Dorf und auf dem Gut schon immer vorhanden gewesenen Handwerkern wie dem Schmied, dem Müller, dem Tischler oder dem Schneider, siedelten nun auf den neuen Eigentümerstellen auch andere Gewerke und Berufe, wie Ziegler, Stellmacher, Rademacher, Pantinenmacher, Schuhmacher, Sattler, Mauerer, Zimmerer und Kaufleute an. Nachtwächter und Viehhirten wurden ebenso beschäftigt. Das Gut bezahlte seinerseits darüber hinaus stets einen eigenen Stellmacher.

Die lukrative Demerthiner Krugstelle übernahm um 1800 Caspar Muhs, der 1792 noch Reitknecht bei Wilhelm von Klitzing war. Im Dorf gab es damals außerdem noch einen Windmüller, den Schmied – damals noch als »Huf- und Waffenschmied« bezeichnet –, einen Rademacher und einen Stellmacher. Die Eigentümerstellen dieser Handwerker lagen von jeher an der Peripherie des Ortskerns. Im Schlosshaushalt begegnen uns ab 1790 z. B. der Koch Christian Reim (1765–1820)

7 *Kirchenbuch von Demerthin, Band 1 (1770–1804), Taufregister 1778 mit dem Eintrag für Emilie von Klitzing (1778–91), Pfarrarchiv Kyritz*

und der Gärtner Joachim Christoph Boecker für eine lange Zeit, ebenso der »*Bediente*«, also der Kammerdiener des Gutsherrn, Johann Wilhelm Hutloff und die Mamsell Dorothea Louise Sperling. Daneben sind auf »*dem adelichen Hofe*« der Hofmeier Adam Wienecke, der Kutscher Johann Reincke, der Wirtschaftsschreiber und spätere »*OekonomieAdministrator*« Johann Carl Graubmann, die Ausgeberin Jungfer Rabe, der Jäger Ernst Franz Petersdorff sowie der Schäfer Philipp Malchow tätig. Ebenso standen verschiedene Knechte und Mägde, Hirten, ein Reitknecht, aber auch Tagelöhner-Familien in Diensten der Herrschaft. Als Erzieher (»*Informator*«) der herrschaftlichen Kinder im Schlosshaushalt war um 1800 der Kandidat der Theologie Krüger engagiert. 1835 betreute der Hauslehrer Karl Sörgel neben den Klitzing'schen Kindern auch den verwandten elfjährigen Martin Gropius (später Architekt) hier im Schloss.[11]

Die Separationen der zweiten Hälfte des 18. Jahrhunderts, die die Gemengelage der Rittergüter mit dem Gemeindeland beendeten und schließlich die umwälzenden preußischen Landwirtschafts-Reformen der Regierungen Stein und Hardenberg ab 1807 bedeuteten auch für Dorf und Rittergut Demerthin völlig neue wirtschaftliche Herausforderungen und Möglichkeiten. Die Bauern und die Gutsbesitzer konnten und mussten nun wirtschaftlich ganz andere Wege beschreiten, als dies bisher der Fall war. Die Bestimmungen des Oktoberediktes von 1807 hatten eine Veränderung der rechtlichen und auch sozialen Strukturen der Landbevölkerung zur Folge, da es die persönliche Freiheit der Bauern sowie die freie Verfügung über den Grundbesitz ermöglichte. Diese Entwicklung führte überall auf dem Lande dazu, dass sich Bauern und Gutsherren in sogenannten Dienstregulierungs- und Ablösungsrezessen einigten, wie die alten Feudallasten und Dienstverhältnisse abgelöst werden konnten. In Demerthin fand dieser Prozess unter Ludwig von Klitzing (1786–1867) statt, der 1811 den Besitz übernahm. Hier kaufte »*er 3 Bauerngüter hinzu und nahm bei der Separation als Ablösung Ländereien von den Bauern, so dass er den zugehörigen Acker von ursprünglich 900 Morgen bis auf 1.800 Morgen vergrößerte, dazu kamen 800 Morgen Wiesen und Weide (Gesamtflächeninhalt = 2.600 Morgen).*«[12] Im Zusammenhang mit dieser Erweiterung des zu bewirtschaftenden Gutslandes begründete er noch vor 1840 das Vorwerk »*Neubau*« an dem Landweg nach Vehlow und legte dorthin die neue große Schäferei. Das Urmesstischblatt von 1843 zeigt bereits die voll ausgebildete Vorwerksanlage mit diversen Gebäuden, die massiv und in Fachwerk gebaut waren.[13] In Demerthin selbst baute er einige große neue Wirtschaftsgebäude und auch neue Wohnungen für die nun gestiegene Zahl der hier tätigen Tagelöhner. Ludwig von Klitzing war es auch, der 1815 und 1866 nach der Rückkehr der siegreichen preußischen Truppen auf dem Dorfplatz jeweils gemeinsam mit der Gemeinde eine junge Friedenseiche gepflanzt hatte.

Ludwig von Klitzing gehörte zu jenen Landwirten in der Prignitz, die die Chancen aus den Lehren von Albrecht Thaer für die Hebung der Landwirtschaft für ihre Betriebe erkannten und schrittweise schon sehr früh mit der Einführung der Fruchtwechsel- und Dungwirtschaft begannen, die dank der durchgeführten Gemeinheitsteilungen und Separationen leichter umsetzbar waren. Neben einer intensiven Schafhaltung betrieb Ludwig von Klitzing in Demerthin seit den 1830er Jahren auch eine bedeutende Vollblutzucht, die bis ins 20. Jahrhundert hinein eine wesentliche Rolle in Demerthin spielte.[14] Er legte in Demerthin nördlich vom Dorf auch eine eigene Ziegelei an, auf der beständig ein Ziegler mit Gehilfen beschäftigt waren, so in den 1840er Jahren die Zieglermeister Joachim Christian Laudon († 1842) und Christian Blume. Mit der Ziegelei wurde der eigene Bedarf für die umfangreichen Neubauten des Gutes abgedeckt und überdies für den Markt produziert.

Auch die Brennereiwirtschaft spielte zunehmend im 19. Jahrhundert für den Gutsbetrieb eine Rolle und in den Kirchenbüchern finden sich die Namen der in diesem Gewerbe hier auf dem Gut beschäftigten Brenner und Brennerknechte. Die Brennerei wurde in einem Ziegelgebäude neben dem Schloss eingerichtet und war bis 1952 in Betrieb, die Ruine steht heute noch. Hier wurde vorzugsweise Industrie-Spiritus hergestellt. 1830 findet sich erstmals im Kirchenbuch der Name eines Brenners, der damals Johann Hellmann hieß, um 1850 war es Joachim Schulz (1796–1860) und um 1900 Gustav Lenz (geb. 1873), der mit einer Demerthiner Bauerntochter, Anna Schulz, verheiratet war.

Von Bedeutung für Demerthin und seine alte Krugstelle war zu allen Zeiten der hier ganz nahe, etwa ein Kilometer, am Ort vorbeiführende alte Postweg von Berlin über Kyritz, Mechow, Gumtow, Kletzke, Perleberg und Lenzen in Richtung Hamburg. Er schloss das stille Dorf an wichtige Handels- und Verkehrsströme der damaligen Zeit an und brachte der Krugstelle und Ausspanne, wo auch Übernachtungen für die Reisenden angeboten wurden, stabile Einnahmen, die seit Mitte des 19. Jahrhunderts zusätzlich durch die Etablierung eines Handelshauses gesteigert wurden. Aus dem Steuer-Kataster von 1686/87 und dann vor allem den Kirchenbüchern kennen wir die Inhaber dieser unmittelbar an der Durchfahrtsstraße liegenden Krugstelle. 1686/87 lag die Kruggerechtigkeit auf der Zweihüfnerstelle von Jochachim Himburg. In den 1770er bis 1790er Jahren hielt über zwei Generationen die Bauernfamilie Reuter die Krugstelle, bevor kurz vor 1800 der bisherige herrschaftliche Reitknecht Caspar Muhs (1760–1839), der nebenbei auch noch eine kleine Büdnerstelle bewirtschaftete, die Gastwirtschaft übernahm. Nach seinem Tode ging der stattliche Gasthof an den Havelberger Kaufmann Wilhelm Eduard Bahn über, bis Anfang der 1850er Jahre Friedrich Ferdinand Brackow als Kaufmann und Gastwirt in Demerthin viele Jahre im Kirchenbuch genannt wurde. Seit den 1870er Jahren war bis etwa 1900 der aus Schrepkow stammende Carl August Schulz (geb. 1851) Kaufmann und Gastwirt in Demerthin, bevor 1904/05 Wilhelm Laasch als solcher hier erwähnt wurde. Bald darauf seit 1910 war Wilhelm Striker (geb. 1884) Inhaber des Gasthauses.[15]

Die wirtschaftliche Bedeutung der alten Krugstelle und Ausspanne steigerte sich erheblich, als 1828 der Bau der »neuen Kunststraße«, also der Berlin-Hamburger Chaussee realisiert und nunmehr direkt durch Demerthin gelegt wurde. Mit dem Bau dieser neuen Chaussee ging der Bau von Chausseehäusern und einer Chausseegeld-Hebestelle in Demerthin einher und es finden sich nun auch in Demerthin als neue Einwohner die Chausseewärter und Chaussee-Einnehmer. Einen weiteren wirtschaftlichen Fortschritt brachte ebenso die Anbindung Demerthins an das Kleinbahn-Netz der Prignitzer Eisenbahngesellschaft 1897 mit der Strecke Kyritz–Hoppenrade, im Volksmund auch »Pollo« genannt. Demerthin erhielt am westlichen Ortsausgang eine Bahnstation für den Personen- und Güterverkehr. Erst im Mai 1969 wurde die Strecke stillgelegt und schrittweise wieder demontiert.

Zu den ältesten in Demerthin ansässigen freien Gewerken gehörte seit mindestens 1472 das des Windmüllers. Vermutlich war die Mühlenstelle seit dem Mittelalter unverändert die Anhöhe nordöstlich vom Dorf am Weg nach Gantikow und Vehlow. Hier stand die hölzerne Bockwindmühle bis ins 20. Jahrhundert hinein. Im Prignitz-Kataster von 1686/87 wird als Windmüller Joachim Möller genannt.[16] Die Folge der späteren Müllerfamilien erschließt sich dann erst aus den ab

1770 vorhandenen Kirchenbüchern. Hier werden die verschiedenen Müllermeister namhaft, wie z. B. Christian Friedrich Tiede (1774), Friedrich Eichholtz (1777), Christian Engel (1780), Martin Samuel Wischow (1783, 1784), Andreas Siewert († 1809) und dessen Sohn Johann Friedrich Ludwig Siewert (geb. 1784 in Rhinow). In den 1830er Jahren war der junge Johann Friedrich Roewert (1813–43) Pächter der Demerthiner Mühle und mit der Tochter des hiesigen Küsters und Lehrers Johann Hutloff vermählt. Als er 1843 mit nur 31 Jahren starb, vermählte sich die Witwe noch im selben Jahr mit August Heinrich Wilhelm Rump, der neuer Besitzer der Mühle wurde.

Das nordwestlich der Kirche stehende Schulhaus war ursprünglich ein bescheidener Bau des 18. Jahrhunderts. Noch 1822 beklagte der damalige Pfarrer, es befände sich *»in jeder Hinsicht in dem traurigsten Zustande.«* Erst um 1820 wurde der Fußboden des Schulzimmers, der zuvor nur *»mit Feld-, losen Ziegel-Steinen und Erde bedeckt war«*, gedielt und einiges neue Inventar, u. a. ein zweiter Tisch nebst Bänken und ein Wandspind wurden angeschafft. Damals war Küster und Schulhalter Johann Wilhelm Hutloff (1762–1826), dessen Sohn Ernst Friedrich als Gehilfe angestellt wurde, wodurch *»der Unterricht bedeutend verbessert«* werden konnte. Auch der Rechen- und Gesangsunterricht nahmen in jener Zeit ihren Anfang, so dass der Guts- und Gerichtsherr Ludwig von Klitzing 1823 der Schule eine kleine Orgel schenkte, welche *»gute Dienste leistete«*. Bis damals dienten das Schulhaus und wohl auch teilweise das Schulzimmer gleichzeitig zur Unterbringung der Schweine und Schafe des Lehrers. Erst ein Umbau des Schulhauses 1823 schaffte Abhilfe, so dass die Tiere *»nicht mehr den Unterricht störten und das Zimmer ganz für den Unterricht benutzt«* werden konnte. Auch wurden 1823 noch einsitzige Tische angeschafft und dadurch der Unterricht *»bedeutend erleichtert«*. 1854 erhielt Demerthin dann ein neues Schulhaus in Fachwerkbauweise an gleicher Stelle, das dann später (1925) aber durch ein völlig neues, ansprechendes Schulhaus vis-à-vis vom Gasthof abgelöst wurde.[17] Dass auch das Pfarrhaus ein durchaus

8 *Demerthin, Gasthaus (alte Krugstelle) im Dorf*

bescheidener Bau war, darf man aus der Notiz im Kirchenbuch über den Brand der Pfarrscheune am 23. Mai 1893 schließen, der vom Gutsschafstall hinter der Brennerei ausging und bei dem das Pfarrhaus nur verschont blieb, weil man es im Jahr zuvor mit einem Schieferdach erneuert hatte. Zuvor war das Pfarrhaus noch in alter Weise mit Schilfrohr gedeckt.

Eine andere dorfgeschichtlich interessante Notiz im Demerthiner Kirchenbuch wirft ein Schlaglicht auf das patriarchalische System und betrifft das Jahr 1846, in dem die Preise für Getreide und Kartoffeln auf Grund der schlechten Ernte besonders hoch waren. »Der Patron«, so schrieb der Prediger Otto Gottfried Buchholtz († 1893) ins Kirchenbuch, »hiesigen Ortes, der Ritterschaftrath Ludwig von Klitzing versorgte auf die edelste aufopferndste Weise nicht bloß die Armen unseres Ortes, nein die der ganzen Umgegend mit Korn und Kartoffeln. Das Jahr darauf brachte reichen Segen und endete die Noth.«[18] Das dann bald folgende Revolutionsjahr 1848 verlief auf dem Lande friedlich und es kam kaum zu Zwischenfällen. Große Teile der Landbevölkerung und Teile des Bürgertums blieben »preußisch« gesinnt, was den revolutionären Gefahren auf allen Ebenen von Staat und Sozialverfassung entgegenwirkte. Pfarrer Buchholtz notierte im Demerthiner Kirchenbuch: »Ein schweres Jahr. In Paris und Wien war eine Empörung ausgebrochen und auch unser Volk ließ sich zu einer Revolution gegen den frommsten und edelsten König [Friedrich Wilhelm IV.] verführen, alle Ordnung war in Gefahr umgestürzt zu werden, alle Bande lösten sich, das Volk wollte die Gutsbesitzer wegjagen und ihre Güter unter sich theilen, die Prediger und jeden verjagen, der Ordnung, Zucht und Sitte aufrecht erhalten wollte, doch Gott setzte gnädig solchem Treiben ein Ziel, dass die Schuldigen bestraft und des Landes verwiesen, Ruhe, Ordnung und Frieden wieder hergestellt wurde.«[19] Ein Ergebnis der Unruhen von 1848 war in Preußen die 1849 erfolgte Aufhebung der Patrimonialgerichte.

9 Demerthin, Blick auf Schulhaus und Kirche, um 1910

10 Demerthin, Luftbild von 2019 mit Kirche, Schloss und Dorfplatz mit den umliegenden Gehöften
und der Friedenseiche von 1866 und der Louisen-Linde von 1910

Solange waren die Gutsherren gleichzeitig die Gerichtsherren. Die Gerichtstage fanden stets im Gutshaus in der sogenannten Gerichtsstube statt.

Nach 1849 erfolgte die Rechtsprechung fortan in den neu geschaffenen Kreisgerichten zu Perleberg und Wittstock. Die Polizeigewalt lag weiterhin bis 1872 noch bei der Gutsherrschaft und wurde erst mit der neuen Kreisordnung beseitigt.

Zu allen Zeiten haben die Demerthiner Kirchenpatrone sich um die Erhaltung und Ausschmückung der Kirche gekümmert und immer wieder Stiftungen veranlasst. Anlässlich der Goldenen Hochzeit von Ludwig und Agnes von Klitzing 1862 stifteten Sohn und Schwiegertochter, Leberecht und Gertrud von Klitzing, ganz in diesem Sinne der Demerthiner Kirche eine neue Orgel, die eine 1824 angeschaffte Orgel ersetzte und bis heute auf der damals neu erbauten Empore erhalten ist. An die in den Befreiungskriegen 1813–15, dem Krieg gegen Frankreich 1870/71 und die im ersten Weltkrieg gefallenen Söhne des Dorfes erinnern in der Kirche drei Gedenktafeln mit den Namen der Toten. Im Jahre 1897 wurde auf Kosten des Patrons, Werner von Klitzing (1857–1901), und zwar auf Grund eines Vermächtnisses seiner jung verstorbenen ersten Frau, Agnes geb. von Gersdorff (1870–96), der Kirchturm in Demerthin einer grundlegenden Erneuerung unterzogen und erhielt auf dem mittelalterlichen Untergeschoss seinen noch heute erhaltenen neugotischen Backstein-Aufbau mit Satteldach, blendengeschmückten Staffelgiebeln, Filialen und spitzbogigen Schallöffnungen.[20]

Wegen Hofaufgabe einiger Bauern kamen verschiedene Demerthiner Hofstellen durch Kauf in den 1890er Jahren an das Gut. Werner von Klitzing war bestrebt, seine Gutswirtschaft durch viele Neubauten, Ausdehnung der Flächen und verschiedene Meliorationen zu verbessern. Der 1893 erbaute große Backstein-Pferdestall an der Zufahrt zum Schlosshof ist ein Beispiel dafür. Vis-à-vis von diesem noch immer ortsbildprägenden Gebäude lag bis zuletzt auch die alte Dorfschmiede, die bereits im Prignitz-Kataster von 1686/87 erwähnt wurde und von jeher zu jedem Dorf gehörte und die Bauern und den herrschaftlichen Hof mit den notwendigen Schmiedearbeiten versorgte. In Demerthin waren in drei Generationen seit 1834 zunächst Carl Uhlig (1815–91), dann seit den 1870er Jahren dessen Sohn August Uhlig (1849–1935) und nach diesem schließlich dessen Sohn Bernhard Uhlig (1874–1938) Inhaber der Schmiede- und zuletzt sogar einer Erbhofbauernstelle.

Als 1910 der 100. Todestag der vom preußischen Volk sehr verehrten und geliebten Königin Louise im ganzen Land besonders gewürdigt wurde, beteiligte sich auch die Gemeinde Demerthin an diesem Gedenken. »*Am 18. Dec. 1910 wurde zum Andenken an die Königin Louise auf dem großen Dorfplatz, Friedensgarten genannt, eine Linde gepflanzt, welche von der Gutsherrschaft zu dem Zweck gestiftet und aus dem hiesigen Park entnommen war. An der Feier beteiligten sich die Frau Patronin, der Krieger- und der Gesangsverein, sowie die Schule.*«[21] Linde und Gedenkstein stehen noch heute in der Nachbarschaft zur 1866 gepflanzten Friedenseiche, unter der nach 1918 auch das Gefallenendenkmal für den Krieg 1914/18 errichtet wurde.

Das Dorfbild und auch die Stellung der einzelnen Hofgebäude waren im Laufe der Jahrhunderte natürlich vielfältigen Veränderungen unterworfen, und heute prägen vor allem stattliche Wohn- und Wirtschaftsgebäude des 19. und 20. Jahrhunderts neben einigen Neubauten der Gegenwart den Ort. Von den einfachen Wohnhäusern, Ställen und Scheunen der bäuerlichen Hofwirte des Mittelalters haben sich keinerlei Reste bewahrt, auch wissen wir nichts darüber, wie sie konfiguriert waren. Hierzu fehlen gründliche archäologische Grabungen. Es waren aber ausnahmslos schlichte Lehmfachwerk-Bauten einfachster Art mit Strohdächern. Erst aus späteren Jahrhunderten – also dem 17. und 18. Jahrhundert – wissen wir, dass die Wohnhäuser – immer noch nur strohgedeckte schlichte Lehmfachwerk-Gebäude – in aller Regel giebelständig zu Dorfstraße ausgerichtet waren und sich alle anderen Gebäude als Vierseithof auf der einen Seite des Wohnhauses gruppierten.

Neben den dominierenden Bauerngehöften mit ihren stattlichen Wohn- und Wirtschaftsgebäuden im Ortskern gab es seit alter Zeit kleinere Siedlerstellen der Brinksitzer, Einlieger, Kätner und Kossäten, die in Demerthin überwiegend entlang der 1828 entstandenen Berlin-Hamburger Chaussee am Ortsausgang Richtung Kyritz sowie an den Wegen zum Vorwerk »Neubau«, zur Ziegelei und zur Windmühle liegen und außer dem kleinen traufständigen Wohnhaus meist nur noch kleine Stallungen für eine bescheidene Viehhaltung und Ackerwirtschaft oder eine Werkstatt für das eigene Gewerbe aufwiesen. Die großen Scheunen und Viehställe der Bauernhöfe sucht man dort vergebens. Hier wohnten die verschiedenen handwerklichen Gewerke, die in früheren Jahrhunderten bereits ortsansässig waren, wie Maurer, Tischler, Zimmerleute, Schuster, Schneider, Tischler, Viehhirten oder das Gutsgesinde bzw. im 19. Jahrhundert schließlich die Gutsarbeiterfamilien.

11 Demerthin, Senkrecht-Luftbildaufnahme der Ortslage mit den durch die Bodenreform neu entstandenen Hofstellen der Siedler, August 1955

Nach der sogenannten »Bauernbefreiung« im ersten und zweiten Viertel des 19. Jahrhunderts vollzog sich überall in der Prignitz der schrittweise Wechsel von der Giebel- zur Traufständigkeit der Wohnhäuser, nunmehr nicht mehr nur mit Lehm – sondern vielfach in schmuckem Ziegelfachwerk und mit Ziegeldächern erbaut. Die zugehörigen großen Querdielen-Scheunen und die Viehställe erbauten die Bauern um 1850 mit den örtlich ansässigen Zimmer- und Maurerleuten z. T. massiv und sehr stattlich aus Feld- und Backstein, meist jedoch in der gängigen Fachwerkbauweise. Die benötigten Ziegel kamen aus der dörflichen oder den benachbarten Ziegeleien. Separat dazu gab es die sog. »Altenteiler«, also die Wohnhäuser für die Altsitzer, die aber später in die neu erbauten Wohnhäuser der Gründerzeit bzw. der wilhelminischen Ära integriert wurden. Spätestens nach der Reichseinigung 1871 bauten die Bauern in den Dörfern, so auch in Demerthin, zunehmend massive, unterkellerte Wohnhäuser, die architektonisch durchgeplant waren. Auch die Gutsherrschaft war im 19. und in der ersten Hälfte des 20. Jahrhunderts bemüht, für das Gutspersonal und die Tagelöhnerfamilien angemessenen Wohnraum zu schaffen und die Wohngebäude entsprechend instandzuhalten bzw. neu zu errichten, wie Bauakten aus den 1920er und 1930er Jahren zeigen.[22]

Bis heute ist die letzte Gutsherrin von Demerthin, Adda von Klitzing geb. von Rohr (1876–1956), den älteren Demerthinern noch ein Begriff. Sie prägte Dorf und Gut durch eine engagierte Betriebsführung und couragierte Auffassung ihrer patriarchalischen Fürsorgepflichten gegenüber Dorf und Gut und als Patronin über 30 Jahre lang. Früh verwitwet, übernahm sie 1901 die Leitung des großen Gutsbetriebes in eigener Regie mit Hilfe verschiedener Beamter und hatte dabei eine glückliche Hand, bewies großes Talent und überzeugte durch enormes Fachwissen über die praktische Landwirtschaft.

Das alte Demerthin, fest gefügt in seinen über Jahrhunderte gewachsenen wirtschaftlichen, kulturellen und sozialen Strukturen, ging mit dem Ende des Zweiten Weltkrieges unter. Die Folgen dieses Krieges führten – wie überall in der Sowjetischen Besatzungszone – zu einer völligen Umkehrung und Veränderung aller bisherigen wirtschaftlichen, politischen und geistigkulturellen Verhältnisse im Dorf. Die mit der sog. »demokratischen« Bodenreform, die am 2. September 1945 für die Provinz Brandenburg im benachbarten Kyritz ausgerufen wurde, erfolgte entschädigungslose Enteignung und Ausweisung aller Grundbesitzer mit über 100 ha Land führte überall auf den Dörfern und den Gütern u. a. zu grundlegenden Veränderungen im Siedlungsbild und in der Art und Weise des bisherigen Wirtschaftens auf dem Lande. In Demerthin kamen 1.023,99 Hektar Besitz zur Enteignung und Aufteilung auf 112 Neubauern, 10 Altbauern sowie die Gemeinde. Dem absehbaren Versagen dieser Politik folgte ab 1952 die Zwangskollektivierung der zahllosen Neubauern und der wenigen verbliebenen alten Bauernstellen zur Landwirtschaftlichen Produktionsgenossenschaft (LPG), die 1960 abgeschlossen war. Die Schaffung von Neubauernstellen führte zwangsläufig ab 1945 zu einem Neubauern-Bauprogramm, durch das sich auch das alte Siedlungsbild von Demerthin stark verändert hat. Es entstanden an den verschiedenen Ausfallwegen nach Norden und Osten innerhalb weniger Jahre viele kleine Neubauernhöfe, die bis heute erhalten sind. Daneben mussten viele der alten Wirtschaftsgebäude des alten Gutsbetriebes zur Gewinnung von Baumaterialien weichen, so dass heute viele Lücken im Ortsbild auf diese bewegte Geschichte hinweisen. Inmitten der alten und neuen Bebauung behauptet sich aus ältester Zeit aber bis auf den heutigen Tag das alte Renaissance-Schloss der Klitzings trotz allen Unbilden von Natur und Geschichte und wartet auf eine bessere Zukunft.

Die Kirche

Die Baugeschichte der Kirche Demerthin

Gordon Thalmann

In Demerthin, einem Dorf mit ehemaligem Rittergut, acht Kilometer westlich von Kyritz gelegen, befindet sich eine der zahlreichen mittelalterlichen Feldsteinkirchen Brandenburgs.[1] Ihre recht vielschichtige Bauchronologie erschließt sich nicht auf den ersten Blick. Mehrere Bauphasen überlagern sich und charakterisieren die Geschichte dieser Dorfkirche, die als zentraler Mittelpunkt des ehemaligen Rundlings gleichzeitig auch das älteste Gebäude des Ortes ist (Abb. 1).

Schon im frühen 13. Jahrhundert wird es in Demerthin einen ersten schlichten hölzernen Kirchenbau gegeben haben. Dieser entstand im Rahmen des nordöstlichen deutschen Siedlungswerkes und des Ausbaus eines flächendeckenden Pfarreinetzes im päpstlich legitimierten Havelberger Bistum. Demerthin findet 1375 jedoch erst relativ spät, nämlich erstmalig durch einen »*Clawes Demerthin in Havelberg*«[2] indirekte Erwähnung [Beitrag Hans Joachim Schmitt]. 1438 belehnte Markgraf Friedrich der Jüngere »*dy Klytczinge*« mit Geldhebungen sowie mit Kirchenlehen und oberstem Gericht zu »*damerthin*«.[3] Das auf die altadlige Familie von Klitzing übertragene Kirchenpatronat [Beitrag von Klitzing], das sie bis 1945 besaß[4], belegt damit quellenkundlich das Vorhandensein eines Kirchenbaus.

Eine im April 2014 notwendig gewordene Fußbodenreparatur im südöstlichen Bereich des Demerthiner Kirchenbaus ermöglichte einen flüchtigen Blick in die ältesten Gründungsschichten

1 Ansicht Kirche von Südosten

des Gebäudes. Schon dicht unter dem heutigen Fußbodenniveau trat auf einer etwa 1,10 × 2,00 m großen Fläche im Befund ein rund 0,40 m breites Feldsteinfundament zu Tage, das im Abstand von 1,20 m parallel von der heutigen Südinnenwand verläuft. Im Planum waren neben noch vorhandenen auch deutliche Ausbruchspuren und Negativabdrücke von in Kalkmörtel gesetzten Feldsteinen sichtbar. Die Lage und der Verlauf dieses flachen Feldsteinstreifenfundamentes lassen zusammen mit der dazugehörigen Bodenschichtung mit Brandhorizont verkohlter Holzreste einen

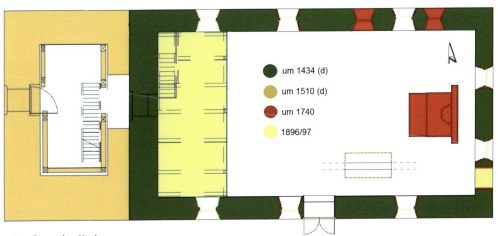

um 1434 (d)

um 1510 (d)

um 1740

1896/97

2 Bauphasenplan Kirch

ehemaligen Fachwerk-Vorgängerbau an dieser Stelle vermuten. Der ca. 4,50 m breite, auf Feldsteinen gegründete mittelalterliche Fachwerkbau könnte, den Brandspuren zu Folge, möglicherweise einem Dorfbrand oder in den unruhigen Fehdezeiten des frühen 15. Jahrhunderts der Brandschatzung raubender adliger Ritter und ihrem Gefolge zum Opfer gefallen sein.

Über das Aussehen und die Konstruktion dieses frühen Kirchenbaus lässt sich letzten Endes auch wegen fehlender Quellen und vergleichbarer Bauten nicht mehr sagen, denn die ältesten Fachwerkkirchen der Prignitz stammen, wie die in Dahlhausen, Tüchen, Grube, Bresch und Guhlsdorf, erst aus dem späten 16. Jahrhundert. Lediglich eine größere umfassende bauarchäologische Untersuchung könnte künftig in Demerthin zusätzliche Erkenntnisse erbringen (Abb. 2).

Spätestens um 1430 wurde mit den Arbeiten an einer massiven Feldsteinkirche in Saalform, dem heutigen Sakralbau in Demerthin begonnen. Die 9,45 × 16,80 m große Kirche aus unregelmäßigem, in grobkörnigen Kalkmörtel gesetzten Zweischalen-Feldsteinmauerwerk besitzt eine Wandstärke von 1,10 m im aufgehenden Gefüge. Lediglich die bauzeitlichen Gebäudeöffnungen erhielten Backsteine im spätmittelalterlichen Klosterformat (28 × 14 × 9 cm). Die Erschließung des Kirchenraumes erfolgte ausschließlich über das heute vermauerte und durch den Kirchturmbau verdeckte spitzbogige einfach gestufte Westportal (Abb. 3).

Ob es darüber hinaus zu dieser Zeit bereits einen südlichen Eingang gab, ist angesichts der späteren Überformungen schwer zu entscheiden. Die im oberen Dreieck des Ostgiebels als Blendfenster angelegte Öffnung stammt aus der Errichtungszeit des Sakralbaus. Von den bauzeitlichen Fenstern der Kirche blieben jedoch lediglich zwei auf der nördlichen Längswand erhalten. Sie wurden im 18. Jahrhundert zugesetzt, behielten aber ihre außergewöhnliche äußere und innere Rahmung. Die äußeren gemauerten Einfassungen der kleinen segment-, fast rundbogigen Fensteröffnungen zeigen abwechselnd, fast schachbrettartig, ungeputzte und geputzte Backsteinkanten, die als Architekturgestaltung aufzufassen sind (Abb. 4). Dieser Befund ist an zahlreichen Kirchen der Prignitz im zweiten und dritten Viertel des 15. Jahrhunderts nachzuweisen. Die als »*Prignitzer Kante*« mittlerweile in die Bau- und Kunstgeschichte eingegangene Art der spätmittelalterlichen Fenstereinfassung ist dabei eine weitgehend regional begrenzte Erscheinung, die durchaus bei der unklaren Datierung einzelner Sakralbauten dienlich sein kann.

Über dem flachgedeckten Saal der Demerthiner Kirche hat sich bis heute das ursprüngliche spätgotische Dachwerk erhalten (Abb. 5). Eine im Jahre 2010 durchgeführte dendrochronologische Untersuchung des verwendeten Eichenholzes der Dachkonstruktion ergab für die aus der Region stammenden Bauhölzer einen einheitlichen Holzeinschlag in den Wintermonaten des Jahres 1434 (d)[5]. Trocknungsrisse, die sich durch die Abbundzeichen (Zuordnungszeichen der Zimmerer) des Holzgefüges ziehen, belegen, dass die Dachhölzer im Frühjahr/Sommer des Jahres

3 *Zugesetztes Westportal*

4 *Bauzeitlich zugesetztes Fenster*

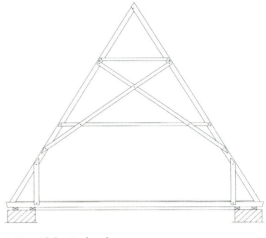

1435 zum Dachwerk auf der Mauerkrone des Feldsteinbaus gefügt wurden. Voraussetzung dafür war die Zurichtung und der probeweise Abbund vor dem Errichten auf der Baustelle zu ebener Erde. Von besonderem Interesse für die Baugeschichte sind dabei auf der Innenseite des Ostgiebels eingemauerte hölzerne Anker (Abb. 6), die den Giebel mit dem letzten Dachgespärre der Konstruktion verbinden und damit Kirchenbau und Dach als eine Bauphase herausstellen.

5 Bauzeitliches Dachwerk

Bei dem Dachwerk von Demerthin handelt sich um ein klassisches spätmittelalterliches Kreuzstrebendach mit Sparrenknechten (Fußstreben) und zwei Kehlbalkenlagen, ohne eigenständige Längsaussteifung. Diese wird allein über Windrispen (quer unter die Sparren genagelte Latten) und die Dachhaut gewährleistet. Alle Knotenpunkte wurden bis auf die gezapften Sparrenknechte als Zimmermannsverbindung geblattet. Die Blätter sind als einseitige Schwalbenschwanzblätter (Weichschwanzblätter) ausgebildet. Ihre Form ist schlicht und gerade, wobei jedoch die Sparrenknechte geschwungene Enden besitzen. Insgesamt besteht das Kirchendach aus elf Bindergespärren, von

6 Giebelanker

denen nur das östlichste von Westen, alle anderen aber von Osten abgebunden sind. Als Abbundzeichen dienen mit dem Reißhaken (Zimmermannswerkzeug) eingebrachte additive Linien, die teilweise wie Versatzmarken über die Knotenpunkte gezogen wurden und auf der Nordseite noch mit einem zusätzlichem Durchstrich versehen sind. Nachdem der Demerthiner Kirchenbau im Jahr 1435 unter Dach war, dürfte alsbald der Innenausbau sowie die erste Ausstattung und Raumgestaltung erfolgt sein.

Die Wandmalereien

Die 1968/69 freigelegten spätmittelalterlichen Wandmalereien in Demerthin [Beitrag Hartmut Kühne/Nadine Mai], die den Kirchenraum in außergewöhnlicher Weise bereichern und eine Vorstellung davon geben, wie lebhaft und farbenprächtig die Kirchen des Mittelalters gestaltet waren, gehören aus kunsthistorischer Sicht in das vierte Viertel des 15. Jahrhunderts [Beitrag Peter Knüvener]. Dabei muss davon ausgegangen werden, dass das kostspielige Kirchenbauprojekt nach Fertigstellung – wie bei vielen anderen Kirchen – eine sofortige so aufwendige und großartige Ausmalung, wie wir sie heute sehen, nicht gestattete. Neben der Finanzierung einer derart ambitionierten Innenraumgestaltung wirft dies

natürlich auch Fragen über die Auftraggeber und ihren damit verbundenen Anspruch, die Malerwerkstatt und die gewählten Bildmotive inklusive ihrer Vorbilder auf. In vielen Fällen bleiben diese interessanten Fragestellungen in Ermangelung greifbarer Quellen unbeantwortet. Die aktuellen Forschungen zu den Demerthiner Wandmalereien zeigen jedoch, wie eine interdisziplinäre Zusammenarbeit der einzelnen Fachrichtungen neue Erkenntnisse ans Tageslicht bringen kann (Abb. 7).

So steht mittlerweile fest, dass die Malerwerkstatt, die die Wandmalereien in Demerthin am Ende des 15. Jahrhunderts schuf, offenbar mehrfach in der Prignitz tätig war.[6] Gesichert ist, dass die Demerthiner Maler auch die Wandmalereien in der Kirche Schönhagen (errichtet 1442 d)[7] bei Pritzwalk ausführten. Dazu kommen vermutlich einige bisher nur kleinteilig freigelegte Malereien in den benachbarten Kirchen von Triglitz (Instandsetzung 1420 d SW)[8] und Beveringen (errichtet 1444/46 d)[9], die durchaus zu insge-

7 UV-Lichtuntersuchungen an den Wandmalereien 2015, Jochen Hochsieder und Gordon Thalmann

samt raumfüllenden Bildprogrammen wie in Demerthin, Schönhagen oder auch Rossow[10] gehören könnten (Abb. 8 und 9).

In allen genannten Fällen handelt es sich um Seccomalereien, die nachträglich auf den bereits gefassten (trockenen) Wänden ausgeführt wurden und damit hinsichtlich der Datierung und in Bezug auf die o. g. Bau- bzw. Instandsetzungsdaten der Kirchen jeweils einen »terminus post quem« (Zeitpunkt nach dem …) angeben, d. h. hier auf das späte 15. Jahrhundert verweisen. Aus den genannten Gründen darf bei aller gebotenen Vorsicht angenommen werden, dass die Werkstatt des Malers der Demerthiner Wandmalereien zumindest zeitweise ihr Auskommen und ihren Sitz in der Prignitz (Pritzwalk?) hatte. Inwieweit die am Ostgiebel rechteckig geputzte und ursprünglich komplett gefasste Fläche – wohl ein Andachtsbild – Teil des Programms der Demerthiner Wandmalereien war, muss dagegen aufgrund der zu starken Verluste durch Abwitterung unbeantwortet bleiben.

Der einkammerige Westquerturm, der dem Kirchensaal in den untersten Geschossen als Feldsteinbau von 6,80 m folgt, wurde um 1500 an die bestehende Kirche von Demerthin angebaut. Eine Baunaht zwischen den beiden Gebäudeteilen sowie das erhaltene hölzerne zweigeschossige Innengerüst des Turmes, das dendrochronologisch auf das Jahr 1510 (d)[11] datiert werden konnte, dokumentiert dieses Baugeschehen. Das zum Teil noch mit erhaltener spätmittelalterlicher Putzquaderung versehene Feldsteinuntergeschoss des Kirchturmes wird in seinen Kanten und Öffnungen von Backsteinen im Kloster-

8 Ausschnitt Wandmalerei Schönhagen

9 Ausschnitt Wandmalerei Triglitz

format gerahmt. Der Zugang zum Inneren erfolgte über ein Segmentbogenportal mit Spitzbogenblende auf der Westseite. Dass dieser Kirchturm, der wohl in seiner Bauzeit nie vollendet wurde, noch am Vorabend der durch Martin Luther initiierten Reformation entstand, ist kein Einzelfall. Die meisten der in der Prignitz vorhandenen massiven Kirchtürme gehören dem frühen 16. Jahrhundert an. Welche historisch-politischen oder baukonjunkturellen Ursachen dies hat, ist bisher noch unzureichend erforscht.

Die Einführung der Reformation erfolgte in Demerthin im Jahre 1541. Baulich gesehen hatte diese allerdings kaum Folgen. Die liturgisch neu ausgerichteten Gottesdienste erforderten jedoch für die Predigt Sitzgelegenheiten für die Laien. Deshalb wurde 1566 ein Kirchengestühl für die Gemeinde eingebaut, von denen sich heute noch Teile erhalten haben. Die Inschrift auf einer der Gestühlswangen berichtet: »*Catharina · v. Klitzingin · Claus Arnsberges · nagelatn · Wedewe · gaf · diesen · Stuhl.*« Wenig später erhielt die Kirche 1604 ein Patronatsgestühl im Stil der Renaissance, das die Familie von Klitzing stiftete und von dem an der Kirchensüdwand die Brüstung bewahrt blieb. Des Weiteren schmückt ein schönes hölzernes Wappen-Epitaph von 1669 für Ehrentraut von Klitzing den Kirchenraum [Beitrag Torsten Foelsch]. Als zentrales und prunkvollstes Ausstattungsstück des Sakralbaus kann wohl der barocke, 1994 restaurierte Kanzelaltar angesehen werden, der mit reich geschmücktem Schnitzwerk und Schalldeckel ausgestattet ist, auf dem sich ein triumphierender Christus flankiert von musizierenden Engeln mit Posaunen zeigt (Abb. 10/11). Der Altar

10 *Triumphierender Christus*

11 *Posaunenengel*

erhielt um 1740 seinen Platz im Kirchenraum [Beitrag Werner Ziems]. In diesem Zuge wurden die zusätzlichen backsteingerahmten Fenster in Korbbogenform eingebrochen und die spätmittelalterlichen Kirchenfenster zugesetzt. Leider verursachten diese neuen barocken Fenster- und auch Türöffnungen erhebliche Verluste im wertvollen Malereibestand.

1896/97 konnte mit Unterstützung der Familie von Klitzing der alte Kirchturm, der vermutlich früher in seinen oberen Teilen ein Fachwerkgeschoss besaß, erneuert werden.[12] Er erhielt einen neugotischen Backsteinaufbau, der mit einem quer gestellten Satteldach und gestaffelten, fialenbesetzten, spitzbogigen Giebelblenden versehen wurde. Der Turmschaft war ursprünglich bis unter die Glockenstube verputzt, wie alte Ansichtskarten es zeigen. Heute präsentiert sich der Turm in seinem Ziegelmauerwerk. Im hölzernen Glockenstuhl des Kirchturmes schlägt eine verzierte Bronzeglocke mit der erhabenen Inschrift:

»... *gegossen im Jahre 1853 von Klagemann*
Kirchenpatron Ritterschaftsrath Ludwig von Klitzing,
Prediger Otto Buchholz,
Schulze Christian Plagemann
Kirchenvorsteher Friedrich Müller ...«

Die Westempore mit Orgel, die langgezogenen, sich gegenüber liegenden Emporen-Fenster und das Kirchengestühl stammen ebenfalls aus dem 19. Jahrhundert.

Die letzte Kirchenpatronin und damit Förderin des Demerthiner Sakralbaus war die populäre und engagierte Adda von Klitzing (1876–1956), die nach Kriegsende und Vertreibung aus den heimatlichen Ort als Oberin im Damenstift Marienfließ in Stepenitz verstarb.

Die Demerthiner Wandmalereien im regionalen Kontext

Peter Knüvener

Eine vollständig ausgemalte Kirche ist für uns heute nicht unbedingt ein selbstverständliches Bild. Fast die gesamte Wandfläche der Demerthiner Kirche wird von Bildfeldern oder Dekor eingenommen. Aus der Prignitz kennen wir bisher nur wenige derart umfangreiche Wandmalereiprogramme aus Dorfkirchen, nämlich Rossow und Schönhagen, doch dürfte es weitaus mehr gegeben haben. Zwar kann man nicht davon ausgehen, dass jede Dorfkirche über ein derart reiches Wandmalereiprogramm verfügte, doch der Blick in Regionen mit umfangreicher erhaltenen Beständen wie die Niederlausitz oder Altmark zeigt, womit man zu rechnen hat. Vieles wird noch unter Putz verborgen liegen. Anderseits sind auch Dorfkirchen bekannt, die wohl nur über einzelne Wandbilder verfügten, denn eine derartig große Menge an Wandmalereien wie in Demerthin bedeutet natürlich auch einen finanziellen Aufwand. Daher ist es auch wahrscheinlich, dass zwischen der (kostenintensiven) Fertigstellung des Baus 1435 und der Ausmalung einige Zeit vergangen ist. Zur Kirchweihe sind zunächst nur die ehemals sicher zwölf Weihekreuze angebracht worden, die heute dadurch auffallen, dass sie sich kompositorisch nicht in das später ausgeführte Bildprogramm einfügen – ein typischer Fall.

Aus dem hohen Mittelalter sind aus Dorfkirchen der Prignitz keine Wandmalereiprogramme bekannt, anders als in der benachbarten Altmark, wo es in den Dorfkirchen von Buch, Erxleben

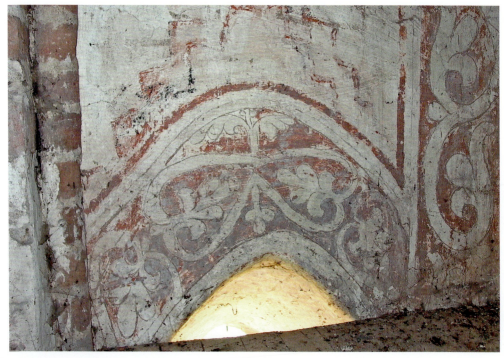

1 Groß Welle, Malereien im Dachraum, 13. Jahrhundert

oder Klein Schwechten teilweise umfangreiche Reste gibt. Dass es zumindest malerischen Dekor gegeben hat, belegen die im Dachraum von Groß Welle erhaltenen Malereien (Abb. 1). Die Zeit der großen Wandmalereiprogramme in Dorfkirchen ist zweifellos das 15. Jahrhundert, aus dem auch der Demerthiner Zyklus stammt. Es bleibt grundsätzlich festzuhalten, dass umfangreiche Wandmalereizyklen in unseren Breiten eher die Sache der Dorfkirchen mit ihren großen Wandflächen ist. In Stadt- Dom- und Klosterkirchen, deren gotische Neubauten durch große Fenster geprägt werden, kam Glasmalereien die Rolle zu, umfassende Bildprogramme aufzunehmen. Das kann man noch gut am Beispiel des Stendaler Doms oder Havelberger Doms, der Werbener Johanniskirche oder der Wilsnacker Nikolaikirche sehen. In diesen Kirchen gab es nur wenige Wandmalereien, nämlich Dekor im Gewölbe, oder einzelne Heiligenbilder, aber keine Zyklen. Spätgotische Wandmalereizyklen in Dorfkirchen beinhalten mehr oder weniger umfangreiche Darstellungen der Heilsgeschichte, angefangen bei der Verkündigung (seltener auch Schöpfungsgeschichte, siehe Zaue/Niederlausitz) mit einer Betonung auf der Passion Jesu – wie es auch in Demerthin zu beobachten ist. Dabei wird oftmals eine Ausführlichkeit erreicht, wie sie etwa bei den Zyklen von Flügelaltären kaum möglich ist. Es kommen bisweilen auch sehr rare Darstellungen vor – so auch in Demerthin mit einer Darstellung der Schlechten Beichte, was Rückschlüsse auf die liturgische Nutzung des Kirchenraumes zulässt.

Neben den Passionsszenen finden sich Darstellungen beliebter Heiliger, besonders der Virgines Capitales (Katharina, Margaretha, Dorothea und Barbara), im vorliegenden Fall sind zwei

2 Malerei der Anna Selbdritt mit Heiligen in der Wilsnacker Nikolaikirche, um 1470

3 Malerei mit Christophorus in der Wilsnacker Wunderblutkirche, um 1470

(Katharina und Barbara) erhalten. Dass in Demerthin die Georgslegende in ungewöhnlicher Breite Raum findet, könnte darauf hinweisen, dass die Kirche diesem Heiligen geweiht war. Hier ist anzumerken, dass für viele Dorfkirchen in Brandenburg der Titelheilige in Vergessenheit geraten ist. Selbstverständlich dürfen auch die Apostel im Bildprogramm nicht fehlen, wobei sie in Demerthin eher einen untergeordneten Platz zugewiesen bekommen haben. In Schönhagen in der Prignitz sind sie viel präsenter, dafür gibt es hier keinen ausführlichen Bildzyklus wie in Demerthin. Das ist bemerkenswert, da die Malereien in Schönhagen und Demerthin vielleicht auf dieselben Maler zurückgehen – zumindest gibt es in dekorativen Details wie den eingestreuten kleinen Bäumen auffällige Parallelen.

Eine besondere Bedeutung hat im 15. Jahrhundert nach wie vor das seit dem hohen Mittelalter dominante Thema des Jüngsten Gerichts, das auch in Demerthin einigen Raum einnimmt. Thematisch gehört die Darstellung der Klugen und der Törichten Jungfrauen (nur diese sind erhalten) links unterhalb eigentlich dazu. Die Anordnung in dieser Weise erinnert an Altarpredellen (z. B. Parchim, St. Marien) und ist eine Demerthiner Besonderheit. Interessant ist die Darstellung mit den seitlich wegfallenden Kronen, für die es auch in der Altarkunst Vergleichsbeispiele gibt (z. B. auf einer Altarpredella aus dem Halberstädter Dom, gegenwärtig in der dortigen Moritzkirche). Dass das zur Mahnung dienende Gerichtsthema als besonders wichtig angesehen wurde, ist daran ersichtlich, dass es in Demerthin noch ein zweites Mal abgebildet wird, nämlich in der laufenden Erzählung der Heilsge-

4 Postlin, Retabel (Schrein), Maria im Rosenkranz, um 1510

schichte als deren Abschluss. Oftmals finden sich in Dorfkirchen moralisierende Bilder bzw. Lehrbilder wie Darstellungen der Todsünden oder der Zehn Gebote (z. B. in der Niederlausitz in Kalkwitz). Diese fehlen in Demerthin offenbar (hier könnte es Darstellungen als Tafelmalerei gegeben haben). In die Richtung geht freilich die Darstellung der Schlechten Taufe hinter dem Altar – die an dieser Stelle übrigens kein Demerthiner Unikat darstellen, da dieses Thema im altmärkischen Bombeck so fast identisch vorkommt.

Ein interessantes ikonographisches Detail ist die zentral an die Nordwand gemalte Madonna im Rosenkranz. Dieses Thema findet man in der Region nach 1500 häufiger, allerdings dann als zentrales Motiv von Flügelaltären, so z.B. in Postlin (Abb. 4) und in reduzierter Form auch in Pröttlin oder Mellen (alle um 1510), oder auch in der Parchimer Marienkirche, um ein besonders prominentes Stück im benachbarten Mecklenburg zu nennen. Die Madonna ist umgeben von einem Kranz aus 50 Rosen, der unterbrochen ist von Blüten mit den Wundmalen (dargestellt mitsamt den Gliedmaßen bzw. mit dem Herz) Jesu – besonders gut zu sehen die Hand rechts oben. Der Rosenkranz wurde im späten Mittelalter zu einem besonders bei Laien beliebten und verbreiteten Gebetszyklus. Dabei steht jede Rose für ein Ave Maria und die Gliedmaßen jeweils für ein Vaterunser. Von zentraler Bedeutung für die Verbreitung war die Gründung einer Rosenkranzbruderschaft in Köln 1474/75. In diese Gebetsbruderschaft konnte sich jeder einschreiben (man musste nicht in Köln wohnen) und damit von den Gebeten der 1481 bereits mehr als 100.000 Mitglieder profitieren. Gut möglich, dass es

5 Rossow, Dorfkirche, Wandmalereien mit Heiligen und Passion, um 1520

auch in Demerthin Mitglieder gab, vielleicht der Pfarrer oder jemand des lokalen Adels? 1479 emp-fahl Papst Sixtus IV. das tägliche Gebet des Rosenkranzes, was zur weiteren Verbreitung beitrug. Für die Datierung der Demerthiner Malereien ist dies nicht unerheblich, da man sich diese Ikonographie früher schwer vorstellen kann.

Möglicherweise ist die frühe Darstellung des Rosenkranzes auf die theologische Beratung durch ein Mitglied der Patronatsfamilie zurückzuführen. So war Albert von Klitzing, der in Stendal, Magde-burg und Halberstadt verschiedene kirchliche Ämter ausübte (siehe der Beitrag von Klitzing) an der Herausgabe des Marienpsalters aus Kloster Zinna beteiligt. Dabei handelt es sich um ein aufwändig illustriertes Rosenkranz-Gebetbuch, dessen Titel die Madonna im Rosenkranz – mit anbetendem Albert von Klitzing – zeigt. Das Buch erschien 1493 und steht den Demerthiner Malereien damit sehr nah.

Links hinter dem Altarblock befindet sich in Demerthin noch das alte Sakramentsschränkchen. Dieses ist in die Wandmalereien eingebunden: Es wird durch eine Rahmung hervorgehoben und bekrönt von zwei Engeln in liturgischen Kleidern, die eine Monstranz präsentieren, also auf den gna-denreichen Inhalt des Schränkchens hinweisen. Auch dieses schöne Detail dürfte in ähnlicher Form weit verbreitet gewesen sein – hingewiesen sei nur auf die Kirche Horka in der Oberlausitz.

In Demerthin erstrecken sich die Wandmalereien heute noch über weite Teile der Nord-, Ost-, und Südwand. Aber auch die Westwand dürfte ehemals zumindest teilweise bemalt gewesen sein;

6 Brandenburg, Bibliothek des Domklosters, Rahmungen der Wandmalereien, um 1460

vielleicht befand sich dort die eigentlich für ein derart umfangreiches Programm obligatorische monumentale Figur eines Christophorus, der im Demerthiner Programm bislang fehlt. Beispiele finden sich in den Kirchen in Kalkwitz (Niederlausitz) oder Klein Rossau (Altmark), freilich auch in der nahen Wallfahrtskirche zu Wilsnack (Abb. 3). Der Heilige war im späten Mittelalter überaus beliebt, sein (täglicher) Anblick sollte vor dem plötzlichen Tod ohne Empfang des Sterbesakraments bewahren. An der Decke wird man sich Dekor vorzustellen haben, Ranken oder Maßwerk, vielleicht gar figürliche Darstellungen. Als Beispiele können die bemalten Deckenbalken in Plaue an der Havel, die mit Schablonenmalereien verzierten Decken im altmärkischen Maxdorf oder Ipse die Reste bemalter Holztonnen in Briesen oder Goßmar (beide Niederlausitz) dienen.

Die Wandmalereien sind durch Rahmungen in Register unterteilt. Diese sind als rote, perspektivisch gedachte Linien gestaltet, die durch runde Tondi gegliedert werden, ein eher seltenes Motiv. Es wird mit einfachen Mitteln suggeriert, dass es sich um eine architektonische Gliederung handelt, als seien die Register aus einem kostbaren, behauenen Stein gearbeitet. Derartiges kennt die italienische Kunst seit dem hohen Mittelalter. In der mittelalterlichen Bibliothek des Domes zu Brandenburg gibt es ein nahes Vergleichsbeispiel (um 1460, Abb. 6), dort allerdings viel aufwändiger ausgeführt. Das zeigt, dass die Demerthiner Maler durchaus vertraut waren mit aktuellen künstlerischen Entwicklungen. Gewöhnlicher sind die Spiralranken, die ebenfalls zur Unterteilung eingesetzt werden. Sehr erfindungsreich ist aber das Detail der Vase an der Nordwand, aus dem die Ranken wachsen.

Hinzuweisen ist darauf, dass die Demerthiner Kirche höchstwahrscheinlich auch Wandmalereien am Außenbau besaß. An der Ostwand des Feldsteinbaus befindet sich ein Feld mit mittelalterlichem Putz, das sicher ein Gemälde trug. Solche Außenwandmalereien muss es sehr häufig gegeben haben, jedoch sind nur sehr wenige erhalten. In Frage kommen hier zentrale Darstellungen wie die Kreuzigung oder beliebte Themen wie die Heilige Sippe – an der Marienkirche in Frankfurt (Oder) glücklicherweise erhalten, weil man dort Grabsteine vor die Malereien gesetzt hat.

Der Stil und die dargestellte Mode weisen die Malereien als Zeugnisse des ausgehenden 15. Jahrhunderts aus. Die Stoffe der Gewänder sind scharfkantig gebrochen und im Prinzip nach der Realität gebildet. In der Gefangennahme Jesu kann man bei einem Schergen eine Rüstung sehen, wie sie typisch ist für die zweite Hälfte des 15. Jahrhunderts. Details der Zeit vor der Jahrhundertmitte wie der an einen tiefsitzenden Gliedergürtel erinnernde Dusing fehlen. Wären die Malereien nach 1500 entstanden, würde man Kuhmaulschuhe und Puffärmel erwarten (siehe die späteren Malereien in Rossow, Abb. 5). Altertümlich wirken hingegen die Mandorlen, in der die Weltenrichter bei den beiden Darstellungen des Jüngsten Gerichts thronen – eigentlich ein Detail des Hochmittelalters, später beschränkte man sich auf den Regenbogen.

Der oder die Maler arbeiteten pragmatisch und vermutlich zügig, es ging darum, schnell große Wandflächen zu füllen, und nicht, die einzelnen Kompositionen bis ins Letzte auszuarbeiten. Der Pinselstrich, mit denen die kräftigen Konturen angelegt wurden, wirkt sicher, es gibt nur wenige Korrekturen oder Verzeichnungen. Die Gesichter werden kaum weiter ausgearbeitet oder modelliert, Hintergründe werden oft nur angedeutet, die Figurengruppen standen im Vordergrund. Dass es durchaus auch anders sein konnte, zeigen die ausgefeilten Malereien in der Südvorhalle der Brandenburger Katharinenkirche, die Tafelmalereien nicht nachstanden (Abb. 7). Siehe auch das ausgefeilte, an ein Altarbild erinnernde Gemälde der Anna Selbritt in der Wilsnacker Kirche (Abb. 2). Allerdings ist zu bedenken, dass in Demerthin oft nur die Zeichnung erhalten ist, während Farben teilweise völlig verblasst sind.

Dass Maler auch in der Prignitz sicherlich in verschiedenen Techniken versiert waren und Kunstwerke unterschiedlicher Gattungen schufen, davon zeugen die Legendentafeln im Kloster Heiligengrabe, die in ihrer einfachen und prägnanten Handschrift derjenigen der Wandmalereien der Dorfkirche in Rossow (Abb. 5) gleichen.

Die Malereien in Demerthin sind in ihrer Art ein charakteristisches Beispiel für die Ausstattungskunst im ländlichen Raum im späten Mittelalter. Ihre Bedeutung liegt in ihrer guten, sehr vollständigen Erhaltung. Der Charakter wird – anders als im nahen Rühstädt – nicht durch verfälschende Übermalungen entstellt.

7 Detail (Petrus) aus den Wandmalereien der Südvorhalle der Brandenburger Katharinenkirche, um 1490, Foto mit UV-Licht

Die Wandmalereien in der Demerthiner Kirche – Eine kultur- und frömmigkeitsgeschichtliche Interpretation

Hartmut Kühne / Nadine Mai

Wandmalereien in Dorfkirchen erscheinen im Gegensatz etwa zu illustrierten Handschriften oder Schnitzretabeln oft als historisch recht anonyme Werke, die sich meist nur grob in chronologische Zusammenhänge einordnen lassen und nur selten Anbindungen an Ereignisse und Personen vor Ort offenbaren.

Die Demerthiner Wandmalereien sind in dieser Hinsicht eine Ausnahme. Aufgrund des baugeschichtlichen Befunds des Kirchenraumes[1] und der stilgeschichtlichen Analyse der Malereien[2] wurden sie bereits recht sicher in die letzten beiden Jahrzehnte des 15. Jahrhunderts datiert. Insbesondere das Erscheinen der Rosenkranzmadonna in einem ihrer Register belegt die Herstellung der Malereien nach 1475, als das Laiengebet des Volksrosenkranzes mit der Gründung der Kölner Rosenkranzbruderschaft seinen Siegeszug antrat.[3] Wir meinen darüber hinaus in diesem Beitrag neue Argumente vorzubringen, die eine Entstehung der Ausmahlung in den 1490er Jahren nahelegen.

Für den Entstehungszeitraum der Malereien geben zwei Urkunden über die grundherrlichen Verhältnisse und das Kirchenpatronat vor Ort Auskunft: Am 1. April 1472 belehnte der Brandenburger Markgraf Albrecht Achilles die Brüder Albrecht, Betke und Lippold Klitzing und deren Vettern mit verschiedenen Besitzungen, darunter auch dem »*dorff damertyn mit zwey und vierczig huffen [...] mit dem kirchlehne [...] mit obirsten und nidersten gerichten, mit den holczen, wassern [...] und allen anderen nuczungen und gebrauchungen*«.[4] 22 Jahre später, am 27. Januar 1494 belehnte der Markgraf Joachim I. erneut Albrecht von Klitzing und anstelle von seinen inzwischen verstorbenen Brüdern Betke und Lippold deren Söhne Dietrich und Joachim sowie deren Brüder und Vettern mit »*Damertin*«.[5]

Der in beiden Belehnungen genannte Albrecht von Klitzing war ein weit über die Grenzen der Prignitz hinaus tätiger und bekannter Mann – in der Diktion des Genealogen Georg Schmidt, der eine umfangreiche Geschichte der Familie von Klitzing verfasste, »*die bedeutendste und hervorragendste Persönlichkeit im ganzen Geschlecht.*«[6] Seine Vita soll hier zumindest skizziert werden[7]: Wahrscheinlich in den 1430er Jahren als Sohn des ebenfalls bereits mit Demerthin belehnten Diedrich von Klitzing geboren, studierte Albrecht seit 1450 an der Universität Rostock. Über seine akademische Graduierung ist nichts bekannt; sehr viel später, erst 1469, immatrikulierte er sich nochmals an der Universität Leipzig. Sein Bildungsgang dürfte seine Laufbahn als politischer Funktionsträger im Dienste verschiedener Landesherren und als erfolgreicher ›Pfründenjäger‹, d.h. als Geistlicher, dem es gelang, mehrere einfluss- und ertragreiche Positionen im mittleren geistlichen Establishment zu erlangen, befördert haben. Seit 1460 als Schreiber in der Kanzlei des brandenburgischen Kurfürsten tätig, avancierte er zum brandenburgischen »*Kanzler*« und einem der engsten Räte von Albrecht Achilles; zugleich trieb er seine geistliche Karriere voran, wobei er sich seit 1460 auf eine Pfründe am Magdeburger Domkapitel stützen konnte, wo er schließlich 1485 das zweitwichtigste Amt des Dekans erlangte.[8] Von 1473 bis zum Beginn der 1480er Jahre war er zudem als Rat für den dänischen König Christian I. tätig, den er 1474 auf dessen Romreise und 1474/75 auf dessen anschließender Mission zur Schlichtung der Kölner Stiftsfede an den Niederrhein begleitete.[9] Bis in die 1480er Jahre pendelte er oft mit diplomatischen Missionen befasst zwischen Dänemark und den Hohenzollernschen Territorien in Brandenburg und Franken, wobei Magdeburg eine Art Basislager bildete. In den letzten zwei Jahrzehnten seines Lebens – er starb wohl 1510 oder wenig später – konzentrierte sich seine Tätigkeit stärker auf Magdeburg, wo er gelegentlich auch diplomatisch für den Erzbischof Ernst von Sachsen tätig war. Er dürfte dort seinen Neffen Dietrich[10] und Joachim[11], die beide 1494 Pfründen im Magdeburger Domkapitel erlangten, die Türen für ihre geistlichen Karrieren geöffnet haben, die freilich weniger glanzvoll verliefen, als die ihres Onkels. Es ist eine verführerische Idee, in dem weltläufigen Magdeburger Domdekan und seinen beiden Neffen Dietrich und Joachim die Initiatoren des Demerthiner Bildprogramms zu vermuten oder zumindest einen gewissen Einfluss von ihrer Seite anzunehmen. Dass die drei Geistlichen als Patronatsherren

1 Titelblatt des Zinnaer Marienpsalters zwischen 1493 und 1496

grundsätzlich bei einer so umfangreichen Neugestaltung der Kirche, die sie mitfinanziert haben dürften, ein Wort mitzureden hatten, ist naheliegend. Wie man sich eine solche Mitwirkung der überwiegend in Magdeburg residierenden Geistlichen vorstellen kann, ist freilich eine andere Frage. Immerhin ist bereits auf ein Detail hingewiesen worden[12], das etwas Licht in diese Angelegenheit bringt: Der Titelholzschnitt des sog. Zinnaer Marienpsalters stellt eine Rosenkranzmadonna in den Mittelpunkt, die der in Demerthin dargestellten ähnelt. Im Vordergrund des Bildes knien links Albrecht von Klitzing als Magdeburger Domdekan und Adolph von Anhalt – der spätere Merseburger Bischof – als Magdeburger Dompropst und rechts der Abt Nikolaus von Zinna sowie ein anonymer Zisterzienser, mutmaßlich der Verfasser des Textes (Abb. 1).[13] Die Entstehung und der Druckort des Marienpsalters, einer der am aufwändigsten illustrierten Wiegendrucke (Inkunabeln, d.h. bis zum Jahr 1500 gedruckte Werke) überhaupt, sind bislang ungeklärt, gesichert ist nur die Entstehung zwischen 1493 und 1496.[14] Auch ist unklar, wer den exorbitant teuren Druck finanzierte; sicher werden die drei auf dem Titelblatt mit ihren Wappen abgebildeten Personen daran Anteil gehabt haben. Unter diesen Umständen ist es naheliegend, dass der Titelholzschnitt des Marienpsalters mit der prestigeträchtigen Darstellung des Patronatsherren auch in der Demerthiner Malerei als Motiv genutzt wurde. Das noble Druckwerk befeuerte vielleicht auch den Wunsch, die Demerthiner Kirche mit Malereien zu versehen. Die Ikonografie weist partiell durchaus Ähnlichkeiten zum Bildprogramm der Inkunabel auf oder lässt zumindest auf gemeinsame Vorlagen schließen, so etwa bei den Szenen der Verhaftung Christi oder der Verurteilung durch Kaiphas (Bl. 72a) und bei Christus in der Vorhölle (Bl. 89). Der durch starke, dunkle Konturen definierte Malstil und die reduzierte Farbigkeit der Demerthiner

Malereien erinnert zusätzlich an die Ästhetik zeitgenössischer Druckgrafik. Gerade die Passion Christi war hier ein beliebtes Sujet, das vor allem in Erbauungsbüchern und illustrierten Bibeln breiten Raum einnimmt.

Im Folgenden soll daher der Versuch unternommen werden, das Programm der Demerthiner Wandmalerei auf der Grundlage der besonders durch Peter Knüvener geleisteten Vorarbeiten im Zusammenhang zu deuten und dabei auf mögliche Bezüge zur Ereignis- und Frömmigkeitsgeschichte des ausgehenden 15. Jahrhunderts zu achten.

Zum Aufbau und Erhaltungszustand des Bildprogramms

Die Wandmalereien sind in Register unterteilt, die durch breite Ornamentstreifen mit Rankenmalerei voneinander getrennt und nach oben abgeschlossen werden. Der Rankenornamentstreifen am unteren Ende der Wandzone ist sowohl mit floralen Ranken als auch mit figürlichen Bildfeldern ausgestattet, so dass ihm in Teilen eine Sonderrolle als drittes Register zukommt. Die vertikalen Trennlinien zwischen den Bildfeldern sind schlichte schmale Streifen, die einfarbig in rotbraun hervorgehoben wurden.

Das ganze obere Register ist als eine homogene Abfolge von Szenen der Passion und Auferstehung Christi gestaltet, während im mittleren Register symbolische Darstellungen, Marien- und Heiligendarstellungen sowie Märtyrerlegenden in verschiedener Breite und Höhe miteinander kombiniert sind. Am stärksten bricht das großformatige Wandfeld mit dem Jüngsten Gericht, das auf der Nordwand mittig platziert ist, aus der Registereinteilung aus.

Mitte des 18. Jahrhunderts renovierte man den Kirchenraum grundlegend hin zu einer lichten Barockkirche, wobei erhebliche Teile der Malerei verloren gingen. Auf der Ostseite entstand ein opulenter barocker Kanzelaltar. Auf der Nordseite wurden die drei ursprünglichen Spitzbogenfenster zugemauert und drei große, mit Korbbogen überfangene Fenster in die Wand gebrochen. Auf der – zur Entstehungszeit der Wandmalerei fensterlosen – Südseite entstanden drei weitere Fenster. An der Westseite sind durch den Einbau einer Empore Ende des 19. Jahrhunderts heute gar keine Malereien mehr sichtbar.

Die Kirche wurde mehrfach – zuletzt 2010 – restauriert, dennoch erschwert der schlechte Erhaltungszustand die detailgenaue Auseinandersetzung mit dem ikonografischen Programm und dessen stilistische Einordnung. Peter Knüvener hat 2017 gleichwohl entscheidende Spuren zu den Ursprüngen der Demerthiner Malereien gelegt, die in die reiche Tradition der Wandmalerei in Brandenburg und Mecklenburg führen.

Die schlichte Formsprache lässt außerhalb der figürlichen Abläufe nur wenig Platz, etwa für die Entfaltung der figürlichen Details und räumlicher Bilderzählungen. Damit bricht das Werk kaum aus den erhaltenen Wandmalereizyklen der Zeit aus, die sich in einigen Dorfkirchen der Altmark und besonders im östlichen Teil Brandenburgs erhalten haben: Zu diesen gehört insbesondere Schönhagen, das ebenfalls nur mit einer aus kleinen Bäumchen und Büschen bestehenden Andeutung der Landschaft arbeitet. Durch jüngste dendrochronologische Untersuchungen ließ sich die Wandmalerei in Schönhagen bei Pritzwalk einer Werkstatt zuordnen, die Ende des 15. Jahrhunderts in der Prignitz gewirkt haben muss. Gordon Thalmanann vermutet ihren Sitz in Pritzwalk und ordnet ihr weitere Wandmalereizyklen zu, die bislang nur in Teilen freigelegt und erforscht sind.[15] Die Passion Christi war ein besonders umfangreich bearbeitetes Thema dieser Werkstatt: so hat sich in der Dorfkirche von Rossow, nur knapp 30 km von Demerthin entfernt, ein größerer Wandmalereizyklus dazu erhalten, der mit Werkstatt in Verbindung zu bringen ist.[16] Eine motivische Nähe zu den Demerthiner Wandmalereien zeigt die Ausmalung der Kirche in Zaue.[17] Hier werden in einem Register umfangreiche Szenen des Alten und Neuen Testaments und der Passion Christi gezeigt, wobei der Passionszyklus dem ausgehenden 15. Jahrhundert entstammt. Die stilistische Einordnung weist auf einen böhmisch geprägten Maler, dessen Werkstatt sich möglicherweise auch den Auftrag für Demerthin sicherte. So erscheint etwa am Übergang zur Ostwand die Kreuztragung Christi als eine über Eck gemalte Szene und zwar exakt auf dieselbe Weise wie in Demerthin (Abb. 2). Der Entkleidung ist in beiden Fällen ebenfalls besondere Aufmerksamkeit geschenkt worden. Auch in Beesdau[18] und Görsdorf[19] sowie den äußerst qualitätvollen Wandmalerei in Briesen[20] bestimmt die Passion Christi – gekoppelt mit Heiligendarstellungen – die Thematik. Einige wenige ikonografische Details lassen sich konkret zuweisen, so der Soldat bei der Gefangennahme Christi, der nahezu identisch in den wohl um 1494 entstandenen Passionsszenen in Beesdau zu sehen ist.[21]

2 Kreuztragung in der Kirche von Zaue

Der Passionszyklus
Oberes Register

In der mittelalterlichen Lebenswelt waren der Tod und sein plötzliches Auftreten durch Krankheiten und Kriege, Hungersnöte, mangelhafte medizinische Versorgung und als Strafgerichte verstandene Wetterkatastrophen stete Begleiter der Menschen. Gleichzeitig markierte der Moment des Todes in der christlichen Vorstellung die Möglichkeit zum Eintritt in das ewige Leben, einen Zustand der Gnade, der Ruhe und des Friedens im Lichte Gottes. Es galt daher, gut auf den Tod vorbereitet zu sein und Vorsorge für den Übergang vom irdischen zum ewigen Leben zu treffen. Die Passion Christi spielt hierbei eine zentrale Rolle: Einerseits als Modell für die Verquickung von Tod und Leben, Schmerz und Erlösung, wies sie andererseits mit der Erinnerung und Verinnerlichung der Leiden Christi den Gläubigen einen Ausweg aus dem eigenen irdischen Leid. Besonders im ausgehenden 15. Jahrhundert waren Darstellungen der Passion stark verbreitet, um den Gläubigen zum Mitleiden anzuregen und so sein Seelenheil zu befördern.[22] Die vielen Wunden, die Christus während der Passion erhielt, verdeutlichen spätmittelalterlichen Passionstexten zufolge die zahllosen Sünden der Menschheit. Die Vereinzelung der Wunden Christi in der Andacht, die oft mit der Bildbetrachtung einherging, versprach wiederum Erlösung von diesen Sünden. Von ausgedehnten Zyklen mit einer detaillierten historischen Szenerie der Geschehnisse bis hin zu einer isolierten plakativen Darstellung von Handlungen, einzelnen Leidenswerkzeugen und -orten oder sogar Wunden Jesu nahmen die Passionsereignisse immer größere Flächen in den öffentlichen und kirchlichen Räumen ein. Gleichzeitig trug der Buchdruck zur Verbreitung solcher Darstellungen bei.

Für die Demerthiner Wandmalereien waren sicher beide Aspekte von Belang. So stellte die großflächige Ausmalung der Dorfkirche der Bevölkerung vor Ort die Passion in ihren genauen Abläufen vor und ergänzte sie – wie hier zu zeigen sein wird – auch mit komplexeren theologischen Konzepten der Heilsgeschichte und Heilsökonomie. Gleichzeitig ist das Bildprogramm offenkundig das Ergebnis einer Auseinandersetzung mit ikonografischen Stereotypen, wie sie etwa durch illustrierte Andachtstexte verbreitet wurden. Zu nennen sind hier unter anderem der Passionstraktat des Heinrich von St. Gallen, der in den 1480er und 1490er Jahren in mehreren illustrierten Auflagen erschien, sowie das dem Mönch Bertholdus zugeschriebene »Zeitglöcklein«, das als Stundengebet fungierte, also Gebete und Texte zum gottesdienstlichen (liturgischen) Tagesablauf beinhaltete und ebenfalls mit Holzschnitten versehen war. Der Betrachter konnte durch das Betrachten der Bilder im kontemplativen Mitleiden die Nachfolge Christi unmittelbarer und authentischer nachvollziehen. In Demerthin bot die Malerei an den Wänden der Kirche eine ähnliche visuelle Anteilnahme an den Lesungen und liturgischen Feierlichkeiten während des Kirchenjahres und vor allem während der Passions- und Osterzeit an.

Die Szenen des Gründonnerstags
Obere Nordwand

Durch die Umbauten innerhalb des Kirchenbaus ist der ursprüngliche Anfangspunkt des Zyklus unklar. Vorstellbar ist jedoch, dass es sich um einen reinen Passionszyklus handelt. Peter Knüvener hat die schlecht erhaltene Szene auf der westlichen Seite des später in die Wand gebrochenen Rundbogenfensters als Einzug Christi nach Jerusalem gedeutet, was uns plausibel erscheint. Zurückgesetzt in den Mittelgrund sieht man eine nach links gewendete kniende Figur in einer Landschaft. Auf der rechten Seite sind am unteren Rand des Bildfeldes zwei parallel gesetzte rötliche Architekturfragmente erkennbar, die das Tor Jerusalems markieren (vgl. auch die Szene der Kreuztragung), während die Figur Christi auf dem Esel sich nur erahnen lässt. Die beiden durch den Fenstereinbruch vollständig verlorenen Szenen betrafen vermut-

3 Holzschnitt mit der Gefangennahme Jesu aus der *Passion Christi des Heinrich von St. Gallen, 1482*

lich die Geschehnisse des Gründonnerstags: Die Fußwaschung und das Letzte Abendmahl. Links neben dem Fenster ist noch deutlich ein Apostel sichtbar. Besser zu erkennen ist die darauf folgende Szene des Gebets Christi im Garten Gethsemane, der hier durch einen Zaun aus geflochtenen Weiden umfriedet ist. Im Hintergrund kann man noch schemenhaft die mit Lanzen bewaffneten römischen Soldaten herannahen sehen. Die Mitte füllt Christus aus, der in ein rotbraunes Gewand gekleidet, die Hände zum Gebet erhoben auf der Erde kniet. Links davon lagern dicht gedrängt drei schlafende Apostel. Mittig mit grauem Bart und Schwert ist Petrus zu erkennen, der in der Passionsgeschichte seit jeher eine besondere Rolle spielt. Rechts erhebt sich – nur noch schwer zu erkennen – ein Stück Felsen, auf dem ein bekreuzter Kelch platziert ist. Dieser erscheint bereits in frühen Passionszyklen als wörtliches Abbild der Metapher aus Mk. 36 und Lk. 42, bei der Christus im Gebet seinen Vater anfleht »*diesen Kelch*« an ihm vorübergehen zu lassen. Der Blick Jesu nach rechts sowie das Schwert des Petrus leiten den Betrachter schlüssig zur darauf folgenden Szene der Verhaftung. Mittig erscheinen nun Judas, der Christus festhält und im Begriff ist, ihm den verräterischen Kuss zu geben. Als Erkennungszeichen trägt Judas rotes Haar und eine rote Barttracht. Umringt wird die Szene des Verrats von einer bewegten Schar aus Aposteln und Soldaten, die ihre Waffen schwingen. Deutlich zu erkennen ist der Apostelfürst Petrus links im Bild, der sein Schwert aus der Scheide zieht, um dem bereits vor ihm zusammengebrochenen Knecht Malchus sein Ohr abzuhauen (Mt. 26,51–54; Mk. 14,46.47; Lk. 22,49–51; Joh. 18,10.11). Die Zusammenschau des halb aus der Scheide befreiten Schwertes und des darunter gefallenen Malchus mit Laterne scheint aus einer weit verbreiteten Vorlage zu stammen, wie sie in der von Anton Sorg gedruckten Passion Christi des Heinrich von St. Gallen erscheint (Abb. 3). Petrus gegenüberstehend verdeutlicht der Soldat mit erhobenem Schwert gleichwohl die Aussichtslosigkeit der tapferen Verteidigung. Da das Bildfeld schmaler als das der Gethsemane-Darstellung ist, wird der gedrängte und chaotische Charakter der Szene optisch gesteigert. Sie birgt zudem einen stilistischen Hinweis auf den Zinnaer Marienpsalter und dessen Holzschnitte, denn die Landsknechtrüstung imitiert einen älteren Rüstungstyp aus dem Anfang des 15. Jahrhunderts, der hier unter anderem in der Szene Christus vor Annas erscheint. Charakteristisch sind etwa die Helmform sowie der Besatz der Rüstung mit Scheiben an den Armen. Derselbe Rüstungstyp wird in der ersten Hälfte des 15. Jahrhunderts unter anderem zahlreich in den Illustrationen von Diebold Lauber, etwa in der Heidelberger Parzival-Handschrift, verwendet.[23] Auch das Grabmal des Frank von Kronberg von 1461 in der Stiftskirche Lich (Hessen) zeigt noch dieselbe Rüstungsform (Abb. 4).

4 *Grabmal des Frank von Kronberg in der Stiftskirche Lich*

Die Leiden Jesu am Karfreitag
Obere Ostwand

Den Übergang zur nächsten Szene mit Christus vor dem Hohen Rat bildete ursprünglich ein spitzbogiges Fenster, das um 1740 zugemauert wurde. Das Ereignis ebnet gleichermaßen den Weg in die eigentliche Leidensepik der Passionsgeschichte (OR6, S. 93), von Beschimpfung, Folter und Tod. In der Verurteilung durch den Hohen Rat, oder auch Jesus von Kaiphas, erscheint das Bildpersonal ebenfalls dicht gedrängt. Und wiederum ist Christus, der hier gefesselt nach rechts blickt, mit seinem langen, auf dem Boden in großen Falten zusammengestauchten, rotbraunen Gewand der leuchtende Fixpunkt der Szene. Soldaten und bewaffnete Knechte umringen ihn und treiben ihn gleichzeitig vorwärts. Die Zusammenstellung von Jesus und dem Jesus am Arm packenden Soldaten in Rüstung links ist nahezu deckungsgleich auch im Zinnaer Marienpsalter verwendet worden (Abb. 5). Im Hintergrund ist noch eine Figur zu erkennen, die das Bein leicht angewinkelt und zum Schritt angehoben hat, was das dynamische Drängen der Soldaten zu der Ruhe Christi in noch stärkeren Kontrast setzt. Die erwartungsvollen Blicke und Gesten richtet die Schar auf die rechte Bildseite, wo nur noch die Reste einer schmalen Thron- oder Baldachinarchitektur erkennbar sind, die den Sitz des Hohepriesters Kaiphas andeuten. Der Hohepriester befragt Jesus zu dessen Aussage, er sei »*Gottes Sohn*« und bezichtigt ihn der Gotteslästerung und Lüge (Mt. 26,57–66; Lk. 22,66–71). Im Mittelalter wird er oft in dem Moment gezeigt, als er sich vor Wut die Kleider zerreißt. Sollte sich der Maler in Demerthin am Holzschnitt des Zinnaer Marienpsalters orientiert haben, könnte Kaiphas auch hier als eine reich gekleidete und wild gestikulierende Gestalt dargestellt gewesen sein. Das Detail ist allerdings so stark zerstört, dass sich darüber keine genaue Aussage mehr treffen lässt. Auch die beiden folgenden Szenen sind vollständig verloren: Sie betrafen mit großer Wahrscheinlichkeit die beiden wichtigsten Ereignisse der Passion vor der Kreuzigung: die Geißelung und die Dornenkrönung beziehungsweise Verspottung (Mt. 27,25–31; Joh. 19,1–16). Insbesondere die Geißelung gehört zu jenen Motiven der Passionszyklen, in denen sich das Narrativ der Passion zuspitzt. Die Folter und die blutenden Wunden eröffneten dabei einen Blick auf das leibliche Opfer und das Blut Christi, das für die Erlösung der Menschen gegeben wird. Die Geißelung konfrontierte den Betrachter aber auch mit dem großen Schmerz Jesu und beförderte dessen Nachvollzug, der als zentraler Weg zu Gnade, Vergebung und Erlösung galt.[24] Von den noch erhaltenen Bildfeldern ist dieser funktionale Kontext des Andachtsbildes besonders an der einem Vesperbild angeglichenen Beweinungsszene deutlich zu spüren.

Die fehlenden Stationen von Geißelung und Dornenkrönung sind als Voraussetzungen in der nächsten, gut erhaltenen Szene erkennbar, die Christus vor Pilatus darstellt (OR9, S. 92): Anstatt mit dem braunen Gewand, erscheint Christus nun mit einem weiten, lose um den Körper gelegten Mantel, der seine nackten, verwundeten Beine bis über die Knie entblößten. Auf dem Kopf trägt er die Dornenkrone als Zeichen der »*Verspottung als König*« von Jerusalem. Zwei Schergen, die mit spitzen Hüten dem jüdischen Klischee-Kanon entsprechen, halten ihn an den Seiten. Auf der linken Seite sitzt auf einem opulenten, schräg ins Bildfeld und auf Treppen gestellten Sitz Pontius Pilatus, der gerade seine Hände in Unschuld wäscht und damit den Eintritt in das Kreuzigungsgeschehen eröffnet. Mit den Worten »*Ich bin unschuldig an seinem Blut, seht ihr zu!*« (Mt. 27,24) beendet er das Ringen um das Todesurteil für den in seinen Augen harmlosen Jesus. Das folgende Bildfeld mit der

Quem in hoc miraculo adoro. qui in anne ede
diros sustinuit faciei ictus.

Ue Conspice nūc quomō rex reguz dñs dñan
t. ū ab abiectissimis cū impetu. maĩb⁹ a fg
ligatis capite discoopto sicut agn⁹ inter lupos violen
p vallē iosephat. hierusalē vsus impellit z p portā p quā i di
pa'max intraueat eū ligatū tamq̃ mozte dignū ad annā pō
tifice adducūt qui eū de discipulis suis z de doctrina ei⁹ roga
bat rñdit ei ihs ego palā locut⁹ sum mūdo z in occulto locu
tus sum nihil. quid me infrogas. hij qui hic ftāt sciūt q̃ dixe
ego. Ecce vn⁹ de mistris dedit alapā ihū dñs qd sic respōde
pōtifici Respōdit ei ihs si male locutussuz. testimoniū phibe
de me. si aūt bn̄ qd me cedis Jo. xviij. ecce quo sanguis ex de
tinis ihū fluit et depresso capite sicut samson in medio phili
stinozū Judicū xvi. Varijs supplicijs percussus spretus de
detur. Augusti. Si cogitem⁹ quis dedit alapam nonne vell
eū qui ocusit aut celefti igne ꝯsumi aut a ira absozbi ꝛc

5 *Zinnaer Marienpsalter, Verhör vor dem Hohepriester*

Kreuztragung (Mt. 27,31–32; Mk 15,20–21; Lk. 23,26–31) offenbart zudem, wie differenziert die Szenen geordnet und auf die Wandflächen abgestimmt wurden. Auf dem kurzen Stück bis zum Umbruch an der Ecke zur Ostwand ist hier das Stadttor von Jerusalem mit den – nur noch schemenhaft erkennbaren – Getreuen Christi zu sehen, vermutlich Maria, Magdalena und Johannes (vgl. S. 93). Der größere Teil der Szene ist hingegen auf der Ostwand platziert (OR10, S. 93): Zusammen mit Christus zieht aus dem Stadttor eine furchteinflößende Menge von Soldaten, die ihre Waffen erhebend auf den Heiland einschlagen, ihn zerren und stoßen. Der Kreuztragende selbst, der unter der Last gekrümmt geht, wendet seinen Blick jedoch zurück zu seinem Gefolge im Stadttor, was die Ecklösung in die Bildformel einbindet und zugleich den besonderen räumlichen Kontext der Szene betont. Nicht unwahrscheinlich ist, dass die Szene auch einen Hinweis auf die römische Tuchreliquie Vera Icon enthielt. Hierbei handelt es sich um ein Tuch, das nach der Legende durch eine Frau mit Namen Veronika, die am Kreuzweg ein Haus besaß, Jesus während der Kreuztragung gereicht wurde. Als er sich damit das Gesicht trocknete, blieben auf dem Tuch sein Gesichtsabdruck in Staub und Schweiß haften. Es ist sicher kein Zufall, dass der Weg nach Golgatha als einem bedeutsamen prozessionalen Ereignis der Heilsgeschichte[25] den Übergang zur Ostwand der Kirche und damit zum Hochaltar und dessen Liturgie bildet. Neben der Kreuztragung erscheinen auf der Ostwand die Entkleidung Christi, die nur fragmentarisch erhalten ist, die Kreuzaufrichtung, die Kreuzigung als Mittelfeld, die Kreuzabnahme und ein Vesperbild (OR11–OR15, S. 93–95). Alle Szenen spielen sich auf Golgatha (Mt. 27,33–37; Joh. 19,17–21.) ab und verweisen damit auf die im christlichen Verständnis zentrale Verehrung der Passionsorte in Jerusalem. Der die Bildfelder der Ostwand umspannende, einheitliche Landschaftsraum versetzt den Gläubigen damit gleichsam virtuell nach Jerusalem, an die Heiligen Stätten. Zwar lässt sich in der Entkleidung und Kreuzigung nur vage ein grüner Hintergrund erahnen. Im Übergang von der Kreuzabnahme zur Beweinung Jesu ist die beide Bildfelder nutzende, schräg gestellte Leiter aber ein klarer Hinweis auf diese Lesart (OR14, S. 95).

Für die These, dass die Ostwand Golgatha repräsentiert, spricht auch die letzte Szene dieser Seite: die Beweinung Christi, die in der Form eines Vesperbildes, auch Pietà genannt (OR15, S. 95), dargestellt ist. Maria sitzt frontal vor dem Betrachter und hält den ausgestreckt über ihren Schoß gelegten toten Christus im Arm. Der durchgezogene landschaftliche Hintergrund, das Kreuz und die Leiter der Schächer, die aus der Kreuzabnahme in das Bildfeld der Pietà hineinragt, machen dies deutlich. In anderen Wandmalereizyklen finden sich ebenfalls Pietà-Darstellungen, unter anderem in Görsdorf auf der Südwand sowie in Rossow. In beiden Fällen wird Maria von weiteren Personen aus den vorhergehenden Szenen begleitet, was den szenischen Zusammenhang der ›Beweinung‹ unterstreicht. In Demerthin hingegen ist die Beweinung als eine hybride Ikonografie zwischen Bildzyklus und Andachtsbild gestaltet. Maria sitzt allein in einer streng symmetrischen Komposition vor dem aufgerichteten Kreuz auf Golgatha. Damit fokussiert der Maler das starke Band zwischen Mutter und Sohn sowie den Schmerz Mariens in besonderer Weise und befördert so die Anteilnahme und Andacht der Gläubigen. Im Kontext der Zisterzienser-Frauenklöster entstanden, sollte die Pieta den Betrachter zum Nachvollzug der Trauer Mariens bewegen.[26] Marias tief empfundenes Mitleiden mit Christus, die Compassio, wurde im 14. Jahrhundert zum Ausgangspunkt des Konzeptes der »*Imitatio Christi*«, der heilwirksamen Nachahmung der Leiden Christi.[27]

In diesem Kontext spielt auch die Einbeziehung der Leidenswerkzeuge, der so genannten »*Arma Christi*«, eine zentrale Rolle, die hier in Form des Kreuzes, an dem Geißel und Rute hängen, aber

6 Fronleichnam-Retabel
   aus dem Lübecker St. Annen-Museum, 1496

auch durch die in das Bildfeld ragende Leiter der Kreuzabnahme vergegenwärtigt werden. Die Leidenswerkzeuge waren seit dem frühen Mittelalter als kaiserliche Insignien und konkrete Zeugnisse der Passion verehrt worden und rückten im späten Mittelalter sowohl als Reliquien wie als Sammel-Gnadenbild in den Fokus der christlichen Ikonografie.[28] In der Wandmalerei sind die Darstellungen der Arma Christi häufig anzutreffen,[29] oft in Kombination mit dem Schmerzensmann, der die Vergegenwärtigung der einzelnen Leidenswerkzeuge an den Leib Jesu und dessen erlösende Kraft zurückbindet. Auch in Demertin rücken sie dem Betrachter noch einmal das geschehene Leid und die verschiedenen Stationen der Passion vor Augen und fordern ihn auf, diese wie Maria nachzuerleben. Die Intention, in der Andacht »durch Maria« zur angemessenen Betrachtung des Leidens Christi zu finden, scheint auch in der in Köln 1474/75 initiierten Gebetspraxis der Rosenkranzbruderschaft auf. Wie weiter unter beschrieben, ist die im mittleren Register des Demerhiner Zyklus dargestellte Madonna mit dem Rosenkranz ebenfalls von den fünf Wundmalen Jesu umgeben, was die Darstellung enger an die Passion im oberen Register bindet (MR3, S. 96).

Das gesamte obere Register der Ostseite bildet mit dem Kreuzigungsgeschehen schließlich auch einen signifikanten ›Ort‹ für den liturgischen Nachvollzug des Passionsgeschehens. Wie in der kunsthistorischen Forschung ausführlich dargelegt wurde, dienten besonders die Bildwerke auf und am Altar als mediale Brücke zwischen der liturgischen Wiederholung des Passionsopfers und der Präsentwerdung des Körpers Christi.[30] Leider ist das Wissen um die weitere Ausstattung des Demerthiner Altars unsicher: Gab es ein Retabel? Welche Reliquien waren im Altar geborgen? All dies wissen wir nicht. Gleichwohl lässt sich an den Bildfeldern, die zwischen die Passionsszenen und den Altar geschaltet sind, eine enge Beziehung von praktischen Gepflogenheiten und dem Andenken an die Leiden Christi aufzeigen. Besonders das Kreuzigungsgeschehen kann als visuelle Konkretisierung der Messe gedeutet werden. Der weiße Felsen von Golgatha wurde als Ort des Opfertodes Jesu in besonderer Weise verehrt, da er vom wahren Blut Christi benetzt worden war und damit auch als der erste Altar überhaupt galt.[31] Für die Darstellung des nackten, blutenden Körpers Christi, wie er in der Annagelung an das Kreuz, der Kreuzigung und im Vesperbild erscheint, ist zudem der Glaube an die liturgisch erzeugte ›Realpräsenz‹ Christi von Belang: Denn während der in der Messe zelebrierten Eucharistiefeier wurde Christus durch die Wandlung von Brot und Wein leibhaftig präsent.[32] Dabei hob der Priester die Hostie in die Höhe, wozu ein Glöckchen leutete, um den Moment der Transsubstantiation, also der realen Wandlung von Brot zu Fleisch, vom liturgischen Corpus Christi in den wahren Leib Christi, zu veranschaulichen.

Ein gutes Beispiel für die Auseinandersetzung mit dieser Wandlung in der spätmittelalterlichen Ikonografie ist das so genannte Fronleichnam-Retabel (1496) aus dem Lübecker St. Annen-Museum.[33] Sowohl auf der Messdarstellung der Außenseite des linken Innenflügels, die den Moment der Elevation der Hostie zeigt, wie auch in der skulptierten Gregorsmesse im Schrein, werden die Bildwerke am Altar prominent mit dem Moment der Transsubstantiation verknüpft. In der Erhebung (Elevatio) hält der in Rückenansicht gezeigte Kleriker die Hostie so vor das am Altar stehende ›Bild im Bild‹, dass sie genau vor dem Gekreuzigten erscheint (Abb. 6). Die Botschaft ist deutlich: Bildwerk und Sakrament, Passionsdarstellung und liturgischer Nachvollzug kommunizieren nicht nur miteinander, sondern bauen in ihren jeweiligen Präsenzkonzepten aufeinander auf und bestärken sich gegenseitig.[34]

7 *Weisung der Hostienmontranz durch Engel am Wilsnacker Wunderblutschrein*

In Demerthin wird dieser liturgische Höhepunkt der Messfeier besonders durch die Einbindung des geweihten ›Corpus Christi‹, also der Hostie, in das Bildprogramm der Ostwand betont. So erscheinen im mittleren Register zwei Engel, die zu beiden Seiten eine große Monstranz mit einer weiß strahlenden Hostie in der Mitte halten. In einem solchen kostbaren Gefäß wurde die Hostie an bestimmten Feiertagen den Gläubigen gezeigt (MR7, S. 99).[35] Direkt darunter befindet eine kleine spitzgiebelige Wandnische, die von einer hölzernen Tür verschlossen wird. Offenkundig diente das kleine Fach als Sakramentshaus, als Aufbewahrungsort für die geweihte Hostie, und bildete damit den materialisierten Konterpunkt zu der Engelsweisung darüber. Derartige mit Wandmalerei umrahmte Nischen finden sich in zahlreichen Kirchen, auch und besonders in der Prignitz.[36] Möglicherweise ist eine Vorbildwirkung des Wunderblutschreins in der Wilsnacker Wallfahrtskirche anzunehmen, dessen Malereien auch von einem Engelspaar gekrönt werden, das eine Monstranz trägt (Abb. 7).[37] In Demerthin wie auch in den anderen Fällen entsteht dabei eine enge Verquickung von wahrem und gemaltem Opferleib, also zwischen der bildlichen Darstellung und den liturgischen Handlungen. So bringt die Darstellung das geweihte und im Inneren der Nische verborgene Heilsmedium dauerhaft zu Anschauung und verstetigt damit die Zeichen und Handlungen der Messe. Ebenso könnte die Monstranz auf Rituale an bestimmten Feiertagen hinweisen. An Fronleichnam fanden seit dem 14. Jahrhundert überall große Prozessionen statt, an denen die Monstranz durch die Gemeinde getragen wurde.[38]

In Demerthin verbindet sich die Hostienmonstranz aber noch mit einem weiteren Aspekt kirchlichen Alltags. So erscheint auf dem Bildfeld direkt neben der Monstranz eine Beichtszene, die einer genaueren Erläuterung bedarf. Links sitzt auf einem schlichten Stuhl ein Weltgeistlicher, der eine typische mittelalterliche Kopfbedeckung (ev. Gugel) oder ein Tuch trägt (MR8, S. 100). Solche Kopfdeckungen begegnen ebenfalls in der berühmten Beichtszene auf dem Altar der Sieben Sakramente des Rogier van der Weyden (Abb. 8) aber auch in der gleichzeitigen Druckgrafik.[39] Vor dem Priester kniet eine weibliche Figur mit Kopftuch und einem am Gewand befestigten Beutel, die ihre Hände auf den Schoß des Beichtvaters legt. Ängstlich blickt die Frau aus dem Bild, denn hinter ihr steht eine große Teufelsgestalt. Mit bedrohlichem Schwung stürzt sich der Teufel auf die kniende Frau, fasst mit den Krallen ihre Schulter und versucht mit einer langen Fleischzange (auch Kreuel genannt) das Kopftuch der Frau festzuhalten. Peter Knüvener hat die Szene inzwischen als eine Darstellung der ›unehrlichen Beichte‹

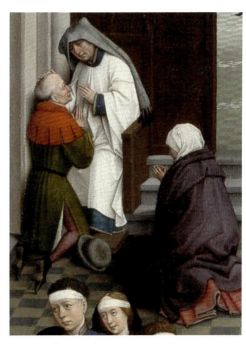

8 Die Beichte im Sieben-Sakramente-Altar des Rogier von der Weyden um 1450

identifiziert und damit früheren Deutungen etwa der ›Versuchung‹ oder der in Mitteldeutschland häufig auftretenden ›Butterhexe‹ klar widersprochen.[40] Vielmehr lässt sich die Szene auf die Beichte als das Laiensakrament schlechthin beziehen. Ihre Bedeutung für das Seelenheil der Gläubigen wird hier ganz drastisch überspitzt: Jedes unehrliche Wort – so die Botschaft der Szene – lockt den Teufel an. Zudem sollte die Beichte dazu dienen, das Böse zu erkennen und im Aussprechen zu vergegenwärtigen, um davon erlöst werden zu können.[41] Zweifelsohne sollte sich der spätmittelalterliche Betrachter hier angesprochen fühlen und zugleich – mit Blick auf das Weltgericht auf der Nordseite – die Konsequenzen seines Handelns bedenken. Da die Beichte zumeist hinter dem Altar stattfand, lässt sich die Darstellung zusätzlich als Mahnung zur guten Beichte verstehen. Auch dass diese derbe Szene mit der bildhaften Ausstellung der Hostie verbunden ist, leuchtet vor dem Hintergrund des kirchlichen Alltags ein. Denn der Empfang des Abendmahls (Kommunion) war an die vorherige Beichte geknüpft. Damit bindet das Bildprogramm an den Wänden einmal mehr die Handlungen am und um den Altar ein.

Die Osterbotschaft auf der Südseite
Obere Südwand

Während die trauernde Gottesmutter am Übergang zur Südwand den vorläufigen Höhepunkt des unter dem Eindruck der Leiden Jesu stehenden Karfreitagsgeschehens bildet, widmet sich die Südwand der erlösenden Botschaft der Überwindung des Todes und der Himmelfahrt Jesu. Der Zyklus zu Beginn der Südwand ist durch erhebliche Fehlstellen gekennzeichnet: Die ersten beiden Szenen sind fast vollständig abgelöst und verblichen, die dritte wurde durch den Fenstereinbau vollkommen zerstört. Mit Blick auf die bekannten Passionsfolgen wären hier zwei Varianten denkbar: entweder eine weitere mehrfigurige Beweinung Christi, die Grablegung und die Auferstehung oder – wegen der marianischen Fokussierung wahrscheinlicher – eine Grablegung, die Auferstehung und der Besuch der Marien am Grabe. Gut erhalten sind die drei folgenden Darstellungen der Höllenfahrt Christi, der Begegnung mit Maria Magdalena und der Himmelfahrt. Die Platzierung der Szene Christus in der Vorhölle nach der Auferstehung ist gleichwohl ungewöhnlich.

In der Vorhölle erscheint Christus links mit einem Mantel bekleidet und dem Kreuzstab in der Hand (OR 19, S. 94), seinen Fuß setzt er beherzt auf das weit geöffnete Drachenmaul, das sich rechts von ihm öffnet. Der von Teufeln bewohnte Tierrachen als Höllenschlund ist ein klassisches ikonografisches Motiv der spätmittelalterlichen Kunst und hat seinen Ursprung im Alten Testament bei Jes. 5, 14; Psalm 22,14; Hiob 40,25.[42] Dass aus ihm die Seelen Adams und Evas treten, zeigt die Vollendung der Heilsgeschichte an, den Fall und die Erhebung und Erlösung des Menschensohnes. Mit der Höllenfahrt Christi verbindet sich die Vorstellung, dass Christus die Gerechten des Alten Bundes, also neben Adam und Eva auch die Patriarchen und Propheten aus der Vorhölle befreite.

Die anschließende Szene ist der Begegnung Christi mit Maria Magdalena nach Joh. 20,11–18 gewidmet, die hier rechts im Bild ihren Herren im Grab aufsuchen und salben will und Christus stattdessen in der Gestalt eines Gärtners antrifft (OR 20, S. 95). Die Figur Christi wird hier im Vergleich zur Vorhölle wieder in ein bodenlanges rotbraunes Gewand gehüllt, der Spaten in der rechten Hand ist Hinweis auf das biblische Motiv der Wahrnehmung Christi als Gärtner. Eindrücklich im Zentrum des Bildfeldes steht die erhobene linke Hand Christi, deren Geste das abwehrende *»Berühre mich nicht«* (lat. *»Noli me tangere«*), als Schlüsselmoment dieser Begebenheit und Visualisierung der Erkenntnis Magdalenas. Die Darstellung in Demerthin folgt der weit verbreiteten Komposition mit kniender Maria Magdalena vor Christus, wie sie im Basler Druck des Passionstraktats des Heinrich von St. Gallen erscheint (Abb. 9) und nicht dem Holzschnitt des Zinnaer Marienpsalters.[43] Magdalena, die sich hier bis auf den Boden hinuntersenkt, rückt hier ganz nah an Christus heran. Nach diesem Abschluss der Ostergeschichte folgt die Himmelfahrt, bei der Christus schon halb in einer Wolke entschwunden ist; unter ihm bleibt der von Maria und den Aposteln umringte Ölberg zurück (OR21, S. 96). Im Anschluss war sehr wahrscheinlich das Pfingstwunder, die Ausgießung des Heiligen Geistes, zu sehen. Den Abschluss bildet die Darstellung Christi als Weltenrichter, thronend in einer Mandorla, in einen weiten Mantel gekleidet, die Hände zum Richten erhoben und mit dem aus seinem Mund ragenden Richtschwert als Sinnbild des Gesetzes (OR23, S. 97). In der ikonografischen Tradition der so genannten *»Deesis«* (aus dem Griechischen für *»flehendes Gebet«*) erscheinen hier Maria und Johannes der Täufer als Fürsprecher der Menschheit am Jüngsten Tag. Im Erdboden öffnen sich die Gräber und es erscheinen kleine Seelen, die sich betend zu Christus und Maria hinwenden. In der mit Tonsur und Klerikergewand gezeigten Figur direkt rechts unter der Mandorla könnte man eventuell ein ›Stifterbild‹ ausmachen, das sich auf einen der geistlichen Patronatsherren beziehen ließe.

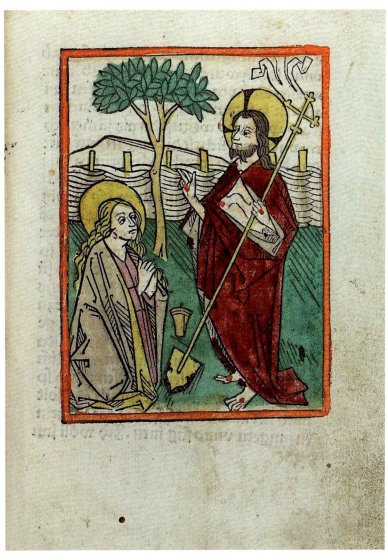

9 Noli me tangere aus der »Passio Domini« des Heinrich von St. Gallen

Heilige und Heilsbotschaften
Mittleres Register

Während das obere Register der Wandmalereien in einer homogenen chronologischen Reihung die Passion und Auferstehung Jesu erzählt, ist das untere durch verschiedene Heiligendarstellungen und Einzelszenen geprägt, die sich in ihrer Struktur nur schwer zu einer Gesamtaussage vereinen lassen. Besonders markant ist die differenzierte Einteilung der Bildfelder in größere und kleinere Formate, was besonders an der großflächigen Darstellung des Jüngsten Gerichts deutlich wird.

Herausgehoben sind zudem die Darstellungen einzelner Heiliger, von denen sich gleichwohl nur ein Teil erhalten hat. So fehlen am Beginn des mittleren Registers auf der Nordseite mindestens vier Bildfelder. Möglicherweise waren hier weitere stehende Heiligenfiguren, etwa die Apostelfürsten Petrus und Paulus zu sehen, aber auch weitere Szenen aus dem Marienleben, etwa der Tempelgang Mariens oder die Verkündigung könnten das mittlere Register eingeleitet haben. Die noch erhaltenen Mariendarstellungen der Geburt und der Mondsichel- und Rosenkranzmadonna scheinen als Bildpaar konzipiert worden zu sein (MR2–MR3, S. 96): Die Geburt Jesu symbolisiert gewissermaßen die Erhebung der »*Magd Gottes*« zur »*Mutter Gottes*«, und die Madonna im Strahlenkranz die weitere Erhebung Mariens zur Himmelskönigin. Den Bogen zwischen diesen Ebenen schlägt einerseits der Strahlenkranz, der bei der Geburtsszene das Christuskind wie eine Gloriole umrahmt und den Strahlenkranz der Madonna zu spiegeln scheint, andererseits die Platzierung der Mariendarstellungen auf der Nordseite direkt neben dem Jüngsten Gericht. Diese Bildkomposition könnte auch vor dem Hintergrund der damals akuten Auseinandersetzung um die unbefleckte Empfängnis Mariens zu lesen sein: Die von den Franziskanern im Spätmittelalter besonders gegen die Dominikaner verfochtene Lehre, dass Maria ohne Sünde empfangen wurde, erfuhr unter dem Franziskanerpapst Sixtus IV. (reg. 1471–84) eine gewisse Bestärkung, wenngleich sie erst 1854 in der katholischen Kirche dogmatisiert wurde. Wie erbittert die beiden Seiten dieses Thema in den 1480er Jahren verfochten, wird etwa an den universitären Auseinandersetzungen zwischen den Leipziger Dominikanern und den dortigen Franziskanern sichtbar [44] – im übrigen ein Milieu, dem Albrecht von Klitzing durch seine Immatrikulation an der Leipziger Universität nicht völlig fremd gegenübergestanden haben dürfte.

Strahlenkranz- und Rosenkranzmadonna
Gegenüber dem Kircheneingang

Die Darstellung der auf der Mondsichel stehenden Maria in einem Strahlenkranz, der von einem Rosenkranz umgeben ist, hängt mit zwei frömmigkeitsgeschichtlichen Entwicklungen des 15. Jahrhunderts zusammen. Die Verehrung des Ablass-Bildes der Madonna im Strahlenkranz erfuhr durch das Papst Sixtus IV. zugeschriebene Gebet »*Ave sanctissima Maria*« eine bedeutende Steigerung. Die Gebetskette, welche die Marienfigur umgibt, verweist auf die Entstehung und Verbreitung des Laienrosenkranzes seit 1474/75. Die Demerthiner Darstellung findet – wie schon bemerkt – ihre Parallele in dem Titelholzschnitt des Zinnaer Marienpsalters (Abb. 1), der auch auf die (Neu-) Gründung der Kölner Rosenkranzbruderschaft 1475 anspielt. Dieser Zusammenhang soll in einem knappen Exkurs erläutert werden.

Exkurs: Entstehung und Ausbreitung der Rosenkranzbruderschaft

Das Rosenkranzgebet ist ein sog. »*Reihengebet*«. Die Praxis, identische Gebetstexte rhythmisch zu wiederholen, stammt ursprünglich aus dem Mönchtum. Während für das mittelalterliche Mönchtum der biblische Psalter zum eigentlichen Gebetbuch wurde, stand den Laienbrüdern, die meist nicht lesefähig und des Lateinischen unkundig waren, als Gebetstext vor allem das Vaterunser zu Verfügung, so dass sie es anstelle der Psalmen mit entsprechenden zahlreichen Wiederholungen beteten.[45] Andere Reihengebete entstanden während des Spätmittelalters in den lesekundigen und zumindest teilweise auch des Lateinischen mächtigen Frauenkonventen unter Einbeziehung des Ave Maria, wobei verschiedene Gebetsfolgen entstanden, die von Zählgeräten (Gebetsketten) mit ganz unterschiedlichen Zahlen und Anordnungen von Perlen unterstützt wurden. In diesen Zusammenhang gehört die Entwicklung des Rosenkranz-Gebetes, das zunächst unter dem Namen »*Marienpsalter*« begegnet, womit die einhundertfünfzigfache Wiederholung des Ave Maria entsprechend der Zahl der biblischen Psalmen gemeint war. Für das Beten eines Drittels des Marienpsalters wurde seit dem 13. Jahrhundert der Begriff »*rosarium*« (Rosenkranz) gebräuchlich.[46]

Der wichtigste Impuls zur Entstehung des Rosenkranzgebetes im heutigen Sinne ging um 1400 vom Trierer Kartäuserkloster aus: Den fünfzigfachen Ave Maria wurden hier je eine »*clausula*« anfügt, ein kurzer Relativsatz, der ausdrückt, warum Jesus zu preisen sei.[47] So schuf man eine Verbindung zwischen jedem einzelnen Mariengruß und einem bestimmten Gedanken, der beim Sprechen des jeweiligen Ave Maria zu meditieren war. Diese »*clausulae*« verbreiteten sich als Gebetsanleitung in verschiedenen klösterlichen Gemeinschaften. Der Dominikaner Alanus de Rupe baute auf dieser Grundlage die Meditation der gesamten Heilsgeschichte zu einem umfangreicheren Psalter mit 150 »*clausulae*« aus.[48] Seine rührigen Versuche zur Verbreitung dieses Gebetes unter den Laien führten 1468 zur Gründung einer ersten Rosenkranzbruderschaft im flandrischen Douai. Der komplexe Marienpsalter war allerdings für die Gebetspraxis von Laien ungeeignet, denn wie sollten sie 150 verschiedenen Gebetszusätze im Kopf behalten? Eine weite Verbreitung fand diese Gebetsform erst, als der Kölner Dominikaner Jakob Sprenger, ein Schüler des Alanus de Rupe, in den Anweisungen zum

Rosenkranzgebet auf die gesprochenen »*clausulae*« verzichtete. Als Prior des Kölner Dominikanerkonventes und Lehrer an der Theologischen Fakultät initiierte er gemeinsam mit Michael Francisci, dem Lektor seines Konventes, in den Jahren 1474/75 die Gründung einer Rosenkranzbruderschaft.[49] Diese Gründung fand im Kontext eines europaweit für Aufsehen sorgenden Konfliktes – der sog. Kölner Stiftsfede – statt: Der politisch ambitiöse Burgunderherzog Karl der Kühne nutzte einen Konflikt im Erzstift Köln aus, um mit seinen Truppen in das Stiftsgebiet einzumarschieren und die Stadt Neuss zu belagern; dadurch war mittelbar auch die Stadt Köln bedroht, die mit Abstand größte Stadt des Reiches.[50] Diese Situation zwang Kaiser Friedrich III. zum Eingreifen, so dass es zur Aufstellung eines Reichsheeres kam.[51] Allerdings wurde parallel dazu auch der dänische König Christian I. mit einer diplomatischen Vermittlungsaktion beauftragt, die freilich scheiterte.[52] An dieser als Pilgerreise deklarierten Mission, zu der sich die Beteiligten übrigens in Wilsnack – also ganz in der Nähe von Demerthin – versammelten, nahm auch Albrecht von Klitzing teil. Er war an den Verhandlungen mit dem Burgunderherzog beteiligt und hielt sich zusammen mit dem dänischen König noch im März 1475 in Düsseldorf auf.[53] Als die Mission König Christians gescheitert war, reiste Albrecht von Klitzing nicht mit ihm nach Dänemark zurück, sondern wurde zu dem sich formierenden Reichsheer entsandt, nämlich zum sächsischen Herzog Albrecht und dem brandenburgischen Kurfürsten Albrecht.[54] Letzterer befehligte das Reichsheer als »*Oberster Hauptmann*«.[55] Auch wenn weitere Belege für die Anwesenheit des Demerthiner Patronatsherren in Köln in den folgenden Monaten fehlen, liegt es nahe, dass er die beiden Fürsten auf dem weiteren Kriegszug begleitete. Die etwa 20.000 Kämpfer umfassende Truppe rückte auf Köln und schließlich bis Ende Mai auf Neuss vor und zwang die burgundischen Truppen so zum Rückzug.

Im Kölner Dominikanerkloster führte man die Abwendung der Bedrohung auf das Rosenkranzgebet zurück, zu dessen Verbreitung Jakob Sprenger schon im September 1474 eine Bruderschaft begründet haben soll. Deren Neugründung oder feierliche Bestätigung fand am Tag Mariae Geburt (8. September) 1475 im Beisein jener Fürsten und Würdenträger statt, die sich wegen des gerade beigelegten Konfliktes und den darauf folgenden Verhandlungen in Köln befanden. Alle anwesenden Prälaten und Fürsten trugen sich in der Reihenfolge ihres Ranges in das Bruderschaftsbuch ein: zunächst der Kaiser, der auch den Namen seiner Frau Eleonora und seines Sohnes Maximilian einschrieb, danach die Prälaten, Kurfürsten und Fürsten, unter ihnen auch die beiden wettinischen Brüder Ernst und Albrecht sowie der brandenburgische Kurfürst Albrecht Achilles.[56] Ein Holzschnitt aus der 1515 in Leipzig gedruckten Rosenkranz-Schrift des Dominikaners Marcus von Weida hält die Gründungszeremonie in drei Holzschnitten fest (Abb. 11). Dasselbe Ereignis reflektiert auch der Titelholzschnitt des Zinnaer Marienpsalters, der im Hintergrund Kaiser Friedrich III. und seinen Sohn Maximilian mit der Reichsfahne kniend neben der Rosenkranzmadonna zeigt; die beiden flankierenden Bannerträger präsentieren hingegen Fahnen, die den Brandenburger Adler mit dem pommerschen Greifen verbinden und so auf die Erbeinigung anspielen, die 1493 zwischen dem Kurfürsten Johann von Brandenburg und dem Herzog Bogislaw X. von Pommern geschlossen wurde (vgl. Abb. 1).

Die Rosenkranzbruderschaft hatte einen außerordentlichen Erfolg. Trotz ihrer hochrangigen Gründung sollte sie im Unterschied zu den sonstigen spätmittelalterlichen Bruderschaften allen offenstehen, je »*ärmer/ verschmächter/ verächter*« ein Mensch sci, umso lieber und teurer sei er der Bruderschaft, betonte ihr Initiator.[57] Daher zahlten die Mitglieder weder eine Aufnahmegebühr noch

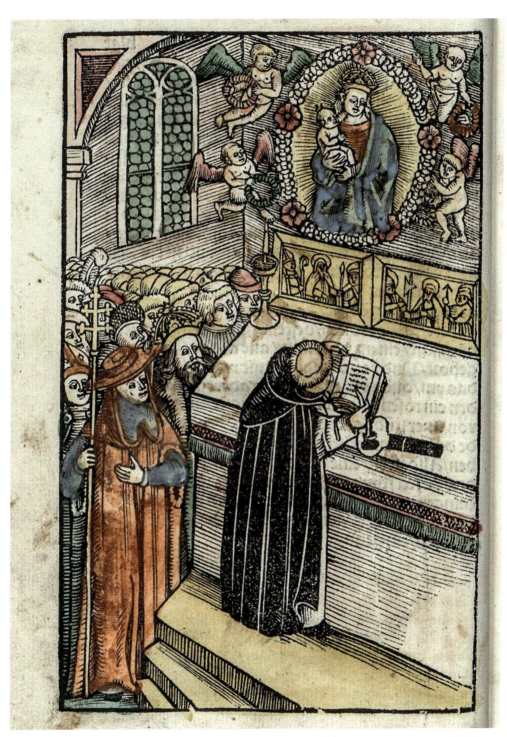

10 *Szene der Eintragung in das Kölner Bruderschaftsbuch aus Markus von Weida:*
   Spiegel hochloblicher Bruderschafft des Rosenkrantz Marie, 1515

regelmäßige Beiträge, denn »in diser unser bruderschaffte wirt kheinem menschen der weg verhalten [= versperrt] wie arm er ist.«[58] Es war für die Zugehörigkeit zu ihr ausreichend, sich in eines der Bruderschaftsbücher einzuschreiben, die in allen Niederlassungen der Observanten, d.h. reformorientierten und regeltreuen Dominikaner geführt wurden. Damit verpflichtete man sich, in jeder Woche mindestens drei »Rosenkränze« zu beten. Die Namen aus dem niederdeutschen Gebiet wurden in der Kölner Ordensniederlassung gesammelt, die aus dem übrigen deutschen Raum in Augsburg.[59] Ein halbes Jahr nach der Gründung hatten sich in Köln bereits 8.000 Personen eingeschrieben, in Augsburg 3000.[60] Sechs Jahre nach ihrer Gründung soll die Bruderschaft 100.000 Mitglieder besessen haben.[61]

Die Popularisierung des Rosenkranzgebetes durch die neuartige Form der Bruderschaft gab der Laienfrömmigkeit im Reich einen wichtigen Impuls, dessen Wirkungen allerdings bisher vor allem in Süddeutschland und am Niederrhein und weniger in Mittel- und Norddeutschland erforscht wurden.[62] Während die Rosenkranzbewegung in den wettinischen Territorien zumindest teilweise bekannt ist, fehlen für Brandenburg bisher solche Untersuchungen. Nur aus der Stadt Brandenburg sind einschlägige Zeugnisse bekannt: Im dortigen Dominikanerkloster existierte 1497 eine Rosenkranzkapelle,[63] und in der Pfarrkirche der Brandenburger Altstadt ist 1505 eine Rosenkranzbruderschaft bezeugt.[64] Im Bistum Havelberg gibt es unseres Wissens bisher keine Hinweise auf Rosenkranzbruderschaften, was aber sicher der fehlenden Forschung geschuldet ist.

Die Gestaltung der Marienfigur im Rosenkranz als Strahlenkranzmadonna ist nicht einmalig. Das berühmteste Parallelbeispiel ist wohl Tilman Riemenschneiders Schnitzwerk aus der Wallfahrtskirche Maria im Weingarten bei Volkach (Unterfranken). Dass auch der Titelholzschnitt des Zinnaer Marienpsalters eine solche Verbindung auszeichnet, wurde bereits gesagt.

Ihre literarische Grundlage hat das Bild der Maria im Strahlenkranz in der apokalyptischen Vision des Johannes (Offb. 12,1–5), in der am Jüngsten Tag eine Frau mit der »Sonne bekleidet« erscheint, auf dem Mond reitend und mit einer Krone von zwölf Sternen gekrönt.[65] Im ausgehenden 15. Jahrhundert erlebte die Strahlenkranzmadonna eine enorme Verbreitung. Dies hing auch damit zusammen, dass sie als bildlicher Ausdruck für die unbefleckte Empfängnis Mariens galt, deren jährliche gottesdienstliche Feier Papst Sixtus IV. 1477 genehmigte.[66] Demselben Papst wurde auch das Ablassgebet »Ave Maria sanctissima« zugeschrieben, das vor einem Bild der Strahlenkranzmadonna zu sprechen war.[67] In zahlreichen Drucken und Handschriften wurde für jedes vor einem entsprechenden Bild gesprochene Gebet ein sehr hoher Ablass von elftausend Jahren versprochen (Abb. 11).[68] Die Darstellung musste aber nicht unbedingt mit dem Gebet verbunden sein, sondern konnte auch ohne den Text als Ablassbild dienen.[69] Erst kürzlich wurde in der Kirche der ehemaligen Johanniterkommende im mecklenburgischen Kraak eine Inschrift mit dem niederdeutschen Ablassgebet freigelegt, die dort mit einer an die Wand gemalten Strahlenkranzmadonna verbunden ist.[70] Die bisher nur partiell freigelegten Wandmalereien dürften wie die in Demerthin aus den letzten beiden Jahrzehnten des 15. Jahrhunderts stammen.

Die Darstellung der Strahlenkranzmadonna im Rosenkranz in Demerthin zeigt schlaglichtartig, dass die Ausstattung dörflicher Kirchen im späten 15. Jahrhundert im Hinblick auf die Modernität den städtischen Pfarrkirchen nicht nachstand. Innovationen der Frömmigkeitspraxis wurden hier ebenso rasch rezipiert wie in den Metropolen des Reiches, wobei im Falle Demerthins der Anschluss an die aktuellen Entwicklungen wahrscheinlich auch den geistlichen Patronatsherren geschuldet war, die Anregungen aus der Kathedralstadt Magdeburg oder auch aus den anderen Zentren des Reiches in die Prignitz vermittelten. So eröffnete Maria in der modernsten Form der Darstellung auch der Dorfbevölkerung von Demerthin einen besonderen Weg zur Gnade Gottes.

Sirtus de verde pawest hefft gegeuen allen mynstken de dit nageschreuene berh lesen vor deme bylde marien dar se stept yn der sonnen vnde hefft de mane vnder oren voten vñ ibesum uppe oren armen. ꝓ. dusent par afflates

Begrotet fistu aller billichste maria Eyne moder gades. Ene koninginne des hemels. Ene porte des paradifes. Ene vrouwe der werlt. Du byst eyne funderlinges reyne: Junckfrouwe. Du heueft vntfangē ibesum funder funde. Du heueft geteelet den schepper vnde den salichmaker differ werlt dar vk nycht anetwruel. Bydde vor my ibesum dynen leuen sone vnde vorlose my van allen quaden. Amen

11 Einblattdruck mit Ablassgebet aus Lübeck

Das Weltgericht
Gegenüber dem Kircheneingang

Mit ihrer apokalyptischen Ikonografie bildet die Madonna im Strahlenkranz zugleich einen anschaulichen Übergang zu dem mittig auf der Nordwand platzierten Jüngsten Gericht (MR4, S. 97). Leider ist auch diese Szene durch den nachträglichen Einbau eines Fensters stark beschädigt worden. Nach Kap. 20–21 der Offenbarung des Johannes tritt Christus nach seiner tausendjährigen Herrschaft in eine Parusie (Wiederkunft) ein, fesselte zunächst den Satan für 1000 Jahre, lässt ihn dann aber wieder frei und überlässt ihm und den Seinen das Gericht an den verdammten Seelen. Es folgte das Jüngste Gericht, bei dem Jesus auf einem »*weißen Thron*« sitzend über alle Menschen nach ihren Werken richtet: Die Frevler werden in den feurigen Höllenpfuhl gestoßen, für die Gerechten entwirft die Offenbarung das Himmlische Jerusalem, eine Stadt aus Gold und Edelstein, mit zwölf Toren und vier Türmen, in der die Seligen vom Licht des Lamms erleuchtet die Ewigkeit verbringen.[71]

Die Darstellung des Themas in Demerthin zeigt diese beiden Möglichkeiten in der klassischen Dreiteilung des Bildfeldes in das Gericht, die Himmelsstadt und die Hölle: In der Mitte auf einem Regenbogen – einem Thron aus Licht – und von einer Mandorla, d.h. einem mandelförmigen Strahlenkranz, umgeben, sitzt Christus, die Hände zum Rechtsprechen erhoben. Seine Füße ruhen auf einer Weltkugel, die hier als Reichsapfel gestaltet ist. Um diese Gloriole fliegen von oben Engel mit Posaunen heran, unten rechts kniet ein weiterer betender Engel. Möglicherweise gehörte dieser Engel sogar einer Darstellung der vier Evangelisten an, die häufig den Weltenrichter umgeben. Links und rechts der Mandorla knien – als Deesis – die beiden Fürsprecher der Christenheit: Die Gottesmutter Maria rechts und Johannes der Täufer links. In der Deesis war Maria noch einmal das Ziel der Gebete. Denn die Gottesmutter war sowohl fromme Magd und Mensch als auch Himmelskönigin. Als »*Maria Mediatrix*« (Vermittlerin), einem gnadenreichen Medium zwischen den Sphären, stellte sie für den Betrachter einen wichtigen Haltepunkt dar.

Am äußersten rechten Bildrand erhebt sich schließlich ein großes geöffnetes Drachenmaul, das ganz in der rotbraunen Grundfarbe gehalten ist. Spitze Zähne ragen darin hervor und eine Säule, oder ein Stab, an dem die Teufel hängen und klettern. Mit ihren Krallen greifen sie nach den armen Seelen, die bereits im Höllenmaul sitzen und angstvoll in den Schlund blicken. Ganz vorn starrt einer der Teufel mit großen hohlen Augen heraus, die Hände zur Seite nach den armen Seelen ausgestreckt, als Mahnung, das Wort Gottes zu achten und sich die Qualen als Abschreckung zu vergegenwärtigen.

Auf der anderen Seite des Weltenrichters wird das Bildfeld von den prächtigen Türmen und Toren der Himmelsstadt begrenzt, die mit zahlreichen Licht versprechenden Fenstern und Edelsteinen besetzt sind. In den vorderen Torturm führt eine Treppe, auf der sich bereits die Seligen nach vorn drängen. Oben empfängt sie der Apostelfürst Petrus, der mit seiner rechten Hand den Schlüssel der Tür fasst. Die Darstellung verweist auf Petrus Rolle als Hüter der Schlüssel zum Himmelreich, die ihm Christus schon bei ihrem ersten Zusammentreffen zuerkannte (Mt. 16,17–19). Wie bei Maria betont die Malerei auch hier die Bedeutung der Heiligen und – bei Petrus – insbesondere der klerikalen Institutionen für das Seelenheil.

Während die gemalten Seligen vor dem Tor ihres Zutrittes in das Reich Gottes noch harren, kann der Gläubige in Demerthin bereits einen Blick auf die Wunder des Jüngsten Tages werfen: so ist die

Madonna im Strahlenkranz genau neben dem Himmelstor links platziert (MR3, S. 96). Doch nicht nur Maria, sondern auch die schmalen, in das untere Register eingesetzten Bildfelder darunter lassen sich der Mahnung und Szenografie des Jüngsten Gerichts zuordnen. Direkt unter dem Bildfeld des Jüngsten Gerichts sind einige männliche Büsten dargestellt, möglicherweise Propheten, die auf die Erfüllung der alttestamentarischen Zeichen hinweisen (UR2, S. 104). Direkt unter der bekrönten Madonna im Strahlenkranz erscheinen zudem fünf weibliche Figuren mit einem Gegenstand in den Händen, denen jeweils die Kronen vom Kopf fallen (UR1, S. 104–105). Die Darstellung bezieht sich auf das Gleichnis von den klugen und törichten Jungfrauen (Mt. 25.1–13), bei dem zehn Jungfrauen mit Öllampen ihren Brautwerbern entgegengehen, aber nur fünf von ihnen haben Öl mitgenommen. Während die fünf törichten noch Öl holen müssen, kommen die Klugen zu rechten Zeit und können mit ihrem Bräutigam in den ›Saal‹ einziehen, die Törichten hingegen müssen vor verschlossener Tür stehen bleiben. Da das Gleichnis von Christus selbst als Sinnbild der Erwartung des Himmelreiches beschrieben wurde, auf die man sich im Leben vorbereiten solle, sind sie ein zentrales Motiv im Kontext des Weltgerichtes.[72]

Auch in Demerthin sollten die törichten Jungfrauen den Betrachter auf die Bedeutung einer tugendhaften und gottesfürchtigen Lebensweise aufmerksam machen, über die am jüngsten Tag gerichtet würde. Ungewöhnlich erscheint, dass der Maler auf demselben Register kein Pendant der klugen Jungfrauen schuf. Möglicherweise waren diese auf dem heute stark zerstörten Bereich rechts neben den Propheten zu sehen. Gleichzeitig könnten auch die weiblichen Figuren auf der Treppe auf dem Weg zum Himmelstor an die klugen Jungfrauen erinnern. Ihre sanften erwartungsvollen Gesichter ähneln denen der törichten Jungfrauen, zudem sind sie teils mit einer Krone ausgestattet. Mit der Einbeziehung des Gleichnisses von den klugen und törichten Jungfrauen in den Zyklus der Wandmalerei lässt sich zudem der hier vermutete Stiftungskontext im Umkreis des Albrecht von Klitzing und seiner beiden Neffen untermauern, die als Domherren am Magdeburger Dom wirkten. In Magdeburg stehen noch heute am Nordportal des Domes die um 1240–50 entstandenen, ausdrucksstarken Monumentalfiguren der klugen und törichten Jungfrauen, denen möglicherweise schon im Mittelalter eine besondere Identität stiftende Funktion für den Dom zukam. Die regionale Verankerung der Familie von Klitzing sowohl in Magdeburg wie auch in Demerthin könnte eine Brücke bilden, auf der das Bildmotiv in die Prignitz wanderte.

Szenen mit einzelnen Heiligen

Im Anschluss an die Weltgerichtsdarstellung setzt sich das mittlere Register auf der Nordwand in einem Bildfeld mit zwei Aposteln fort (MR5, S. 98). Die Identifikation der beiden Apostelgestalten ist aufgrund der Ikonografie relativ sicher. Links steht eine Gestalt mit Heiligenschein, die als Attribut einen Knüppel und ein dreiecksförmiges Gerät – einen sog. Walkerbogen zum Walken oder Kneten der Wäsche – in den Händen hält. Es kann sich daher nur um den Apostel Jakobus den Jüngeren handeln, eine Figur, die im lateinischen Christentum aus den Überlieferungen zu dem angeblichen Bruder Christi Jakobus, dem ersten Bischof von Jerusalem, und zu dem Jünger Jakobus, Sohn des Alphäus, zusammengewachsen sind.[73] Nach einer frühchristlichen Legende soll er von der Jerusalemer Tempelmauer gestürzt und anschließend von einem Tuchwalker erschlagen worden sein, worauf sein Attribut verweist (Abb. 12). Seine Reliquien gelangten im 6. Jahrhundert gemeinsam mit denen des Apostels Philippus nach Rom, wo ihnen die Basilika Santi Apostoli geweiht wurde. Auch in Demerthin sind beide Apostel gemeinsam dargestellt, denn das Attribut des Kreuzstabes in der Hand der rechts neben Jakobus sichtbaren Figur scheint mit einiger Sicherheit auf den Apostel Philippus zu verweisen.[74] Die Darstellung dieser beiden Apostel außerhalb eines Apostelzyklus wirft die Frage auf, welche Funktion sie in dem Demerthiner Heiligenregister spielen. Möglicherweise verweist ihre gemeinsame Darstellung auf den Heiligentag beider Apostel, der in der lateinischen Kirche – auf dem Hintergrund des römischen Kirchenweihfestes von Santi Apostoli – am 1. Mai gefeiert wurde. Sollte dies auch der Kirchweihtag der Demerthiner Kirche gewesen sein?

Auf der Ostseite setzt sich der Zyklus mit der Darstellung des Hl. Antonius fort (MR6, S. 99). Der ägyptische Mönchsvater wird stehend in der Tracht des Antoniterordens im eigentlich schwarzen – hier aber braunen – Mantel mit einem blauen Antoniuskreuz auf der linken Brustseite dargestellt. In der rechten Hand trägt er einen Stab mit einem blauen Tau-Kreuz, an dessen Enden zwei Glöckchen hängen. In der linken Hand hält er eine Schelle. Diese und der Stab sind Hinweise auf die Reisen der Brüder des Antoniterordens, auf denen sie Gaben zur Unterstützung ihrer Niederlassungen und der dort gepflegten Kranken sammelten. Ihr Kommen wurde schon durch den Klang der Glöckchen an ihren Stäben ankündigt. Das Schwein, das sich dem Heiligen von rechts nähert, trägt wohl auch eine kleine Schelle um den Hals. Es ist ein sog. Antoniusschwein, das von der Dorfgemeinschaft gefüttert und von den Antonitern bei den Sammelfahrten als Gabe mitgenommen oder vor Ort gegen eine Geldspende ausgelöst wurde. Die Darstellung des Heiligen entspricht jenen Vorbildern, die auch aus der zeitgenössischen Druckgrafik bekannt sind (Abb. 13), verbindet diese aber mit der Versuchung des Eremiten, die sich als selbständige Darstellung am Ende des 15. Jahrhunderts besonderer Beliebtheit erfreute. Von dieser Szenerie ist nur noch links oben neben dem Heiligen eine nackte dämonische Gestalt zu ahnen; weitere Dämonen scheinen rechts dargestellt zu sein. Wie schon die Gewandung des Heiligen zeigt, ist Antonius im ausgehenden Mittelalter vor allem durch die Aktivitäten des Antoniterordens in der Öffentlichkeit präsent gewesen. In dem sehr weitmaschigen Netz von Niederlassungen des Ordens, der sich vor allem um die am Mutterkornbrand (Ergotismus oder »Antoniusfeuer«) Erkrankten kümmerte, waren die großflächigen Sammelgebiete unter den einzelnen Niederlassungen (Praezeptoreien) aufgeteilt.[75] Da für das Bistum Havelberg die Praezeptorei im mecklenburgischen Tempzin zuständig war,

12 Holzschnitt mit Jakobus d. J. aus dem Lübecker Passional

13 *Hl. Antonius, Schrotblatt, um 1480*

dürften sich von dort aus auch regelmäßig Brüder nach Demerthin oder zumindest in die Region aufgemacht haben, um Gaben zu sammeln.[76]

Rechts schließen sich an den Hl. Antonius im Register die beiden Felder mit der Umrahmung des Sakramentsschrankes und der Beichtdarstellung an, die bereits im Zusammenhang des Passionsregisters behandelt wurden. Darauf folgt der Georgszyklus.

Innerhalb des mittleren Registers nimmt die Darstellung der Legende des Hl. Georg mit fünf Bildfeldern einen herausgehobenen Platz ein. Die im Mittelalter von Legenden überwucherte Gestalt dieses Heiligen bezieht sich ursprünglich auf einen aus Kappadozien stammenden Soldaten, der in der von Kaiser Diokletian initiierten Christenverfolgung um 303 in Lydda (hebräisch: Lod) hingerichtet wurde.[77] Neben der legendarischen Ausschmückung seines grausamen Martyriums war für sein populäres Bild vor allem die Erzählung des Drachenkampfes prägend, durch die er seit dem Hochmittelalter zum Schlachtenhelfer und Ritterheiligen avancierte und schließlich auch zu den 14 Nothelfern gezählt wurde.

Die erste Darstellung im Demerthiner Georgszyklus zeigt die nur fragmentarisch erhaltene Szene des Drachenkampfes (MR10, S. 101). Die Legende berichtet von einem Drachen, der durch seinen giftigen Atem eine Stadt bedrohte und so die tägliche Gabe von zwei Schafen als Futter erzwang. Als die vorhandenen Schafe nicht mehr ausreichten, um den Hunger des Untiers zu befriedigen, opferte man nur noch ein Schaf und eine durch das Los bestimmte Person. Als das Los schließlich auf die Tochter des Königs fiel, gab dieser sein Kind nur zögernd dem sicheren Tod preis. Die Malerei in Demerthin zeigt links die Königstochter stehend im Tor einer als Burg stilisierten Stadt. Im Vordergrund rechts ist der geharnischte Ritter Georg auf einem Pferd sitzend dargestellt, der den sich unter seinem Pferd windenden Lindwurm mit einem Schwert bedroht – so darf man vermuten, denn die Szene ist nicht vollständig erhalten. Die kleinformatige Darstellung im Hintergrund lässt sich nicht mehr sicher deuten.

Da rechts vom Bild des Drachenkampfes eine Tür in die Ostwand gebrochen wurde, ging die sich daran anschließende Darstellung verloren. Sehr wahrscheinlich wurde hier gezeigt, wie Georg den überwundenen Drachen in die Stadt führte und tötete, nachdem sich der König und sein Volk dem Christentum durch die Annahme der Taufe angeschlossen hatten. Wie eine solche Darstellung ausgesehen haben könnte, zeigt das 1460/65 entstandene Retabel der Georgslegende im Kölner Wallraf-Richartz-Museum (Abb. 14). Die Bildfolge der Südwand thematisiert das Martyrium des Heiligen. Die erste Szene ist nur äußerst fragmentarisch erhalten: Rechts steht ein mit einem Schwert gegürteter Mann, der wohl in der übernächsten Szene auch als Scharfrichter erscheint, um Georg das Haupt abzuschlagen (MR12, S. 100). Links scheint sich eine auf einem Thron sitzende Gestalt zu befinden. Wahrscheinlich ist hier die Verurteilung zum Martyrium durch einen Richter gemeint, wie sie auch als erste Szene des um 1435 entstandenen Altarretabels der Wismarer Georgskirche dargestellt ist.[78] Kompositorisch stehen sich damit die ähnlich aufgebauten Szenen der Verurteilung Jesu durch Pilatus als letzte im oberen Register der Nordwand und die Verurteilung des Hl. Georg als erste im mittleren Register der Südwand gegenüber.

Auch die folgenden Bildfelder in Demerthin zeigen eine inhaltliche Übereinstimmung mit den Darstellungen des Wismarer Retabels. Als erster Teil des Martyriums wird – im Gegensatz zu den literarischen Vorlagen – gezeigt, wie Georg in einen Kessel mit siedendem Blei gesetzt wird, diese Folter aber unversehrt übersteht (MR13, S. 101). Es schließen sich im nächsten Bildfeld drei synchron

14 *Tötung des Drachen und Taufe der Stadtbevölkerung durch den Hl. Georg, aus der Kölner Georgstafel, um 1460*

dargestellte Szenen an: Links wird Georg mit Fackeln gebrannt, in der Mitte wird der an ein Pferd Gebundene durch die Stadt geschleift, um schließlich in der Darstellung ganz rechts enthauptet zu werden (MR14, S. 102).

Es gibt zum Demerthiner Georgszyklus nur wenige Parallelen in der gleichzeitigen Tafelmalerei; die Druckgrafik kennt überhaupt keine vergleichbaren Darstellungen, da hier entweder nur der Drachenkampf oder aber die Enthauptung durch das Schwert dargestellt wurden. In der zweiten Hälfte des 15. Jahrhunderts gibt es zwar insbesondere im norddeutschen Raum und im ganzen Baltikum eine Fülle von plastischen oder gelegentlich auch gemalten Georgsgruppen mit dem Drachenkampf und der Königstochter als Assistenzfigur.[79] Die Martyriumsszenen werden aber nur selten dargestellt; die räumlich und zeitlich nächsten Vergleichszyklen sind die bereits genannten Tafelmalereien auf dem Wismarer und dem Kölner Altarretabel.[80]

Daher stellt sich die Frage, warum eine sonst so selten dargestellte Szenenfolge in Demerthin in so ausführlicher Breite gezeigt wurde. War die Demerthiner Kirche dem Drachenkämpfer geweiht?[81] Dies ist nicht auszuschließen, auch wenn dieses Patrozinium für Pfarrkirchen im Brandenburg nur selten belegt ist.[82] Diese Hypothese muss ohne weitere Quellenfunde vorerst offen bleiben. Allerdings gab es in den 1490er Jahren auch eine politisch gefärbte Aktualisierung des Georgskultes, die eine Rolle gespielt haben könnte: Angesichts des militärischen Vordringens des osmanischen Reiches bis an die Grenzen der habsburgischen Länder wurde der Ritterheilige als himmlischer Patron gegen die »Türken« in Stellung gebracht. Kaiser Friedrich III. gründete 1468 den Ritterorden des Hl. Georg (Sankt-Georgs-Orden) zum Kampf gegen die Türken und sein Sohn Maximilian wollte reichsweit 1493 eine Sankt-Georgs-Bruderschaft ins Leben rufen, die diesen Orden unterstützen sollte.[83] Maximilian ließ sich selbst häufig gemeinsam mit diesem Heiligen, aber auch selbst als Hl. Georg darstellen.[84] Sollte der Aufruf Maximilians oder zumindest die von der Türkengefahr befeuerte Aktualisierung des Hl. Georg auch in Demerthin ihren Niederschlag in dem mehrteiligen Heiligenzyklus hinterlassen haben?

Im Übrigen gibt es noch einen – freilich möglicherweise ganz zufälligen – Konnex zwischen dem Ritterheiligen und Albrecht von Klitzing: Als Magdeburger Domherr bewohnte er einen Hof am Breiten Weg Nr. 8, die »Curia, in qua situata est capella sancti Georgii« (der Hof, in dem sich die Kapelle des Hl. Georg befindet).[85] Diese Georgskapelle bestand bereits im 14. Jahrhundert; ihre Besetzung lag in der Hand des jeweiligen Inhabers der Kurie, als auch in der Albrechts von Klitzings.

Unterhalb der Szene mit dem Drachenkampf findet sich innerhalb des Rankendekors eine nur teilweise erhaltene Szene mit einem Reiter. Wollte man nicht an eine unwahrscheinliche Verdopplung der Georgsdarstellung denken, so ist hier wohl der Hl. Martin dargestellt (UR3, S. 105). Wie auf der Nordwand der Kirche bietet das schmale untere Register auch hier eine Erweiterung des ikonografischen Portfolios und Deutungsrahmens an, der die gleichnishaften Strukturen der Heilsgeschichte veranschaulicht.

Auf den Georgszyklus folgen noch zwei weitere erhaltene Bildfelder: Zunächst wird das Martyrium der Hl. Katharina von Alexandria und anschließend werden die Hl. Barbara und die Hl. Getrud in einem gemeinsamen Feld dargestellt (MR15–MR16, S.102–103).

Das Feld mit der Hl. Katharina vereinigt zwei Akte ihres Martyriums in einem Bild: Von Kaiser Maxentius zu einem grausamen Tod verurteilt, wurde ein Foltergerät mit vier gegenläufigen Rädern hergestellt, deren Nägel und eiserne Zähne den Leib der jungen Frau zerreißen sollten. Katharina betete, Gott möge das Instrument zerstören, woraufhin ein Engel Gottes das Werk mit großer Gewalt entzweibrach, so dass viele der heidnischen Zuschauer erschlagen wurden. Diese Erzählung wird im linken Bildteil dargestellt (MR15, S. 102): Hinter der zum Gebet niederknienden Heiligen sind oben der Kaiser Maxentius, der sich vor Entsetzen die Hand vor das Gesicht hält, und weiter unten eine vielköpfige Zuschauermenge sichtbar. Die vor dem Folterinstrument liegende kleine Figur und die beiden Gestalten in den zerbrochenen Rädern stellen die bei der Zerstörung getöteten Heiden dar. Wahrscheinlich war auch das Eingreifen des Engels ursprünglich in dem Bild als Hagelsturm mit Blitzen o.ä. sichtbar, wie es etwa Albrecht Dürer 1498 fulminant in einem Holzschnitt (Abb. 15) und wenig später Lucas Cranach d. Ä. als Tafelbild darstellte. Das rechte Bildfeld zeigt die Hinrichtung Katharinas durch das Schwert, die nach der Legende am folgenden Tage geschehen sei.

Im Gegensatz zu der bewegten Szenerie des Katharinenmartyriums werden im folgenden Feld die beiden heiligen Frauen Barbara und Gertrud von Nivelles eher statuarisch präsentiert: In frontaler Haltung, aber einander leicht zugewandt, halten sie mit je einer Hand ihre übergroßen Attribute: Barbara den Turm und Gertrud ein Kirchenmodell, genauer: eine Spitalkapelle, denn das »Attribut der Heiligen ist [im Osten] bis zur Weser das Spital«[86] (MR16, S. 103).Während die Hl. Barbara gemeinsam mit der Hl. Katharina im ganzen Reichsgebiet zu den beliebtesten Heiligen des ausgehenden Mittelalters gehörte – beide wurden sowohl zu den 14 Nothelfern als auch zu den vier Hauptjungfrauen (»virgnes capitales«) gezählt – erfuhr die Hl. Gertrud im Spätmittelalter regional sehr unterschiedliche Aufmerksamkeit. Sie wurde als fränkische Adlige und Klosterfrau im heute belgischen Nivelles zunächst im Nordwesten des Reiches verehrt. Später vor allem als Patronin der Reisenden und seit der Pestepidemie der Jahre 1348/49 auch als Patronin der Sterbenden verehrt, lag der Schwerpunkt ihres Kultes dann im niederdeutschen Bereich und im Raum der Hanse.[87] »Es gibt zwischen Elbe und Weichsel keine Hansestadt, ja keine Stadt von einiger Bedeutung ohne Gertrudenkapelle.«[88] Besonders dicht ist die Verteilung dieses Patronates im Raum zwischen der mecklenburgischen Ostseeküste und der Mittelmark.[89] Hier strahlte das Patrozinium auch »auf die kleineren Landstädte« aus und »wurde wenig ... später selbst in Dörfern [...] nachgeahmt. Hier standen allerdings keine Spitäler mehr, sondern einfache Kapellen [...], in die der Wanderer vor Antritt der Reise kurz einkehrte oder wo die Seelen der Verstorbenen in der ersten Nacht nach dem Tode ihre Ruhestatt hatten.«[90]

15 Albrecht Dürer, Martyrium der Hl. Katharina, um 1498

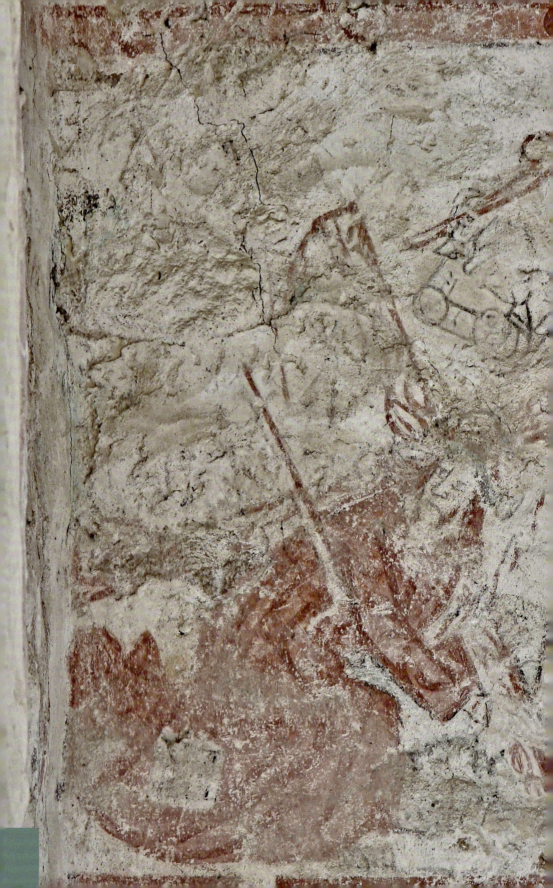

Wandmalereien in Demerthin

OR4 – Oberes Register, Nordseite: Gethsemane und Judaskuss

OR9 – Oberes Register, Nordseite: Verhör vor Pilatus

OR6 – Oberes Register, Nordseite: Verhör vor dem Hohen Rat

OR10, OR11 – Oberes Register, Ostseite: Kreuztragung und Entkleidung Christi

93

OR12, OR13 – Oberes Register, Ostseite: Kreuzaufrichtung und Kreuzigung

OR19 – Oberes Register, Südseite: Höllenfahrt Christi

OR14, OR15 – Oberes Register, Ostseite: Kreuzabnahme und Vesperbild mit Beweinung

OR20 – Oberes Register, Südseite: Noli me tangere

OR21 – Oberes Register, Südseite: Himmelfahrt

MR2, MR3 – Mittleres Register, Nordseite: Christi Geburt und Rosenkranzmadonna

OR23 – Oberes Register, Südseite: Weltgericht

MR4 – Mittleres Register, Nordseite: Das Jüngste Gericht

MR5 – Mittleres Register, Südseite: Zwei Apostel

MR6 – Mittleres Register, Ostseite: Hl. Antonius

MR7 – Mittleres Register, Ostseite: Engel mit Hostienmonstranz (Sakramentshaus)

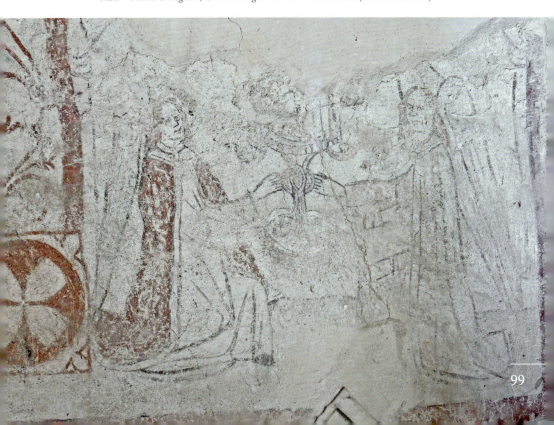

MR8 – Mittleres Register, Ostseite: Beichtszene

MR12 – Mittleres Register, Südseite: Verurteilung des Hl. Georg

MR10 – Mittleres Register, Ostseite: Drachenkampf des Hl. Georg

MR13 – Mittleres Register, Südseite: Martyrium des Hl. Georg 1

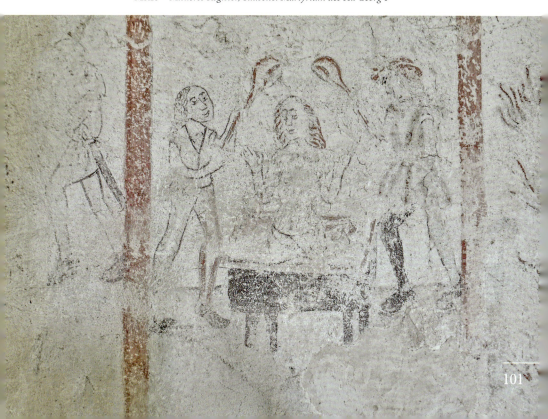

MR14 – Mittleres Register, Südseite: Martyrium des Hl. Georg 2

MR15 – Mittleres Register, Südseite: Martyrium der Hl. Katharina

MR16 – Mittleres Register, Südseite: Die Hl. Barbara und die Hl.Gertrud

UR1 – Unteres Register, Nordseite: Vier törichte Jungfrauen

UR2 – Unteres Register, Nordseite: Propheten

UR1 – Unteres Register, Vier törichte Jungfrauen

UR3 – Unteres Register, Ostseite: Der Hl. Martin

Weihekreuz

Schlussbemerkungen

Das Programm, das der Zusammenstellung der Szenen des mittleren Registers zugrundeliegt, lässt sich für uns bisher nicht schlüssig erklären. Eine liturgische – etwa am Ablauf des Kirchenjahres orientierte – Reihenfolge ist nicht zu erkennen, denn die Anordnung folgt nicht dem Heiligenkalender: 1. Tag der Apostel Philippus und Jakobus (1. Mai), 2. Tag des Eremiten Antonius (17. Januar), 3. evtl. Fronleichnam (2. Donnerstag nach Pfingsten, also abhängig vom Osterfest Ende Mai, Anfang Juni), 4. Tag des Hl. Georg (23. April), 5. Tag der Hl. Katharina (25. November), 6. Tag der Hl. Barbara (4. Dezember), 7. Tag der Hl. Gertrud (17. März).

Ob das Patrozinium, also der Heiligenname, auf den die Kirche geweiht war, oder die im Altar bei der Weihe eingeschlossenen Reliquien für das Programm von Bedeutung waren, kann nicht sicher beantwortet werden, denn zu beiden Sachverhalten besitzen wir keine Informationen. Allerdings ist zu vermuten, dass hier neben möglichen Vorbildern (die wir nicht kennen) und allgemeinen Grundorientierungen wie der himmlischen Hierarchie der Heiligen auch Vorlieben oder Moden der Auftraggeber eine Rolle spielten. Gerade am Ende des 15. Jahrhunderts lassen sich besonders dynamische Entwicklungen am ›Heiligenhimmel‹ ablesen, indem bestimmte Heiligenfiguren wie etwa die Hl. Anna, die Großmutter Jesu, oder der Hl. Rochus eine große Popularität entfalten. In Demerthin lassen sich Darstellungen wie die von einem Rosenkranz umgebene Madonna im Strahlenkranz oder möglicherweise auch die Szenen mit dem Hl. Georg auf solche ›Mode‹-Entwicklungen beziehen.

Das Bildprogramm, das sich über die gesamte innere Wandfläche der Kirche zog, ähnelt in gewisser Weise den großen Flügelretabeln, deren Blütezeit zwischen 1475 und 1525 lag. Nur erschließen sich die Szenenfolgen in Demerthin nicht nach und nach durch die Wandlung der Flügel des Retabels, sondern der Betrachtende muss den Blick oder auch seinen Körper durch den Kirchraum bewegen, um die Bilder zu lesen oder sich in sie hineinziehen zu lassen.

Für das Verstehen der Bilderzyklen sollte auch im Blick sein, dass es sich bei ihnen um die programmatische Ausmalung einer dörflichen Pfarrkirche handelt. So sehr das Programm auch von universitär gebildeten Geistlichen mitbestimmt war, wie wir im diesem Falle vermuten dürfen, zielte es doch auf die Bedürfnisse der ganzen Pfarrgemeinde. Die Pfarrei war im Mittelalter und noch weit in die Neuzeit hinein für nahezu alle Menschen die elementarste Institution, in der man religiös und damit auch gesellschaftlich sozialisiert wurde, die »*engste Berührungszone zwischen Kirche und Welt*«[91]. Sie war der Ort des sonntäglichen Gemeindegottesdienstes, aber auch das Zentrum des gesellschaftlichen und politischen Lebens im Dorf. Jede Frau und jeder Mann, der zu dieser Pfarrei gehörte – und das waren in der Mitte des 16. Jahrhunderts etwa 90 Personen[92] – wurde in dieser Kirche getauft, ging mindestens einmal jährlich hier zur Beichte, schloss hier seine Ehe und wurde schließlich auch bei der Kirche begraben, nachdem der Pfarrer die Totenmesse für sie oder ihn gelesen hatte. Für die Pfarrangehörigen konkretisierte sich in den Malereien auch grundlegende religiöse Erfahrung: Sie sahen das Leiden ihres Herren Jesus Christus und der christlichen Märtyrer, zugleich aber auch die Überwindung allen Leidens und des Todes. Sie erblickten den Teufel, der sie vom Heilsweg der Sakramente abbringen wollte, fanden Trost im Anblick der Mutter Gottes, die mit ihrem Sohn litt aber auch alles Irdische überwand und sahen bereits den Einzugs der Seligen in den Himmel. Die Malereien waren so zugleich eine Folie, vor der das Leben des Dorfes als Ganzes und aller einzelnen Bewohner einen Sinn erhielt.

Restaurierung und Perspektiven für die Demerthiner Wandmalereien

Hans Burger

»...außerdem scheint uns der Zustand der freigelegten Wandmalerei nicht befriedigend, was die Frage aufwirft, ob Sie hier noch eine Perspektive sehen...«.[1]

So schrieb der damals neue Pfarrer Boesmann im Frühjahr 1974 an den Leiter des Restaurierungsateliers der Berliner Arbeitsstelle des Instituts für Denkmalpflege Wolf Dieter Kunze. Das spiegelt die Ambivalenz der Beziehung nicht nur der Kirchengemeinde zu der spätgotischen Ausmalung in der kleinen Prignitzer Dorfkirche. Denn was für die Kunsthistoriker und Restauratoren den eigentlichen Wert der Demerthiner Gemälde ausmacht – die nicht durch Retuschen, Übermalungen oder Ergänzungen beeinträchtigte Authentizität der über fünfhundert Jahre alten Malerei –, war für viele Gemeindemitglieder vor allem ein Ärgernis, das den zufriedenstellenden Abschluss der sich über sieben Jahre hinziehenden Renovierung ihrer Kirche behinderte. Immerhin scheint es Kunze danach aber gelungen zu sein, seine restauratorisch kompromisslose Haltung besser verständlich zu machen. Dazu trug ganz sicher bei, dass mit der nach seinen Angaben kurz darauf erfolgten Neufassung der Balkendecke, der Restwandflächen, der Westempore und Teilen der Ausstattung die Wandmalereifragmente in einen sehr stimmigen Rahmen eingebunden werden konn-

1 Blick nach Westen

ten und der Eindruck einer unfertigen Restaurierung in einer unbewältigten Baustelle aufgehoben wurde. Die aus heutiger Sicht durchaus eigenwillige Gestaltung (ein relativ kräftiger Grüne-Erde-Ton für Gestühl und Decke, helle Terracottafarbigkeit für Empore, Winterkirche und Orgelprospekt), die einerseits an die Rotockertöne der Wandgemälde und des Ziegelfußbodens anschließt, andererseits mit dem kontrastierenden Graugrün in gewisser Weise Ersatz für in der Malerei Verlorenes bietet, hat auch nach über fünfzig Jahren Bestand (Abb. 1).

Gleiches gilt für das Ergebnis der Wandmalereirestaurierung, die von den Berliner Restauratoren des Instituts hauptsächlich in zwei großen Einsätzen der Jahre 1968/69 ausgeführt wurde. Wie kam es zu diesem auch damals außergewöhnlichen Engagement der Amtswerkstatt? Seit den frühen 1950er Jahren hatte es Bestrebungen gegeben, den Kirchenraum, der offenbar seit der letzten größeren Umgestaltung der Kirche 1897 kaum verändert worden war, zu renovieren. In den Notizen zu Besichtigungen durch Vertreter des Kirchlichen Bauamts und der staatlichen Denkmalpflege ging es neben Bemühungen zur statischen Sicherung des Turms zunächst eher um die von der Gemeinde gewünschte Beseitigung der Patronatsloge an der Südwand des Chorbereichs und um die Reparatur der schadhaften Decke, als um den Umgang mit den Wandflächen. Interessant ist dabei die bereits 1954 von Baurat Wendland gemachte Bemerkung, dass »...*Rücksicht auf die über dem Kanzelaltar... befindliche alte Malerei*« zu nehmen sei. Auf dem wohl um 1968 entstandenen Foto der Altarwand (vgl. Abb. S. 121 im Beitrag von Werner Ziems) ist an der oberen Ostwand nichts zu erkennen, was gemeint gewesen sein könnte. Möglicherweise bezog sich der Hinweis

2 *Schönhagen bei Pritzwalk, Blick nach Osten*

jedoch auf in der Aufnahme zu erahnende Spuren von Gliederungen und Rankenwerk auf den bauzeitlichen Deckenbalken – damit tatsächlich »über« dem Altar gelegen und vielleicht vergleichbar mit der spätgotischen Balkenbemalung in der Kirche von Schönhagen bei Pritzwalk, die dort um 1997 nachgewiesen und leider entstellend überarbeitet wurde (Abb. 2).

Erst im September 1967 kann man in einem Schreiben des Institutsmitarbeiters Jochen Hass lesen, dass sich »*Im Innern … mittelalterliche Wandmalereien gezeigt*« hätten, »*die anscheinend ziemlich geschlossen erhalten sind. Die Freilegung scheint sich zu empfehlen. … Der amtierende Pfarrer hat angeboten, junge Mitglieder der Gemeinde für diese Arbeit als Hilfskräfte zur Verfügung zu stellen.*« Daraufhin besichtigte Werkstattleiter Kunze Demerthin und äußerte sich angesichts der bereits großflächig aufgedeckten Malereien weit weniger freundlich. Seine Aussage, dass weitere Freilegungsversuche einzustellen seien und dass die weitere Bearbeitung nur im Zusammenhang mit der Konservierung des Bestands »*zu einem späteren Zeitpunkt von Mitarbeitern des Instituts durchgeführt werden*« könne, ließ offenbar die Gemeinde befürchten, die Renovierung ihrer Kirche nicht in absehbarer Zeit zu Ende zu bekommen. Anfang Juli des folgenden Jahres wurde dem Architekten am Institut Ernst Wipprecht bei einer Dienstreise zur Granzower Kirche von Pfarrer Stiewig eher beiläufig mitgeteilt, dass in der folgenden Woche mit der Ausmalung des Kirchenraums begonnen werden sollte und die Kirchengemeinde die Absicht hätte, dabei die Wandmalereien wieder zu übertünchen. So alarmiert, bewegte der junge Kollege den Arbeitsstellenleiter Dr. Fajt und den Chefrestaurator des Instituts Konrad Riemann aus Halle, dass es der Berliner Restaurierungswerkstatt ermöglicht wurde, den Schatz,

3 *Südwand, Christus in der Unterwelt, Teilfreilegung vor der Restaurierung um 1968*

der zwar sozusagen durch wilde Grabung schon gefunden, jedoch noch nicht richtig gehoben war, *»trotz größter Schwierigkeiten auf Kosten des Instituts«* weiter ans Licht zu bringen und ins rechte Licht zu rücken. Trotzdem wurde noch einmal betont, *»dass die mittelalterlichen Malereien am besten unter den späteren Tünchschichten gesichert wären«*. Bei heutiger Betrachtung der wenigen vom Zustand vor der Restaurierung gemachten Fotografien ist man verwundert, dass bei alldem so wenig Begeisterung spürbar wurde (Abb. 3). Eigentlich sollte man meinen, dass Darstellungen wie *»Christus in der Vorhölle«* oder das *»Noli me tangere«* mit ihrer ungewöhnlichen Lebendigkeit der Zeichnung, die so offensichtlich unverfälscht und direkt die fünf Jahrhunderte alten bildnerischen Vorstellungen offenbaren, unmittelbar berühren und – beeindrucken.

Es gab in dieser Zeit im Norden der damaligen Bezirke Potsdam und Frankfurt, abgesehen von Rossow, kaum eine vergleichbare Dorfkirchenausmalung, die trotz der Verluste die Chance bot, ein annähernd vollständig erhaltenes spätmittelalterliches Bildprogramm wieder sichtbar zu machen. Dieser Aufgabe widmete sich aber dann das von Kunze zusammengestellte Team von Restauratoren und jungen Restauratorinnen mit Akribie und erstaunlicher Effizienz. Nach der rustikalen Freilegung von größeren Partien, in denen die aufliegenden jüngeren Farbschichten vergleichsweise leicht zu entfernen gewesen waren und wo die Kirchengemeindemitglieder Teile wesentlicher Bildszenen bereits zu Tage gefördert hatten, waren noch beträchtliche Wandflächen zu bearbeiten, wo der Malereibestand nur noch sehr reduziert vorlag und die Freilegung sich wesentlich komplizierter gestaltete. Besonders erschwert wurde die Abnahme der Übertünchungen durch das ausgeprägte Relief der teilweise kaum verschlichteten Putzoberfläche und der striemig-pastosen, die Malerei tragenden Kalkschicht (Abb. 4 und 5).

4 Nordwand, Christi Geburt und Teil der
   Rosenkranzmadonna

5 Putz- und Tünchestruktur in Streiflicht,
   gleicher Bereich wie Abb. 4

Günstig war dagegen, dass wegen der einfachen Maltechnik mit oft nur einschichtigem Farbauftrag die Haftung zum Untergrund vergleichsweise unproblematisch war. Die gefürchtete Schichtentrennung zwischen Vorzeichnung, flächiger Lokaltonfarbigkeit, Licht- und Schattenmodulation sowie Konturierung gab es wohl kaum.

Trotz des reduzierten Malereibestands ist die technische Ausführung der Wandmalereien annähernd nachzuvollziehen: Danach waren die in den frischen bauzeitlichen Wandputz geritzten und ziegelrot ausgelegten Weihekreuze zunächst offenbar der einzige Schmuck, bevor vermutlich wenige Jahrzehnte später mit einer die Kreuzmedaillons aussparenden Tünche die figürliche Raumausmalung vorbereitet wurde. Offenbar hat man dann mit den szenischen Bildern die Kreuze teilweise übermalt, wobei sie jedoch (danach?) inclusive der quadratischen Dreipassrahmung mit Kalkweiß und einem etwas kühlerem Rot wiederholt wurden (Abb. 6 und 7).

Möglicherweise erfolgten die Aufteilung der Flächen und die Angaben zur Komposition der Szenen zunächst mit sehr flüchtiger Pinselzeichnung in einem hellen Rötelton, bevor mit breiterem Pinsel, aber wohl recht dünnem Farbauftrag blau, grün und rot koloriert wurde. Das wichtigste Gestaltungsmittel und der hauptsächliche Informationsträger war und ist die schwarze Pinselzeichnung, die eigentlich nicht als Konturierung zu bezeichnen ist, da es kaum »ausgemalte« Flächen gibt und die schwarzen Linien häufig direkt auf dem weißen Grund liegen und ohne farbige Bezeichnung der Bildelemente auskommen. Es ist davon auszugehen, dass es sich um eine Kalkmalerei handelt, bei der die Pigmente wenigstens teilweise freskal in die Kalktünche eingebunden sind.

6 Südwand, Weihekreuz und Enthauptung
   der Hl. Katharina

7 Südwand, Weihekreuz, Detail aus Abb. 6

Sicher wurde jedoch zusätzlich ein wässriger Leim zugefügt, der für die relativ gute Erhaltung vor allem von Rot und Schwarz verantwortlich ist.

Ein Charakteristikum in Demerthin ist die fast ausschließlich grafische Formulierung der Malerei, was zusammen mit dem glücklichen Umstand, dass von der Zeichnung relativ viel die Strapazen von über fünfhundert Jahren, die Übertünchung – und Freilegung überdauert hat, dafür sorgt, dass die Bildinhalte zu großen Teilen ablesbar blieben. Anders als in Schönhagen, wo vielfach nur noch zusammenhanglose rote Farbflächen vor allem auf Verlorenes verweisen (Abb. 8) und wo man sich deshalb entschloss, die Malereireste an der Ostwand hinter dem Altar wieder abzudecken, konnte in Demerthin alles gezeigt werden. Und es gelang eine auch ästhetisch überzeugende Präsentation des Wandmalereifragments, bei der, abgesehen von extrem zurückhaltender (aqua sporca-) Tönung von Fehlstellen, auf Retuschen verzichtet wurde und man der Versuchung widerstand, selbst »sicher« erscheinende Formverläufe zu ergänzen. Leider existiert keine Dokumentation der damaligen Restaurierung, so dass etwa der Grad der Reinigung und der Zustand nach Beendigung der Arbeiten nur schlecht einzuschätzen sind. Aus handschriftlichen Notizen von Kunze geht hervor, dass die Putzsicherung durch Hinterspritzen mit Kalkmilch und 10 Prozent PVAc geschah und dass für die Reinigung und Festigung der Malschicht eine 2,5-prozentige Polyvinylalkohollösung verwendet wurde. Dies hat sich offensichtlich bewährt, jedenfalls sind derzeit keine Schäden oder Gefährdungen der Malerei und des Trägers zu beobachten.

Das Verhältnis der Demerthiner zu den Wandmalereien und zur Art der Restaurierung soll eine Anekdote von Dankwart Kühn, einem der damals beteiligten jungen Restauratoren, andeuten.

8 *Schönhagen bei Pritzwalk, Nordwand*

Kurz vor Beendigung der Arbeiten kam eine Frau aus der Gemeinde, bei der zwei Kollegen untergebracht waren, das erste Mal wieder in die Kirche und äußerte sich ziemlich ungehalten über das
ihrer Meinung nach gar nicht überzeugende Ergebnis: So viel Zeit und Mühe für solch hässliche
Malerei, die überhaupt nicht zu erkennen wäre, sei doch völlig sinnlos. Die Erklärungsversuche
der bestürzten Restauratoren schienen sie nicht zu beeindrucken. Umso größer war deshalb die
Überraschung, als sie kurz darauf Touristen aus Hamburg in die Kirche führte und ihnen voller
Begeisterung die Wandgemälde präsentierte und die Darstellungen erläuterte.

Damit die Malereien richtig gesehen und wertgeschätzt werden können, ist also Vermittlung und
Erklärung nötig. Insofern war es bedauerlich, dass die Freilegung und Restaurierung der Demerthiner
Ausmalung gänzlich ohne publizistisches Echo geblieben waren und dass die Bedeutung des für den Norden Brandenburgs und darüber hinaus außergewöhnlich vollständig erhaltenen Wandmalereizyklus mit
seinem opulenten Bildprogramm nicht herausgestellt wurde. Das Defizit der öffentlichen Wahrnehmung
und die Befürchtung, fehlende Beachtung könnte verhindern, dass konservatorische Pflichten ausreichend
wahrgenommen werden würden, veranlasste die ehemalige Patronatsfamilie von Klitzing, sich für eine
Dokumentation des Status quo durch eine eingehende fotografische Erfassung einzusetzen. Damit im
Zusammenhang entstand 2014 eine kleine Monografie, in der alle abbildbaren Gemälde zusammengestellt
und beschrieben wurden. 2015 fand eine gemeinsam mit der Gemeinde und dem Förderkreis Alte Kirchen Berlin – Brandenburg e.V. veranstaltete Fachtagung statt, bei der es neben dem Demerthiner Schloss
vor allem um eine ganzheitliche Betrachtung der Kirche und ihrer Ausmalung ging.[2]

9 Nordwand, Detail des Rosenkranzes über Sockelbegrenzung,
Glanzstelle mit Farbvertiefung wegen überschüssigem Festigungsmittel

Wie bereits die Titelbilder der beiden Publikationen überdeutlich zeigen, ist die Bildwirkung der Demerthiner Wandmalereien nach über fünfzig Jahren sehr durch starke Verschmutzung beeinträchtigt. Möglicherweise ist die Zeit, die seit der Freilegung vergangen ist, schon länger, als es dauerte, bis die spätgotischen Gemälde vielleicht bereits im Zuge der Reformation unter einer ersten Kalktünche verschwanden. Und der Eindruck, dass die Malerei verblassen würde, verbunden mit der Hoffnung, dass eine erneute Restaurierung sozusagen eine »Revitalisierung« bewirken könnte, waren sicher ebenso wichtige Beweggründe für die Initiatoren wie die Sorge um den Erhalt der materiellen Substanz.

Wie steht es nun um die konservatorischen Notwendigkeiten und restauratorischen Möglichkeiten? Zunächst ist festzuhalten, dass die Skepsis der Institutsmitarbeiter, welche aus vielen schlechten Erfahrungen mit Wandmalereien, deren Zustand sich bald nach der Freilegung rapide verschlechterte, herrührte, in Demerthin offenbar nicht begründet war. Das liegt zum einen an den günstigen Voraussetzungen in der Kirche: Es gibt keine aufsteigende, seitlich oder von oben eindringende Feuchte. Es wurden keine Reparaturen mit Zement ausgeführt, andere Salzquellen sind nicht vorhanden. Die Kirche wurde nicht beheizt, offenbar herrschte immer ein ausgewogenes Klima ohne starke Schwankungen von Temperatur und relativer Luftfeuchte. Der mittelalterliche Putz und die Kalktünche sind robust, ebenso wie die unkomplizierte Maltechnik. Zum anderen war die restauratorische Bearbeitung mustergültig, insbesondere die Festigung der Malschicht geschah im richtigen Maß. Nur an einer Stelle ist eine leichte Glanzbildung zu bemerken, auch dort sind jedoch darüber hinaus keine weiteren Schäden festzustellen (Abb. 9). Insofern erscheint der Putz- und Malereibestand stabil, allerdings muss diese generelle Einschätzung durch spezifisches Monitoring an geeigneten Referenzflächen im Detail überprüft werden. Hierbei sind besonders die Bereiche mit alten Schäden, korrodierter Putzoberfläche und stark reduzierter Malerei, wie sie vor allem in der durch Kondensation belasteten Sockelzone zu finden sind, zu betrachten (Abb. 10). Als gravierendes Schadphänomen auch aus konservatorischer Sicht ist die starke Verschmutzung durch aufliegende Stäube anzusehen, wobei möglicherweise direkt schädigende Einflüsse der Schmutzbestandteile auf die Malschicht schwerlich einzuschätzen sind. Die innige Verbindung, die mit der rauen, dabei porösen und sehr empfindlichen Oberfläche der Malerei über die Jahre entsteht, erscheint in jedem Fall als bedrohlich – zumal sie alle denkbaren Reinigungsmethoden, die die schutzlose Epidermis ja nicht angreifen, beschädigen oder verändern dürfen, sehr behindert. Die restauratorische Entfernung der Verschmutzungen muss aber in absehbarer Zeit in Angriff genommen werden, da inzwischen die amorphe Überlagerung der bildnerischen Strukturen so zugenommen hat, dass die durch die Fragmentierung der Malerei teilweise sowieso schon kaum noch vorhandene Bildinformation gänzlich verloren zu gehen droht. Und natürlich ist auch die erhebliche Beeinträchtigung der ästhetischen Qualität und der Würde des Kunstwerks nicht akzeptabel.

Es ist davon auszugehen, dass eine umfassende Reinigung der Wandmalerei, die mit einer gründlichen Untersuchung des Bestands auch im Westteil des Innenraums, der Klärung offener Fragen zur Maltechnik und zur Stratigrafie sowie einer detaillierten Dokumentation zu verbinden wären, zu verbesserter Ablesbarkeit und Wahrnehmbarkeit der Eigenart der großartigen spätmittelalterlichen Bildschöpfungen führen würde. Darüber hinausgehende Eingriffe, wie Versuche zu ergänzenden Retuschen, ästhetische Glättung heterogener Bildpartien oder das »Auffrischen« verblasster Malereibereiche müssen jedoch ausgeschlossen bleiben. Stattdessen ist die kunsthistorische Forschung weiter zu vertiefen, damit noch fragliche ikonografische Details und Zusammenhänge ergründet werden. Zur Veranschaulichung der ursprünglichen Intentionen wäre es sehr hilfreich, wenn über das inzwischen Bekannte hinaus weitere Vorbilder, Vorlagen und Analogien gefunden und zusammengestellt, möglicherweise auch in Demerthin präsentiert werden könnten.

Im Gegensatz zur Wandmalereibearbeitung im Inneren besteht am Außenbau akuter konservatorischer Handlungsbedarf: An der östlichen Außenwand befindet sich zwischen den beiden barock verbreiterten Fensteröffnungen das Fragment eines großen Putzfeldes mit Spuren von Bemalung (Abb. 11 und 12). Unter UV-Bestrahlung werden Bildstrukturen deutlich – Ranken, Rahmung, Gewandteile von Figuren (Abb. 13). Ganz offensichtlich handelt es sich um die Reste eines ehemals bedeutenden Andachtsbildes, das wohl im Zusammenhang mit den Wandmalereien im Inneren entstanden sein dürfte und sicher in direktem liturgischen Bezug dazu stand. An den Marienkirchen in Frankfurt an der Oder und Herzberg / Elster haben sich außen am Chorscheitel Darstellungen der Kreuzigung erhalten, ebenso am Chor der Johanniterkirche in Mürow (Mecklenburg-Strelitz). Es wäre also vorstellbar, dass es auch in Demerthin ein Wandbild mit Christus am Kreuz gegeben haben könnte. An brandenburgischen Dorfkirchen finden sich

10 Nördliche Ostwand mit Sakramentsnische; reduzierter Malereibestand und starke Staubauflage

vereinzelt kleinere Putzapplikationen am Chorabschluss, die sicher ebenfalls Malerei trugen – so großformatige und wohl auch anspruchsvolle Gestaltungen wie in Demerthin sind jedoch nicht bekannt.

Bei der jetzt anstehenden Sanierung der Fassaden werden der Putzbestand des Wandbildfragments gesichert und die Malereireste konserviert. Inwieweit die dabei durchzuführenden eingehenden Untersuchungen Aufschlüsse zur ursprünglichen Erscheinung geben werden, ist gegenwärtig noch ungewiss, ebenso wie der weitere konservatorisch / restauratorische Umgang. So wie die Wandmalereien im Inneren auf einem ausgesprochen sorglos und derb ausgeführten Untergrund aufgebracht wurden, war auch das eminent wichtige Außenwandbild eingebunden in einen bemerkenswert lässig angetragenen Kellenwurfputz, wie er sonst im Brandenburgischen kaum vorkommt. Es haben sich nur kleinere Bereiche mit annähernd ursprünglicher Oberfläche erhalten. Diese sind jedoch ebenso wie die ebenfalls nicht sehr umfänglichen Glattputzflächen mit Doppelritzung am etwas jüngeren Turm als charakteristische Komponenten des spätgotischen Kirchenbaus und zur Wandmalereigestaltung zugehörig zu betrachten und restauratorisch zu behandeln. Es wird sich zeigen, ob es gelingt, über die Konservierung dieses originalen Putzbestands hinaus für die Reparatur der Außenwandflächen die geeignete Form zu finden, die die authentische Wirkung der Demerthiner Kirche bewahrt und für die Wandmalereien den angemessenen Rahmen schafft.

11 Ostgiebel

12 Ostwand außen, Putzfeld
13 Ostwand außen, Putzfeld unter UV-Licht

Der barocke Kanzelaltar – ein Solitär

Werner Ziems

Neben dem umfangreichen Wandmalereizyklus aus vorreformatorischer Zeit prägt vor allem der barocke Kanzelaltar den Kirchenraum. Üppiges Schnitzwerk aus Akanthusblattranken umspielt den eigentlichen, klassisch strengen Architekturaufbau. Auf Postamenten stehen links und rechts korinthische Säulen und Pilaster, die das mächtige Kranzgesims tragen. In der Mitte des Gesimses, an der höchsten Stelle des Kanzelaltars, den Schalldeckel der Kanzel bekrönend, triumphiert der auferstandene Christus mit der Siegesfahne in seiner Hand, links und rechts von Trompete blasenden, auf gesprengten Giebeln sitzenden Engeln begleitet. Das Zentrum des gesamten Architekturaufbaus bildet die Kanzel. Sie nimmt nicht nur optisch die Mitte ein, sondern verkörpert mit ihrer Position gleichermaßen auch die geistige Mitte als den Ort der Verkündigung des Evangeliums. In der Mitte der Kanzel wiederum, auf der Vorderfront der Kanzelbrüstung, prangt das Wappen der Familie von Klitzing. Unterhalb der Kanzel, direkt auf der Altarmensa stehend, repräsentieren die beiden Standfiguren, Moses mit den Gesetzestafeln und Christus mit der Weltkugel, das Alte und Neue Testament. Die weitgehend erhaltene, originale Farbfassung mit ihrer stark farbigen Marmor-imitationsmalerei, 1994 restauriert, unterstreicht den besonderen Wert und die herausragende Bedeutung des Kunstwerkes.

Soweit überrascht der Demerthiner Kanzelaltar nicht, das ikonographische Programm wie auch die Art der Ausführung bilden eine sinnfällige Einheit. Es scheint sich um ein typisches Prignitzer Werk zu handeln, das stilistisch in die erste Hälfte des 18. Jahrhunderts einzuordnen ist – seine Entstehung dürfte mit der Wiederinbesitznahme des Gutes durch die Familie von Klitzing 1738 im direkten Zusammenhang stehen. Auch zahlreiche andere Prignitzer Kirchen wurden in dieser Zeit mit den offenbar sehr beliebten »modernen« Kanzelaltären ausgestattet. Die hohe Anzahl der heute noch in den Landkreisen Prignitz und Prignitz-Ruppin erhaltenen Kanzelaltäre ist bemerkenswert: 103 Kanzelaltäre in 284 Kirchen, das entspricht 36 Prozent. Die Form des Akanthus-Schnitzwerks wie auch die etwas naiv provinziell erscheinenden Engelsfiguren lassen eine regionale Werkstatt vermuten. Aber ein wirkliches Vergleichsstück, das einen Werkstattzusammenhang erlauben würde, ließ sich bisher in der Region nicht finden; anders als zum Beispiel bei der in Havelberg ansässigen Werkstatt des Heinrich Joachim Schultz, der in der Prignitz und Ostprignitz zahlreiche Werke, Altäre, Kanzeln, Taufengel und sogar ein Sarkophag stilistisch eindeutig zugeordnet werden können. Bei genauer Betrachtung fallen dagegen einige Merkwürdigkeiten auf, für die keine Vergleichsbeispiele bekannt sind und die dem Objekt eine gewisse Sonderstellung geben. Auffällig ist zum einen die Art, wie das Kranzgesims leicht schräg, senkrecht bis auf die Ebene des Schalldeckels, diesen einbeziehend, geführt wird; zum anderen sind es die seitlich des Altarblocks zweizonigen Postamente, die auf der rechten Seite ein von hinten zu öffnendes Fach beinhalten. Ohne Erklärung sind auch die beiden einzeln, ohne eigenes Postament, direkt auf der Altarmensa stehenden Schnitzfiguren von Christus und Moses. An keiner Stelle des Kanzelaltars deutet irgendetwas auf eine frühere Befestigung der beiden Figuren hin. Vermutlich deshalb werden diese auch als nicht zugehörig bezeichnet (Dehio, 2012), obwohl sie stilistisch und ikonographisch durchaus eine Einheit mit dem Kanzelaltar bilden, entsprechende Beispiele dafür sind genügend vorhanden.

Andere heute zu beobachtende Merkwürdigkeiten erklären sich dagegen aus der jüngeren Restaurierungsgeschichte von Altar und Kirchenraum. Nicht immer stand der prächtige Kanzelaltar so frei, war seine Ansicht, quasi als Gegengewicht zum mittelalterlichen Wandmalereizyklus, so ungestört bzw. so isoliert wie heute. Der Zusammenhang von Funktion und Gestalt aus der liturgischen Notwendigkeit heraus wurde bei den umfangreichen Restaurierungsarbeiten von 1968/69 zugunsten der Sichtbarmachung der mittelalterlichen Wandmalereien verändert und hat zu einer Neugestaltung des Raumes geführt. Ehemalige Einbauten, wie der Beichtstuhl, die Kanzeltreppe und die Patronatsloge, wurden entfernt. Der Zugang zur Kanzel, die durch eine heute noch am Altar vorhandene Tür betreten werden konnte, ist nunmehr nicht möglich. Auf einem historischen Foto ist die Kanzeltreppe links vom Altar noch zu sehen. Ebenso ist auf dem Foto rechts, auf der südlichen Seite der Ostwand, eine Tür sichtbar, bei der es sich um den ehemaligen Zugang der bis dahin noch an der Südwand der Kirche vorhandenen Patronatsloge handelt. Außen ist diese Tür heute noch zu sehen, innen wurde sie zugesetzt und an deren Stelle das Epitaph der Ehrentraut von Klitzing, geborene von Wulffen, aufgehängt. Auf einem zweiten Foto sieht man noch die Patronatsloge auf der Südseite der Kirche. Die Brüstung zeigt das Klitzingsche Wappen mit der Aufschrift: Caspar Joachim von Klitzing und Isabe Ehrentraut von Klitzing, geb. von Möllendorf, 1754. Heute zeigt lediglich noch die in Renaissance-Formen ausgeführte Brüstungsfront von der ehemaligen Patronatsloge.

2 *Blick nach Osten, Aufnahme vor 1989*

3 *Blick nach Süden, Patronatsloge, Aufnahme vor 1989*

Das Schloss

Die Familie von Klitzing –
Gutsherren und ihre starken Frauen

Torsten Foelsch

Es ist an der Zeit, sich jenem Geschlecht zuzuwenden, das über Jahrhunderte die Geschicke Demerthins maßgeblich beeinflusst hat und dem wir jene Bau- und Kunstdenkmäler im Dorf zu verdanken haben, deren Geschichte sich dieser Band zuwendet. Die Familie von Klitzing hat das große Glück, auf inzwischen sechs erschienene Bände einer fundiert erforschten und verfassten sowie durch zahllose Urkunden und Dokumente belegte Familiengeschichte und Genealogie zurückgreifen zu können, aus der auch die heutigen Generationen ihr Wissen über Herkunft und Geschichte des Geschlechts schöpfen und auf die hier verwiesen sei.

1 Demerthin, Wappen der Familie von Klitzing auf der Gedenktafel im Schloss

Die ersten drei Bände entstanden 1891, 1903 und 1907 im Auftrag des 1882 gegründeten von Klitzing'schen Familienvereins und damit in einer Zeit, als ihr Verfasser, der Pfarrer und Genealoge Dr. Georg Schmidt noch auf die vorhandenen Guts-, Familien- und Kirchenarchive zurückgreifen konnte, die vielfach 1945 ff. durch Krieg und Vertreibung zerstört oder verstreut wurden. Die Bände vier und fünf erschienen schließlich 1966 und 1990, ein sechster Band 2004.

Die zuerst in der Altmark und besonders wohl auch im Lüchow'schen anzutreffenden Klitzings gehören zum märkischen Uradel und treten bereits 1237 als Zeugen in einer Urkunde der Gebrüder Johann und Gebhard von Plotho in Kyritz urkundlich in Erscheinung. Mit dominus Henricus Clizing als einem der Zeugen in einer Urkunde der Grafen von Dannenberg begegnet uns der Familienname erstmals in der Form Klitzing (Clizing) und setzt sich endgültig durch. Das Geschlecht führt in goldenem Schild drei silbergestulpte rote Tatarenmützen. Aus dem Helm mit rotgoldenen Decken wächst ein Tatarenrumpf in rotem Gewande mit silbernen Aufschlägen und einer Mütze wie im Schild. Das älteste Siegel der Familie ist aus dem Jahre 1481 von dem damals urkundenden Hamburger Dompropst Albrecht von Klitzing überliefert. Bereits 1438 erfolgte die Belehnung der Vettern Hans, Dietrich und Henning *»dy klytczinge gnandt«* durch den Markgrafen Friedrich d. J. mit umfangreichen Besitzungen vor allem in der Prignitz, u. a. Drewen, Bork, Karnzow (damals wüste Feldmark), Demerthin, Sarnow, Schönebeck, Kolrep, Brüsenhagen, Wutike und Blumenthal.[1] Infolge der Reformation verschrieb dann auch noch Kurfürst Joachim II. von Brandenburg nach der Auflösung des Klosters in Kyritz, die sich noch vor 1541 vollzogen haben muss, Dietrich von Klitzing auf Demerthin die dortigen Klostergebäude, die dieser 1552 zur Einrichtung eines Armenhauses zur Hälfte an die Stadt Kyritz abtrat.[2]

Die bis heute weit verzweigte Familie blieb vor allem der Prignitz jahrhundertelang bis zu ihrer Vertreibung 1945 eng verbunden. Von hier aus verbreiteten sich Mitglieder des Geschlechts vor allem im Verlaufe des 16. Jahrhundert auf Besitzungen in der Mark Brandenburg, wie Nieder-Neuendorf, Spandau und Walsleben sowie angrenzenden Regionen, vor allem in der Gegend um Dahme und Jüterborg und im 17. Jahrhundert um Cottbus und Kalau mit den Gütern Seese und Briesen. All diese Besitztümer gingen dem Geschlecht – bis auf die Prignitzer Güter – im Verlaufe des 17. und 18. Jahrhundert jedoch wieder verloren. Schließlich gelang es dann den Söhnen des in Demerthin wirtschaftenden Wilhelm von Klitzing (1754–1811), im 19. Jahrhundert vielfach neue Besitzungen zu erwerben und neue Linien des Geschlechts in verschiedenen preußischen Provinzen, wie in der Neumark (Charlottenhof), in Pommern (Grassee[3] und Zuchow[4]), in Posen/Westpreußen (Lüben, Klausdorf, Dziembowo) und in Schlesien (Schierokau, Niederzauche, Kolzig) – um nur einige zu nennen – zu begründen.[5] In der Prignitz behauptete sich die Familie bis 1945 allein auf dem alten Stammsitz Demerthin mit Rehfeld und Wilhelmsgrille. Hier gingen die meisten anderen alten Familiengüter, wie Krams, Drewen oder Karnzow um 1850 verloren. Das Patronat über verschiedene Prignitzer Kirchen blieb der Familie bis 1946 erhalten, so in Demerthin, Rehfeld und Bork.

Aus der Masse der vielen Familienmitglieder ragen im Verlaufe der Jahrhunderte immer wieder einige Männer und Frauen besonders hervor, von denen einige, mit Demerthin verbundene Biographien aus der Zeit vor 1945 hier in aller gebotenen Kürze vorgestellt werden sollen.

Da ist zunächst der wirtschaftlich sowie in Geldgeschäften sehr erfolgreiche Andreas von Klitzing (1526–86) zu nennen, dem Ehegatten der späteren Schlosserbauerin von Demerthin. 1526 vermutlich in Demerthin als Sohn des Georg von Klitzing geboren, machte er nach erfolgten Studien und absolvierter Kammerjunkerzeit am kurfürstlichen Hof zu Cölln Karriere unter den brandenburgischen Kurfürsten Joachim II. und Johann Georg im Lichtschatten des mächtigen Kanzlers Lampert Distelmeyer, dem er freundschaftlich verbunden war. Zusammen mit diesem erwarb er u. a. 1558 die Anwartschaft auf das bedeutende Erbe der von Arnsberg'schen Güter Walsleben und Radensleben im Ruppin'schen. In der Teilung von 1565/68 einigten sich beide schließlich darauf, dass Andreas von Klitzing Walsleben erhielt, welches er prächtig als Stammsitz ausbauen ließ und das der Familie bis Ende des 17. Jahrhunderts erhalten blieb. Er schuf durch erfolgreiche Geldgeschäfte und die Ausnutzung der landwirtschaftlichen Konjunktur auf seinen Gütern jenes Vermögen, dass 1604 u. a. den Bau des Schlosses in Demerthin ermöglichte. In Walsleben erinnern heute noch an ihn ein von ihm 1582 gestifteter Taufstein mit seinem Wappen und sein Figurengrabstein von 1586 (vgl. Kap. über das Dorf).

2 Demerthin, Hofseite des Schlosses mit Turm, Kohlezeichnung von Wilhelm Hertel, um 1920

Auch ein Vetter dieses Andreas von Klitzing aus einer jüngeren Linie des Hauses Drewen, Kaspar von Klitzing († 1568), stand ebenfalls im Dienst des Kurfürsten Joachims II. und war zuletzt Hauptmann von Spandau. Er ließ von Berlin aus auf seinem väterlichen Gut Nieder Neuendorf ein neues Herrenhaus erbauen, an dem er 1557 eine sandsteinerne Relieftafel mit seinem und seiner Frau Margarethe von Oppen († 1559) Porträt anbringen ließ (vgl. Abb.). Dieses reizvolle Doppelbildnis mit den Wappen und einer Inschrift ist eine der frühesten bekannten Personendarstellungen aus der Familie von Klitzing und daher von besonderem Interesse nicht nur für die Familiengeschichte.[6]

Eine überragende Persönlichkeit in der Klitzing'schen Familiengeschichte stellt die Witwe des Andreas von Klitzing, Katharina von Oppen (1553–1621), dar, der nach dem frühen Tode ihres Mannes die vormundschaftliche Verwaltung des bedeutenden Güter- und Vermögensbesitzes und die Lenkung der Betriebe auf den vielen Gütern für ihre Kinder mit Geschick, Erfolg und Beharrlichkeit gelang.[7] Die Familiengeschichte rühmt sie als »eine sehr fromme und thatkräftige Frau«, worauf nicht zuletzt auch die vermutlich von ihr selbst verfasste Inschrift am Demerthiner Schlossportal hinweist. Das beträchtliche Geldvermögen ihres Gatten legte sie sinnvoll an, verlieh es, investierte es oder stiftete es für unterschiedlichste mildtätige Zwecke, wie u. a. einem Stipendium für die studierenden Söhne der Prediger zu Walsleben, Demerthin und Rosenwinkel und für die Söhne des von Klitzing'schen und von Oppen'schen Geschlechts. Der Kirche zu Drewen stiftete sie 1600 auch im Namen ihres Mannes eine neue Glocke und in Walsleben ließ sie 1588 die baufällige Kirche völlig neu erbauen und mit einem neuen Altar schmücken. Ihre herausragendste und nachhaltigste Leistung war aber der Umbau des kleinen Herrenhauses in Demerthin zu einem repräsentativen Renaissanceschloss, der

3 Nieder-Neuendorf, Bildnisrelief von Kaspar und Margarethe von Klitzing, 1557

1604 mit dem Einsetzen des Wappensteins über dem Turmportal abgeschlossen war (vgl. den Beitrag von Friedrich von Klitzing). Die verheerenden und auch den Klitzing'schen Wohlstand vernichtenden Folgen des 30jährigen Krieges erlebte sie nicht mehr. Sie fand 1621 neben ihrem Gatten in der Kirche zu Walsleben ihre letzte Ruhe.[8]

Eine ähnlich überragende Rolle in der Klitzing'schen Familiengeschichte spielte auch ihre Schwiegertochter Ehrentraut von Wulfen (1591–1659), die sich 1620 mit ihrem Sohn Kaspar von Klitzing (1581–1638) vermählte.[9] Auch sie war zunächst nach dem frühen Tode ihres Gemahls in ähnlicher Weise in der Verwaltung des hinterlassenen Demerthiner Erbanteils auf sich selbst gestellt und übernahm 1639 pfandweise das infolge der Kriegsauswirkungen bislang kaum bewohnte Schloss und das Gut Demerthin »öde und wüst. Kein Brot, kein Saatkorn, kein Stück Vieh war anzutreffen. Sie musste in den drei ersten Jahren wegen der großen Kriegsunruhen und Unsicherheit alles wüste stehen lassen und konnte erst 1642 mit der Bewirtschaftung beginnen.«[10] Sie steckte viel Kapital in die bauliche Erneuerung des Gutes und versorgte die Bauern mit Korn und Vieh. Den durch sparsames Wirtschaften konsolidierten Besitz konnte sie auf diese Weise der Familie bewahren, wenn auch zunächst Demerthin bis 1730 noch im Pfandbesitz ihrer Tochter Anna Ehrentraut (1628–nach 1694) und dessen Gemahl Klaus Ernst von Platen (1612–69) sowie deren Nachkommen verblieb. Als Ehrentraut von Klitzing 1659 starb, wurde sie in der St. Marienkirche beigesetzt. In der Kirche zu Demerthin stifteten ihr ihre Kinder 1660 ein noch heute erhaltenes Wappenepitaph in Form einer Ahnenprobe zu 16 Ahnen. Die hochrechteckige Holztafel mit profilierter Verdachung und flacher Sockelleiste ist mit dünnen Kupferblechplatten belegt, auf der in der Mitte die Widmungsinschrift und jeweils links und rechts übereinander acht Ahnenwappen aufgemalt sind. Als plastischer Dekor ist oben Engelskopf mit Flügeln und unten ein Totenschädel mit Knochen und Sanduhr aufgelegt.[11]

Mit Wilhelm von Klitzing (1754–1811) tritt uns dann einhundert Jahre später eine der markantesten Persönlichkeiten der Klitzing'schen Familiengeschichte entgegen, der zugleich auch

4 Demerthin, Kirche, Gedächtnistafel für Ehrentraut von Klitzing von 1660

Stammvater nahezu aller heute noch lebenden Klitzings ist. Er war der Sohn von Kaspar Joachim von Klitzing (1694–1761) und der Ilsabe Ehrentraut von Moellendorff (1727–63). Nach dem frühen Tode seiner Eltern wurde sein Onkel, der Deichhauptmann Friedrich Reimar von Moellendorff (1732–1809) sein Vormund, bei dem er bis zu seinem zwölften Lebensjahr in Gadow aufwuchs, bevor er mit 13 Jahren auf die Ritterakademie in Brandenburg gegeben wurde. Wilhelm von Klitzing selbst hat in seinem Rechnungsbuch später seine Jugend und seine ersten Jahre in Demerthin für seine Kinder beschrieben.

»[…] mein Vormund war ein tüchtiger Mann; weil ich lebhaft war, so war ich öfters sein Gesellschafter bei Jagd, Fischerei, Spiel und Trunk; auch zu Geschäften brauchte er mir, zum Verschicken, Besorgung des Kornbodens, Scheunen und Keller; dies härtete meinen von Natur schwächlichen Körper ab. Ich lernte früh mit Menschen umgehen, und wurde tätig; dies bewirkte, dass, da ich im examen in Brandenburg mich in die unterste Stufe unter Knaben von 8–10 Jahren versetzt fand, ich das nicht ertragen konnte, sondern Tag und Nacht studierte, dass ich in 2 Jahren durchgängig in der ersten Klasse war, und die Erlaubniss, die Keiner meiner Mitschüler noch vorher Jemand gehabt hatte: ohne Aufsicht frei und ungehindert bei Tage und bei Nacht das collegium zu verlassen; kurz, ich wurde durch die Vorliebe meiner Lehrer als ein ganz freier Mensch behandelt; und hierdurch kam ich in Bekanntschaft mit alle Stände; und ich hatte die Erlaubniss, zu jede Stunde, wenn ich wollte, in die Häuser des Generals Schmettow, Fouquet, Schenkendorf, Bredow und Kleist zu kommen; hierdurch hatte ich Gelegenheit, Menschen kennen zu lernen und mich in sie zu schicken, weil sie öfters vor mich als einen Knaben ungeschränkt einhergingen […].«[12]

5 Dorothea Wilhelmine von Klitzing, Gemälde, ehem. im Schloss Demerthin (Kriegsverlust)

6 Wilhelm von Klitzing, Gemälde, ehem. im Schloss Demerthin (Kriegsverlust)

Wilhelm von Klitzing verheiratete sich 1774 in Brandenburg a. H. mit Dorothea Wilhelmine von Nimschewsky (1757–1808), einer Enkelin des Generals Heinrich August de la Motte Fouqué, der damals der Ritterakademie vorstand. 1775 übernahm er nach abgeschlossenem Studium der Rechte an der Universität in Frankfurt an der Oder die väterlichen Güter und bezog zunächst das Gutshaus in Drewen, da Demerthin noch bis 1776 verpachtet war. Hier wurden seine ersten beiden Kinder geboren, während die übrigen seit 1778 in Demerthin, wohin er dann übersiedelte, das Licht der Welt erblickten. Der ererbte Güterbesitz war wirtschaftlich schwer angeschlagen und hoch verschuldet. Es gelang Wilhelm von Klitzing, nach und nach die verfallenen Gebäude zu erneuern, schwebende Prozesse zu beenden und das gesamte devastierte Inventar wieder neu zu beschaffen. Die bereits von seinem Vormund eingeleiteten Separationen führte er zu einem für die Bewirtschaftung der Güter vorteilhaften Abschluss und war darüber hinaus in der Lage, 1790 das Gut Seetz und 1792 die in der Nachbarschaft von Demerthin liegenden Güter Rehfeld und Karnzow von den Klitzing'schen Vettern zu kaufen, auf denen die Söhne landwirtschaftliche Erfahrungen sammeln sollten. Auf Grund seiner ausgewiesenen Kenntnisse in betriebswirtschaftlichen und finanziellen Fragen übertrug man ihm 1799 das Amt des Provinzial-Ritterschafts-Direktors der Prignitz, dem 1777 von Friedrich dem Großen neu begründeten Kur- und Neumärkischen Ritterschaftlichen Kreditinstitut.[13]

Als Wilhelm von Klitzing Witwer wurde, bestellte er seinen Cousin, den Deichhauptmann Hans Gottlob von Moellendorff (1758–1839), dessen Vater bereits sein Vormund war, zum Vormund seiner minderjährigen Kinder. Außerdem legte er in einer speziellen Verordnung fest, wie die in seiner Fideikommiß-Stiftung ausgesetzten 1.200 Thaler »zu ewigen Zeiten verwandt werden« sollen.[14] Noch kurz vor seinem am 23. November 1811 in Berlin erfolgten Tod traf er letzte Maßregeln für seine Erben über sein Begräbnis. »Da ich mein Ende immer näher fühle, so wünsche ich, dass meine Gebeine nach Demerthin gebracht, dort in der Dunkelhorst begraben werden, wo[hin] auch die liebe Mutter, Eleonorchen, und meine liebe Emilie gebracht werden sollen, es sind hierzu in meiner Chatulle 100 Stück Friedrichs'dor befindlich.«[15] Außerdem vermachte er einigen seiner »langjährigen« Untergebenen (Kutscher, Viehknecht, Diener, Koch) Geldgeschenke von 50 bzw. 100 Talern, erließ einigen bestehende Schulden und billigte ihnen auf Lebenszeit freie Wohnung auf dem Gut und Nutzung eines Gartens zu. In Verbindung damit sicherte er dem Koch Christian Reim (1765–1820) außerdem Weiterbeschäftigung auf Lebenszeit beim künftigen Gutsbesitzer zum gleichen Lohn zu, was auch geschah.[16]

Wilhelm von Klitzing hinterließ trotz der schwer drückenden Lasten, die die französische Fremdherrschaft seit 1807 für ganz Preußen brachte, seinen Kindern ein geordnetes und solides Vermögen und den Söhnen eine beachtliche Gütermasse. Diese einigten sich dergestalt über das Gütererbe, dass Ludwig (1786–1867) Demerthin mit Wilhelmsgrille und Rehfeld übernahm.[17]

Ludwig von Klitzing hatte die wirtschaftliche Agilität seines Vaters geerbt und war die zentrale Figur bei der weiteren Entwicklung des alten Familiengutes Demerthin in der bewegten Zeit der Reformen, Umbrüche und Modernisierungen der ersten Hälfte des 19. Jahrhundert. Er besuchte das Gymnasium zu Neustrelitz und später die Handlungsschule in Magdeburg. Seine praktische land- und betriebswirtschaftliche Lehre absolvierte er bei dem außerordentlich tüchtigen Freund seines Vaters, dem Domänenpächter von Goldbeck, Dr. Johann Paul Freier (1744–1824). Daneben besuchte er auch die landwirtschaftliche Akademie in Möglin, wo ihm Albrecht Thaer ein ausgezeichneter

Lehrer war und 1810 begann er schließlich sein selbständiges Wirtschaften auf dem ihm vom Vater übergebenen Gut in Seetz. Er vermählte sich schließlich 1812 in Demerthin mit der Tochter des Oberamtmanns Karl Ludwig Bennecke (1737–1820), Agnes Bennecke (1792–1871), und begründete in dem alten Schloss der Vorfahren auch seinen neuen Hausstand, zu dem bald 11 Kinder gehörten. Kurz zuvor hatte sich bereits sein Bruder Lebrecht von Klitzing (1783–1866), der sich 1816 aus dem väterlichen Erbe und der Mitgift seiner Frau den großen Besitz Charlottenhof in der Neumark kaufte, mit der Schwester von Agnes Bennecke, Caroline (1787–1874) verheiratet. Diese doppelte Eheverbindung zweier adliger Brüder mit den Töchtern eines tüchtigen Domänenpächters brachte sehr früh auch das bürgerlichsoziale Element mit in den bis dahin überwiegend aristokratisch geprägten Lebensstil der Familie von Klitzing und ihrer Gutshaushalte.

Als mit dem Sieg der Koalition über die Franzosen bei La Belle Alliance 1815 endlich Friede war, ließ Ludwig von Klitzing in der sog. Gartenstube des Schlosses Demerthin über einem Kamin eine marmorne Gedenktafel anbringen, die an die Teilnahme der acht Brüder an den Kämpfen gegen die Franzosen zwischen 1794 und 1815 und ihre dafür erhaltenen Auszeichnungen erinnert.

Ludwig von Klitzing bewirtschafte Gut Demerthin 54 Jahre lang sehr erfolgreich, betrieb eine einträgliche Remonten- und Schafzucht und führte die Dienstablösungs- und regulierungs-Rezesse mit den Bauern erfolgreich zu Ende. In Demerthin begründete er das Vorwerk »*Neubau*«. In seiner Zeit wurden auch der alte Schlosspark im landschaftlichen Stil umgestaltet und diverse Gutsgebäude neu errichtet. Die Kirche in Demerthin ließ er 1839 neu pflastern und ausmalen.[18] Seine nicht nur landwirtschaftlich orientierten wirtschaftlichen Ambitionen führten u. a. auch zum Erwerb einer

7 *Ludwig von Klitzing,*
  Zeichnung von Franz Krüger, um 1830

8 *Agnes von Klitzing, geb. Bennecke,*
  Zeichnung von Franz Krüger, um 1830

Eisengussfabrik im Senftenberger Industriegebiet.[19] Ludwig von Klitzing erfreute sich in Demerthin und in der Gegend großer Beliebtheit und Volkstümlichkeit. Die Stadt Kyritz verlieh ihm 1862 sogar das Ehrenbürgerrecht.

Eine besonders markante Gutsfrau und eine überaus originelle Gestalt in der Klitzing'schen Familiengeschichte war schließlich auch Adda von Klitzing, geb. von Rohr (1876–1956), die das alte Familiengut Demerthin mit seinem Schloss und seinen wertvollen Sammlungen bis zum Ende des Zweiten Weltkrieges mit großem Geschick bewirtschaftet und bewohnt hat und es durch die schweren Krisen der 1920er und 1930er Jahre manövrierte. Sie galt wegen ihrer selbstbewussten Art und kenntnisreicher Betriebsführung als der »einzige Mann in der Ostprignitz«. Ihre Gutsangehörigen nannten sie volkstümlich »Mutter«, was ihre besondere Rolle im, bis zuletzt erhaltenen, patriarchalischen Gefüge des Gutsalltags betont. Ihr resoluter Charakter und ihre offenen Vorbehalte gegen die Ideen des Nationalsozialismus brachten ihr im Dezember 1944 sogar einige Tage Haft in Potsdam ein. Adda von Klitzing übernahm 1901 Nießbrauch und Verwaltung des Gutes Demerthin nach dem frühen Tod ihres Mannes, Werner von Klitzing (1857–1901). Zielstrebig eignete sie sich sehr schnell die notwendigen Kenntnisse über Ackerbau und Viehzucht an, und als sehr erfahrener Reiterin lag ihr auch der Ausbau der Pferdezucht, den bereits ihr Mann kurz nach 1887 begonnen hatte, sehr am Herzen und zeitigte beachtliche Erfolge.[20] Wie sehr sie sich in der Führung eines modernen landwirtschaftlichen Großbetriebes auskannte, beweist der von ihr verfasste Aufsatz zur Wirtschaftsgeschichte des Gutes, der 1913 in der Festschrift über die »Deutsche Landwirtschaft unter Kaiser Wilhelm II.« erschienen ist.[21]

9 Adda von Klitzing und Margarita von Saldern in der Fenstertür des Schlosses Demerthin, um 1905

10 Adda von Klitzing, mit ihrem Bernhardiner vor dem Turmportal des Schlosses Demerthin, um 1910

Ein Charakterbild Addas von Klitzing bieten auch die Erinnerungen von Eva von Freier, geb. von Mantey (1904–94), die im Juli 1945 als schlesischer Flüchtling von Hoppenrade aus Gut Demerthin besuchte. »[...] *Es ging alles glatt und wir waren glücklich, als wir das herrliche Demerthiner Schloss vor uns liegen sahen. Die Frage, ist Frau von Klitzing da oder hat auch sie die Prignitz verlassen', beschäftigte uns natürlich sehr. Auf dem alten Schlossturm wehte die rote Fahne, Russen hingen aus den Fenstern, aber wer beschreibt unsere große Freude, als Fr. von Klitzing wirklich da war. Sie war nur mit ihrer Familie in den rechten Seitenflügel gezogen. Sie hat uns in ihrer großen Herzensgüte und Freundlichkeit ganz reizend aufgenommen. Wir bekamen gutes Essen und erfuhren so manches Schicksal. Viel hatte Frau von Klitzing durchgemacht. [...] Demerthin war von der russischen Militärverwaltung beschlagnahmt, der Brennerei wegen, die Tag und Nacht auf Hochtouren arbeitete. Kartoffeln wurden aus der ganzen weiteren Gegend zu diesem Zweck zusammengefahren. Frau von Klitzing ist aber im Allgemeinen leidlich behandelt worden. Ihre ganze vornehme und energische Art, die Art und Weise ihres Auftretens, das Ausharren und die Tüchtigkeit haben den Russen wohl imponiert. Sie zeigte uns ihr schönes Schloss, das auch sehr geplündert war und woraus viele Möbel fortgefahren worden waren. Dennoch hatte Demerthin einen ungeheuren Charme. Frau von Klitzing war so fest davon überzeugt, dass sie noch einmal dort wirtschaften würde. Drei Frauen hatten Demerthin in seinen schwersten Zeiten bewirtschaftet. Die erste lebte nach dem 30jährigen Krieg, wo der Besitz vier Jahre lang unbestellt geblieben war, die zweite nach 1813, sie selbst war die dritte.*[22] *Die Bodenreform hat es bisher anders gewollt. Ich war von dem Zauber ihrer Persönlichkeit sehr beeindruckt, es hat uns doch wieder Mut gegeben, dass solche Frauen durchhielten.*«[23]

11 *Adda von Klitzing mit ihrem Schwager Gisbert von Klitzing 1906 im Demerthiner Schlosspark und dessen sechs Kindern, auf dem Arm von Adda von Klitzing der kleine Lebrecht von Klitzing*

Ein wegen seiner jüdischen Abstammung benachteiligter Zeitzeuge, den Adda von Klitzing im Sommer 1941 als Lehrling auf dem Gut Demerthin unterbrachte, beschreibt sie sehr zutreffend. »*Ich habe sie als eine eher strenge aber gerechte Landwirtin in Erinnerung, die sich auch um Wohlfahrt ihrer Angestellten und Arbeiter ständig kümmerte. Eine von ihr unterstützte Gemeindeschwester kümmerte sich zum Beispiel um die Kranken der kleinen Gutsgemeinschaft. Selten unterbrach Frau von Klitzing ihre Aufgaben als Betriebsleiterin des Gutes, trotzdem sie einen Verwalter zur Verfügung hatte. Als Witwe führte sie ein sehr einfaches, ja spartanisches Leben. Morgens früh leitete sie die Arbeitseinteilung. Jeden Morgen ritt sie, jeden Nachmittag fuhr sie mit ihrem Jagdwagen und zwei Pferden zu den verschiedenen Feldern, um die Arbeiten zu beaufsichtigen. Jeder konnte seine Anliegen zu ihr bringen.*«[24]

Nachdem Adda von Klitzing auf Grund der Bodenreformverordnungen im Oktober 1945 aus Demerthin ausgewiesen wurde, bewohnte sie für einige Zeit ein ihr gehörendes Haus in Neustadt a. d. Dosse, während die Frau ihres Neffen Lebrecht von Klitzing (1903–62), Ehrengard geb. von Bredow (1909–65), dem nominellen Eigentümer von Demerthin, aus der Bodenreform am 10. Februar 1946 sogar eine 1 Hektar große Kleinsiedlung erhielt, die sie bis 1951 bewirtschaftete. Adda von Klitzing wurde auch aus Neustadt a. d. Dosse ausgewiesen und fand für einige Jahre schließlich eine Bleibe in Pinnow bei Perleberg, wo sie von einem Bauern aufgenommen wurde. Schließlich übernahm sie 1950 eine Stiftsstelle in Marienfließ, wo sie bis zu ihrem Tode 1956 lebte. Da der Rat des Kreises Kyritz damals die Genehmigung für ihre Beisetzung an der Seite ihres Mannes auf dem Familienbegräbnis »Dunkle Horst« in Demerthin verweigerte, wurde Adda von Klitzing auf dem Stiftsfriedhof in Stepenitz-Marienfließ unter großer Anteilnahme der Prignitzer beigesetzt. Zur Stunde der Beisetzung läuteten auch in Demerthin die Kirchenglocken. Damit endet die vielhundertjährige wechselhafte Demerthiner Geschichte der Familie von Klitzing.

Renaissanceschloss, Wirtschaftsgut und Parkanlage Demerthin

Torsten Foelsch

Unter den altehrwürdigen Herrensitzen der Prignitz nimmt das Renaissance-Schloss in Demerthin – abgesehen von der Plattenburg – gewiss eine herausragende Sonderstellung ein. Theodor Fontane, der in seinen Wanderungen durch die Mark Brandenburg in der zweiten Hälfte des 19. Jahrhunderts so manches verwunschene Herrenhaus beschrieben hat, hätte auch an diesem uralten, kaum veränderten Bau aus der Zeit um 1600 seine Freude gehabt. Leider hat er die Prignitz und ihre alten Rittersitze in seinen Reisebeschreibungen kaum berücksichtigt und so unterblieb die malerische Schilderung dieses Schlosses mit all seinen Geschichten, seinem reichen Hausrat und Kunstgut, zusammengetragen in vielen Generationen, wie es ihm für viele andere Gutshäuser der Mark so unnachahmlich gelungen ist. Eine Baugeschichte des altertümlichen Demerthiner Schlosses heute – 150 Jahre nach Theodor Fontane – zu skizzieren, ist allerdings ausgesprochen schwierig, da alle Archivalien und Erinnerungsstücke, die bis 1945 im Schloss bewahrt wurden, bis auf einzelne Ausnahmen ein Opfer der Bilderstürmerei nach Kriegsende 1945 geworden und wir heute allein auf wenige überlieferte Quellen und einige ältere Fotos, die erhaltenen Bauinschriften und eine sensible kunsthistorische Bauforschung angewiesen sind.

Wenn das Demerthiner Schloss heute zu Recht als herausragendes Denkmal der Renaissance-baukunst in der Prignitz angesehen wird, so ist das vor allem seiner fast unverändert erhaltenen gebliebenen bauzeitlichen äußeren Erscheinung zu verdanken. Sein an sächsische Vorbilder erinnerndes Turmportal aus Cottaer Sandstein mit einem ausgesprochen formenreichen plastischen Dekor bildet den repräsentativen Hauptzugang ins Schlossinnere (vgl. Beitrag von Friedrich von Klitzing). Das Portal steht in einer Reihe mit vergleichbaren manieristischen Bildhauerarbeiten aus der Zeit um 1600 in der Prignitz auf der Plattenburg, im Schloss Eldenburg sowie in den Dorfkirchen zu Kletzke und Rühstädt mit ihren großartigen Quitzow-Grabdenkmälern. Sie gehen allesamt auf zeitgenössische populäre Antwerpener Stichvorlagen des Hans Vredeman de Vries zurück. Diese bemerkenswerten bauplastischen Arbeiten, wie auch Taufstein und Figurengrabstein für Andreas von Klitzing in der Kirche zu Walsleben, wurden vermutlich sämtlich im Auftrag von Katharina (Käthe) von Klitzing geb. von Oppen durch die damals

1 Demerthin, Schloss, Turmportal von 1604 mit Eingangstür aus der Zeit um 1700, Foto um 1930

sehr geschätzten Magdeburger Bildhauerschule um Sebastian Ertle und Christoph Dehne gearbeitet.[1] Die altertümliche und mit aufwendigen Akanthus-Schnitzereien in sechs Füllungsfeldern verzierte, schwere hölzerne Portaltür ist eine spätere Zutat. Sie dürfte aus der Zeit um 1700 stammen, als sich Demerthin im Pfandbesitz der Familie von Platen befand, denn in dem in der Nähe gelegenen weiteren Gutshaus dieser Familie in Wutike befand sich ein fast identisches Duplikat, dort 1702 datiert.[2]

Der imposante, großartige Schlossbau von 1604 hat allerdings eine Vorgeschichte. Demerthin gehörte zu den umfangreichen Besitzungen des am kurfürstlichen Hof zu Cölln an der Spree in hohem Ansehen und höchsten Würden stehenden Andreas von Klitzing (1526–86), der hier seit etwa 1555 lebte, aber auch wegen seiner vielen Ämter bei Hofe auch ein Haus in Berlin-Cölln besaß. Die Klitzings wohnten in Demerthin seit mindestens 1525, schon vor 1438 gelangten sie aber in den Lehnsbesitz des Dorfes mit Gerichtsbarkeit und Patronat.

Über den ursprünglichen Zustand des ersten Rittersitzes, der an der Stelle des heutigen Schlosses vermutlich im Verlaufe des 15. Jahrhundert noch als abgewandelter Typ eines »festen Hauses« gegründet wurde, ist wenig bekannt. Der Kern des heutigen Schlosses birgt vermutlich, wie Bauforschungen von 1995 bis 1997 indizieren, den ursprünglichen Rittersitz in sich: einen quer gelagerten massiven und noch turmlosen Rechteckbau von vermutlich zwei Geschossen mit starken Außenmauern aus Mischmauerwerk von ca. 1,20 m Dicke und teilweise unterkellert in der westlichen Hälfte. Der Mittelraum enthielt schon damals die Diele mit dem großen Kamin, einen Kellerabgang und den Anschluss zur rechts, also westlich der Diele liegenden Küche mit ihrer Herdstelle unter dem großen Rauchfang. Im oberen Geschoss, das über eine Treppe, die entweder durch einen Anbau oder innen nach oben führte, lagen vermutlich die Wohnräume und ein Saal. Das Ganze war von einem Satteldach geschlossen.

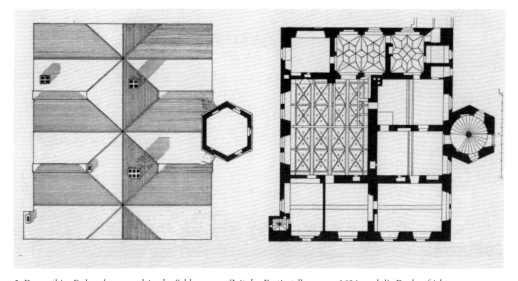

2 Demerthin, Erdgeschossgrundriss des Schlosses zur Zeit der Fertigstellung, um 1604, und die Dachaufsicht

Die beiden sich westlich daran anschließenden Erdgeschossräume mit ihren grazilen Decken aus Kreuz-, Stern- und Netzgewölben folgten erst im Verlaufe des 16. Jahrhunderts als der sog. »*Hofstuben*«-Trakt, der westlich an den bestehenden Altbau nachträglich – vermutlich um 1560 unter Andreas von Klitzing – angefügt wurde.[3] Die kleinere von den beiden gewölbten Stuben mündet zum Hof hin in eine höchst eigenartige Ausbildung der rechten vorderen Hausecke. Hier liegt mit einem etwas erhöhten Fußbodenniveau als Ausbau der Hofstube ein mit Kreuzgratgewölbe überspanntes »*Schreibstübchen*« mit einem Fenster zum Hof, von dem der Hausherr den Wirtschaftshof überblicken konnte. Bei der bis 1604 unter Katharina von Klitzing erfolgten Vergrößerung des Schlosses zur heutigen Form, wurde dieser Anbau überbaut und zum Annex der Hofstube gemacht.

Wie bereits Hans-Joachim Helmigk in seiner Arbeit über die märkischen Herrenhäuser 1929 herausgearbeitet hatte, war der Grundriss dieser »*festen Häuser*« denkbar einfach. »*Bis auf wenige Ausnahmen ... ist ihnen eins gemeinsam: die zentrale Anordnung der großen Mitteldiele, die durch die ganze Tiefe des Hauses hindurchgeht und an die sich die übrigen Räume seitlich anschließen. Diese Diele ist der große Haupt-, Wohn- und Speiseraum des Hauses. Hier versammelte sich Herrschaft und Gesinde zum Essen, hier rückte man an kalten Tagen eng um das Feuer der beiden Kamine, an denen zuweilen noch gekocht wurde. Bei aller bescheidenen Einfachheit ist dieser Hauptraum des Hauses doch nicht ohne Haltung und Würde.*«[4] So dürfte es auch auf den ersten Bau in Demerthin zutreffen, in dessen Eingangshalle wir jene Wohndiele des 15. Jahrhundert erblicken dürfen, in der ein großer zentraler Kamin die einzige Heizquelle war.

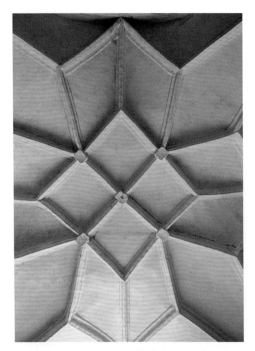

In diesem beschriebenen Zustand erbte Andreas von Klitzing um 1555 Demerthin mit vielen Zubehörungen. Spätestens nach seiner Vermählung 1575 mit Katharina von Oppen (1553–1621) – einer Tochter des Amtshauptmanns von Zinna, Kaspar von Oppen – übersiedelte Andreas von Klitzing von Demerthin nach Walsleben bei Neuruppin, einem alten von Arnsberg'schen Besitz, der ihm 1568 als Lehen übertragen wurde und den er überaus stattlich ausbauen ließ. Hier pflegten er und seine Gemahlin einen sehr aufwendigen Lebensstil mit sehr zahlreicher Dienerschaft.[5] Demerthin ließ er als Witwensitz für seine Cousine Catharina von Arnsberg einrichten, die dort bereits 1566 zwei Gestühlswangen für die Kirche gestiftet hatte.[6] Der unerwartet frühe Tod des Patriarchen 1586 in Walsleben stellte die 33jährige Witwe, Mutter von sieben Kindern und Treuhänderin eines gewaltigen Vermögens vor enorme Herausforderungen. Von

3 *Demerthin, Schloss, Gewölbedecken im »Hofstubentrakt«*

Walsleben aus führte sie die Geschäfte für ihre beiden Söhne, die nach absolvierten Studien in Leipzig und Kavaliersreisen durch Frankreich, Savoyen und Italien um 1604/05 in die Heimat zurückkehrten.

Inzwischen hatte Katharina von Klitzing eine rege Bautätigkeit in Walsleben und in Demerthin entwickelt, um beiden Söhnen standesgemäße Wohnsitze zu hinterlassen. In Walsleben, das bereits unter Andreas von Klitzing zu einem prachtvollen Rittersitz ausgebaut wurde und wo der älteste Sohn einmal seinen Wohnsitz nehmen sollte, ließ sie 1586 bis 1588 die dortige Kirche laut Ausweis des Kirchenrechnungsbuches durch den Baumeister Skrabow als einen einfachen verputzen Backsteinbau in schlichten Formen der Frührenaissance erbauen und ihre Ausschmückung mit einem prachtvollen Altar besorgen. Schon vorher (1582) stiftete sie zusammen mit ihrem Mann der Walslebener Kirche eine formenreiche Sandsteintaufe und zwei Altarleuchter.[7] Den Kirchen Drewen und Demerthin vermachte sie stattliche Legate und im Jahre 1600 errichtete sie überdies eine hochdotierte Stipendienstiftung für die Söhne der Prediger zu Walsleben, Demerthin und Drewen und für die Söhne des von Klitzing'schen und von Oppen'schen Geschlechts.[8]

Demerthin, das für den jüngeren Sohn, Kaspar von Klitzing (1581–1638), vorgesehen war, genügte mit seinem relativ kleinen Herrenhaus kaum noch den Ansprüchen eines über die Maßen wohlhabenden Edelmannes. So kam es, dass sich die engagierte Mutter auch als Witwe und Vormund selbst um den weiteren Ausbau Demerthins für ihren Sohn selbstbewusst kümmerte. Wir wissen

4 Demerthin, Ansicht der Parkseite des Schlosses, 1860 – Lithographie von Theodor Hennicke (Verlag Alexander Duncker)

nicht, wer den Plan für einen fast völligen Neubau des dortigen Herrenhauses zu einem prächtigen Schloss in seiner heutigen, in jeder Beziehung charakteristischen Gestalt hatte, ob Katharina von Klitzing selbst die dafür notwendigen Vorschläge machte oder ob vielleicht auch ihr in Walsleben beschäftigter Baumeister Skrabow der maßgebliche Baumeister war, bleibt ein Geheimnis, weil die Archivalien darüber fehlen.[9] Bis 1604 war »aus den Erträgen von Milch, Butter und Eiern« jedenfalls ein überaus stattlicher Renaissancebau unter Einbeziehung des Vorgängerhauses fertiggestellt, worauf die Portalinschrift am neuen Schlossturm unter dem Allianzwappen von Klitzing / von Oppen hinweist.[10] Die Fassaden des ganzen Schlosses sind seit jeher verputzt gewesen. »*Charakteristisch für Schloss Demerthin ist neben diesem Turm die spezielle Komposition des Daches mit sich gegenseitig durchdringenden Zwerchhäusern. Ein west-östlich verlaufendes Satteldach mit eingeschossigen Zwerchgiebeln wird im Norden und Süden jeweils von drei parallelen zweigeschossigen Zwerchhäusern geschnitten.*«[11]

Hans-Joachim Helmigk, der sich in den 1920 sehr eingehend mit der Genese des märkischen Herrenhauses in alter Zeit beschäftigte und grundlegende Forschungen dazu betrieb, würdigte denn auch 1929 erstmals die Bedeutung des Demerthiner Schlosses für die Baukunst der Mark. »*Das einzige Haus, das sich aus dieser Zeit in seinem Äußeren fast unverändert erhalten hat und auch sonst einen Typ für sich darstellt, ist ... weitaus die bedeutendste Schöpfung aus der Zeit vor dem großen Kriege. Hier erscheint zum ersten Male ein Bau vor uns, der aus einem großen einheitlichen Gedanken heraus geplant und zu einer bewusst monumentalen Gestaltung gebracht wurde. In den steilen Giebeln und dem Turm mit der Wendeltreppe spürt man zwar noch die Nachwirkungen der Gotik. Aber die ganze Art, wie der Umriss aufgelöst wird, die Teile Selbständigkeit erhalten und sich doch dem großzügigen Mittelmotiv, dem beherrschenden Sechseck des Turmes unterordnen, wie das Ganze durchaus symmetrisch in seiner Massenverteilung gedacht ist, mit Steigerung zur Mitte hin, zeigt schon den Geist einer neuen Zeit, der hier im Werk eines bedeutenden Architekten zum Ausdruck kommt. Dabei wird die Wirkung nur durch die Gliederung der Baumasse erzielt und auf alles Ornamentale verzichtet. Nur Portal und Wappen, in Werkstein ausgeführt, zeigen eine reichere Behandlung. Auch die Wahl der Motive verrät den Meister. Wie oben erwähnt, ist z. B. die Sechseckform des Turmes ein außerordentlich geschickter Kunstgriff des Erbauers, der dem Turm die notwendige Breitenerscheinung geben und den dahinterliegenden Räumen trotzdem das notwendige Licht zuführen wollte. Die Symmetrie ist nur in der Verteilung der Haupt-*

5 Demerthin, Schlossansicht von der Hofseite mit dem Treppenturm nach dem Umbau von 1604

massen streng durchgeführt; die Unterglieder werden freier gestaltet. Das Eingangsportal etwa ist aus der Turmmitte seitwärts verschoben, weil die Wendelung der Treppe sonst nicht die nötige Kopfhöhe für den Eintretenden gestattet hätte. Doch wird eine derartige Abweichung durchaus nicht als störend empfunden, sie wirkt eher noch als besondere Feinheit. – Überhaupt stellt Demerthin wohl eine Leistung dar, die den Vergleich mit Herrensitzen von ähnlichem Umfange in West- oder Mitteldeutschland nicht zu scheuen braucht. Die märkische Baukunst zeigt hier Anfänge einer neuen Entwicklung des Herrenhauses, die große Möglichkeiten in sich zu tragen schien, Baugedanken, deren Reife vieles versprach. Doch der große Krieg hat auch hier alle Keime vernichtet und als er beendet war, hatten sich die Baugesinnung und die wirtschaftlichen Voraussetzungen in wesentlichen Punkten gewandelt.«[12]

Kaspar von Klitzing, für den dieses Schloss von seiner Mutter gebaut wurde, begründete hier seinen eigenen Hausstand und vermählte sich 1611 in der Demerthiner Kirche mit Anna v. d. Schulenburg a. d. H. Beetzendorf (1585–1619). Sie war nicht nur eine gute Partie, sondern ihrem Mann auch eine gute Hausfrau. *»Ihre Haushaltung«*, so heißt es in der Leichenpredigt für sie, *»hat sie ordentlich angestellt und nach der Lehre Salomos verwaltet. Sie hat hingeschaut, wie es in ihrem Hause zuging und ihr Brot nicht mit Faulheit gegessen.«*[13] Bis zu ihrem frühen Tod im Kindbett gebar sie ihrem Gatten in dem neuen Schloss aber dennoch fünf Kinder, darunter den Erben Andreas Dietrich († 1660). Als sich Kaspar von Klitzing 1620 in zweiter Ehe mit Ehrentraut von Wulffen a. d. H. Steinhöfel (1591–1659) vermählte, herrschte bereits seit zwei Jahren Krieg. Nennenswerte Umbauten werden in den Jahren dieser Ehe nicht stattgefunden haben, denn das Haus war neu und die immer stärker auch die Prignitz erfassenden Kriegszüge ließen solche Ausgaben kaum noch zu.

Als Kaspar von Klitzing das neue Schloss um 1604 als junger Mann bezog, war die Grundrissgestaltung, vor allem der repräsentativen Erdgeschossräume, noch eine andere (Abb. 2). Durch den 1604 völlig neu erbauten Treppenturm führt ein Gang in die alte Halle und von dieser gelangt man in den ursprünglich doppelt so großen Gartensaal. Bis auf die beiden gewölbten Hofstuben erhielten alle Räume gerade Decken, die gewöhnlich verputzt wurden. Die durchlaufenden Unterzüge gliedern die sonst einfach gehaltenen Flächen. In allen drei Geschossen erhielten sie allerdings als einzigen Schmuck Pressstuck-Dekorationen: *»ein geometrisches Motiv im Geiste Serlios ist in ziemlich flachem Relief über die ganze Deckenfläche ausgebreitet, die so gebildeten Felder sind durch Rosetten und Rundschilde mit Engels- und Heroenköpfen belebt.«*[14] Auch das Klitzing'sche Wappen findet sich an manchen Stellen in dieser Weise als Wand- und Deckenschmuck vor allem noch in den Räumen der ersten und zweiten Etage wieder, die wohl schon in der zweiten Hälfte des 17. Jahrhunderts wegen vorgenommener Grundrissänderungen überarbeitet wurden. Aus der Erbauungszeit haben sich immerhin noch einzelne Innentüren und Wandschränke in Renaissanceformen bewahrt.

So authentisch die äußere Hülle des Schlosses noch als Bau der Renaissance relativ unverändert und damit weitgehend original seit über 400 Jahren erhalten blieb, so sehr wurde doch gerade das Innere immer wieder durch die hier nacheinander lebenden Generationen sowie beeinflusst vom jeweils herrschenden Zeitgeist, notwendigen Instandsetzungen und der gängigen Mode in Architektur und Raumkunst verändert. Dies betraf vor allem Veränderungen des Grundrissgefüges durch Herausnahme oder das Einziehen von Zwischenwänden, also das Vergrößern oder das Verkleinern ganzer Raumgruppen, wie z. B. im Gartensaal im Erdgeschoss (1699) oder dem großen Mittelflur in der ersten Etage.[15] Am wirkmächtigsten war hier als Folge der Wiederinbesitznahme des Schlosses nach langer Verpfändung durch Kaspar Joachim von Klitzing (1694–1761) die Umgestaltung der Erdgeschossräume im barocken Sinne, die um 1748 bald nach seiner Verheiratung (1746) mit Ilsabe Ehrentraut von Moellendorff (1727–63) stattgefunden hat. Aus dieser Zeit stammen noch einige Paneele und einzelne Kamine sowie auch die barocken Füllungstüren. Reste von bemalten Leinwandbespannungen im Gartensaal weisen ebenfalls in diese Zeit.[16] Die wesentlichste bauliche Zutat aber, die dieses Ehepaar veranlasst hat und die dem Schloss bis heute sein dominantes Gepräge als Landmarke verleiht, ist die Aufstockung des Treppenturmes um zwei Geschosse und die Bekrönung mit einer geschweiften Haube über der geschlossenen geschieferten Laterne. Bis 1945 waren im Giebelfeld der Turmhaube noch die Jahreszahl 1748 mit dem Allianzwappen Klitzing / Moellendorff als Malerei zu sehen.

Alte Innenaufnahmen des Schlosses aus der Zeit vor 1945 haben sich nicht erhalten, so dass nur intensive restauratorische Untersuchungen einigen Aufschluss über die einstigen Raumfassungen geben können. Bislang wurden solche Befunde nur zufällig im Rahmen der seit 1991 sporadisch laufenden Bauwerkssanierung gemacht. So fanden sich im Gartensaal des Erdgeschosses beispielsweise auf Leinwand gemalte Lambris-Zonen mit den für das 18. Jahrhundert typischen Füllungsfeldern sowie Reste von Leinwandbespannungen mit Grau- und Rosamalereien. In einem größeren Eckzimmer des Erdgeschosses wurde (wohl um 1850) eine Papiertapete mit einer außerordentlich dekorativen Bordüre angebracht, von der noch Reste erhalten sind, die einen kleinen Eindruck von der einstigen Innengestaltung vermitteln. Im oberen Vorflur befindet sich noch ein barocker Kamin.

6 Demerthin, Schloss, Obere Eingangshalle hinter dem Turm, dekorative Wandmalerei aus der Zeit um 1790: Sphinx über der Tür zur Mittelhalle

Die Wände in diesem Raum erhielten – vermutlich um 1790 – ein Bildprogramm in Grisaille-Malerei im Stil des frühen Berliner Klassizismus. Von der Ausmalung konnten bei den Restaurierungsarbeiten 1998 nur einige Partien freigelegt werden. Über der Tür zum oberen großen Flur ist immerhin eine Sphinx erkennbar, auf der ein geflügelter Putto sitzt – ein beliebtes Motiv in dieser Zeit.[17] Wahrscheinlich rührt dieses Bildprogramm noch aus den 1780er und 1790er Jahren her, als Wilhelm und Wilhelmine von Klitzing hier mit ihrer reichen Kinderschar wohnten und sich das Schloss nach den Jahren der Verpachtung wohnlich und modisch neu einrichten mussten.

Jede Generation hat das Innere des Hauses dem Geschmack der Zeit gehorchend auch in den folgenden Jahrzehnte immer wieder neu dekoriert, anders möbliert und verändert. So kam es anlässlich der Vermählung von Ludwig von Klitzing (1786–1867) mit Agnes Bennecke (1792–1871) im Juni 1812 in Demerthin beispielsweise bald nach Übernahme des Gutes zu notwendigen Renovierungsarbeiten im Schloss. Agnes von Klitzing schrieb in einem Brief vom 21. Januar 1813 aus Demerthin u. a. darüber, dass die Maler und Handwerker lange im Schloss »gehaust« hatten, namentlich eine neue Schlafstube war mit einem abteilenden Vorhang neu hergerichtet worden.[18] Dekorative Tapetenbordüren in einem Salon des Erdgeschosses liefern ein Beispiel für die modisch wechselnde Ausdekorierung der Innenräume. In der Eingangshalle und benachbarten Räumen sowie in den beiden gewölbten Wohnräumen wurden gegen Ende des 19. Jahrhunderts hohe Paneele eingebaut, die ursprünglich mit holzimitierenden Lasuren gefasst waren. Die hier erhaltenen beiden Türen in Spätrenaissance-Formen sind stark überarbeitet und gehören noch mutmaßlich zur alten Ausstattung von 1604.

7 Demerthin, Bordüre einer Papiertapete des 19. Jahrhunderts im kleinen Ecksalon des Erdgeschosses

Die letzte große Umbauphase, die das Erscheinungsbild des Schlosses entscheidend beeinflusste, erfolgte 1908. Damals ließ Adda von Klitzing geb. von Rohr (1876–1956) das westliche der beiden, den Schlosshof flankierenden Wirtschaftsgebäude abreißen und durch einen stattlichen massiven Putzbau von zwei Geschossen mit hohem Satteldach errichten, der nun in modernen Räumen die Schlossküche sowie viele Wohnungen für Personal und Gutsverwaltung aufnahm.[19] Die Verbindung zum Schloss erfolgte durch den Bau des sog. Küchenganges, der in ein neues, an die westliche Außenwand des Schlosses angefügtes Treppenhaus mündet. Die hofseitige Fassade des Küchenganges wurde mit einer vorgelagerten Arkade von drei Rundbögen auf Säulen und Pfeiler architektonisch sehr ansprechend geschmückt.

Auch wenn die wenigen vorhandenen Quellen dazu schweigen, darf man getrost auch beim Schloss in Demerthin von einer anspruchsvolleren Gartenanlage ausgehen, die mit Sicherheit hinter dem Haus lag und nicht bloß Nutz-, sondern auch Ziergarten war. Das großartige repräsentative Schloss, das Ausdruck eines sehr anspruchsvollen standesgemäßen Lebensstils ist, lässt sich kaum ohne einen solchen Garten, der den Bewohnern des Hauses Erholung und Erquickung gab, denken.[20]

Welche Formen der barocke Lustgarten hinter dem Schloss im 18. Jahrhundert hatte, wissen wir nicht. Die Folge der Gärtner, die hier bis 1945 tätig waren, erschließt sich erst aus den 1770 beginnenden Kirchenbüchern. Hier werden in den 1770er und 1780er Jahren, also zur Zeit der Übernahme Demerthins aus der Verpachtung durch Wilhelm von Klitzing (1754–1811), die Gärtner Gollert, Michel, Hildebrandt und Boecker genannt. Wilhelm Hildebrandt wurde 1789 auch als

8 Demerthin, Blick aus dem Landschaftspark zum Schloss, um 1910

»*Hauptgärtner*« bezeichnet, was auf die Beschäftigung mehrerer Gärtner schließen lässt, denen die Pflege von Küchen- und Lustgarten oblag. Der Landschaftspark am Schloss dürfte bereits in seinen ersten Anfängen auf Wilhelm von Klitzing zurückgehen, der überdies ein überaus erfahrener Haushalter und Wirtschafter war. Er scheint nicht nur der Wirtschaft, sondern auch dem nützlichen und ästhetischen Gartenbau zugeneigt gewesen zu sein, wie man einerseits aus dem Vorhandensein des »*Kunstgärtners*« Mittag um 1800 in Demerthin[21] und andererseits aus einem Vermächtnis in seinem Testament schließen darf. So bestimmte er u. a., dass der Demerthiner Schulmeister »*entweder selbst oder durch seine Frau die Kinder in nützlichen Handarbeiten, als Stricken, Spinnen, Weben u.s.w. auch im Gartenbau Unterricht geben müsse [...]*«[22]

In einem Nachtrag zu diesem Testament bestimmte Wilhelm von Klitzing ganz im Sinne der Forderungen des Gartentheoretikers Christian Hirschfelds die Anlage eines stillen Begräbnisplatzes für sich und seine Familie, nicht etwa im Schlosspark, sondern in einem ca. ein Kilometer nördlich von Demerthin gelegenen Waldstück »*Dunkle Horst*«. Hier wollte er selbst begraben werden und hierher sollten auch die in der Familiengruft in der Kirche beigesetzten Särge seiner Gemahlin Wilhelmine (1757–1808), seiner Schwiegertochter Eleonore geb. von Plessen († 1807) und seiner Tochter Emilie (1778–91) überführt werden. Zum Schloss bestand von hier aus eine Sichtachse, die peinlich genau Jahr für Jahr bis 1945 freigehalten wurde (vgl. den Beitrag von Friedrich von Klitzing).

Nach den Freiheitskriegen widmeten sich dann vor allem sein Sohn Ludwig von Klitzing (1786–1867) und dessen Gemahlin Agnes, geb. Bennecke (1792–1871) über 50 Jahre lang der weiteren Ver-

9 Demerthin, Blick vom Schloss in den Park, rechts die Kastanienallee, Foto um 1910

schönerung und Vergrößerung des Schlossparks im landschaftlichen Stil, der hier auf ca. 60 Morgen durch eine besondere Großzügigkeit in der Anlage der einzelnen Gehölzpartien und einer auffallend geschickten Staffelung der unterschiedlichen Kulissen sehr wirkungsvoll inszeniert wurde und die Handschrift versierter Gartenkünstler verrät. Einen Hauptanteil an der Umsetzung der Pläne darf dem seit ca. 1850 hier tätigen »herrschaftlichen Kunstgärtner« August Ludwig Tramnitz (1820–82) zuzuschreiben sein, wenn er nicht sogar selbst als Planer angenommen werden kann. Alte Baumbestände wie die Kastanienallee, die Lindenallee und einzelne Eichen sowie eine benachbarte Gehölzpartie wurden nach den Separationen in die landschaftliche Gestaltung mit einbezogen, so dass der Park dadurch beträchtlich vergrößert war. Aus der Mitte des 19. Jahrhundert stammen die noch heute vorhandenen älteren Koniferen, wie Thuja, Tannen und Douglasfichte, eine stattliche Blutbuche und zwei riesige Platanen. Vom Schloss aus verliefen nach Süden und Südosten verschiedene Sichtachsen und Wegebeziehungen, die von den neuen Baumgruppen und Koniferen-Partien und immer wieder vor allem stattlichen Linden kulissenartig gerahmt wurden.

Wohl erst im 19. Jahrhundert entstand zwischen Schloss und dem unmittelbar westlich benachbarten Pferdestall ein bis 1945 erhaltener hölzerner gedeckter Verbindungsbau in Form einer zum Garten hin offenen Loggia, während die zum Schlosshof gewandte Rückseite als Mauer mit einer halbrund angelegten Nische und zwei Fenstern zum Hof ausgebildet war. Hier wurde ein mit Gartenmöbeln ausgestatteter Sitzplatz für die Herrschaft eingerichtet, der in den warmen Sommermonaten genutzt wurde und von dem aus man einen schönen Blick sowohl in die Kastanienallee als auch in den Park hatte. Auch heute noch überrascht die Großzügigkeit und Weite der allerdings nun völlig ungepflegten Anlage. Teilbereiche des Parks wurden nach 1945 einem Sportplatz mit anschließendem Schulgebäude geopfert, dennoch sind heute etwa zwei Drittel der einstigen Anlage mit altem Gehölzbestand erhalten.

All diese eben beschriebenen Bauwerke und Gartenanlagen bedurften natürlich nicht nur eines erheblichen Kapitals bei ihrer Erschaffung, sondern einen ebenso bedeutenden Geldfluss bei ihrer laufenden Unterhaltung und Pflege, also unbedingt ein stabiles wirtschaftliches Fundament, seien dies nun Pfründe aus hohen Staatsämtern, gewinnbringende Vermögen und Geldgeschäfte oder aber der permanente Ertrag aus einer florierenden Gutswirtschaft. In Demerthin waren es nach der Urkatastrophe des 30jährigen Krieges, die das gewaltige Vermögen der Nachkommen des Ahnherrn Andreas von Klitzing sehr schnell hinwegfegte und den Besitz erschütterte und nach der langen Verpfändung des Gutes, vor allem Wilhelm von Klitzing und nach ihm sein Sohn Ludwig, denen es gegen Ende des 18. Jahrhundert und in der ersten Hälfte des 19. Jahrhundert gelang, diese notwenige solide wirtschaftliche Basis wiederherzustellen. Demerthin als gutsherrschaftlicher Eigenbetrieb entwickelte sich durch ihre wirtschaftlichen Maßnahmen und die positiven Folgen der Bauernbefreiung für alle Landwirte zu einem leistungsfähigen landwirtschaftlichen Großunternehmen, dem auch eine Brennerei und eine Ziegelei angegliedert waren. Das Gut nahm im Verlaufe der zweiten Hälfte des 19. Jahrhundert durch Einführung moderner Anbaumethoden, konsequenten Dung- und Kunstdüngereinsatz, die Ausnutzung von Konjunkturen für Wolle und Getreide und eine rasant zunehmende Technisierung aller Wirtschaftsabläufe eine gute wirtschaftliche Entwicklung. Gewirtschaftet wurde zuletzt auf 1.150 ha Grund und Boden, davon 736 ha Ackerland, 219 ha Wiesen, 136 ha Weiden und 50 ha Wald. Auch als Zuchtbetrieb für Vollblut- und

Warmblutpferde mit 100jähriger Tradition und als Milchleistungs- und Zuchtbetrieb einer Herd-
buchgesellschaft genoss Demerthin über viele Jahrgzehnte vor und nach 1900 einen hervorragen-
den Ruf. Erst mit der kommunistischen »Bodenreform« von 1945 wurde dieser rentable, leistungs-
starke landwirtschaftliche Großbetrieb zerschlagen.[23]

Das Schloss in Demerthin, das – ohne den Gutsbetrieb, der es früher unterhielt – Eigentum der
Gemeinde wurde, diente nach 1945 zunächst den Vertriebenen aus dem deutschen Osten als Unter-
kunft, später waren in ihm auch noch die Dorfschule und ein Lebensmittelladen untergebracht.
1991 begannen mit der Instandsetzung des baufälligen Turmes erste Wiederherstellungsarbeiten
und es sind die Schlossfassade und das Dach zwischen 1997 und 1999 mit Hilfe der Deutschen
Stiftung Denkmalschutz und der Brandenburgischen Schlössergesellschaft komplett restauriert
und im In-nern einige Erdgeschossräume mit einer Ausstellung bäuerlicher Alltagsgeräte provi-
sorisch bestückt worden.[24] Überdies erstellte der Familienverband von Klitzing 2004 im Rahmen
des Schloss-Jubiläums eine Ausstellung zur Geschichte des Geschlechts. Sie befindet sich jetzt als
Leihgabe in einem der Obergeschossräume. Dennoch steht das Schloss aber im Wesentlichen als
Baustelle bis heute eigentlich verwaist und seelenlos da, denn der Gemeinde Demerthin fehlen
wirklich realistische Nutzungskonzepte und die Finanzmittel zu deren Umsetzung. Die Außenhül-
lensanierung des Schlosses fand mit dem Wiedereinbau des restaurierten Turmportals 2004 ihren
vorläufigen Abschluss. Seither wartet auch das Innere auf eine neue Nutzung und seine behutsame
Wiederherstellung.

10 Demerthin, Schlossansicht aus der Luft

Das Schlossportal

Friedrich von Klitzing

Schloss Demerthin tritt als wuchtiger Baukörper in Erscheinung. Seine aufgetürmten kantigen Baumassen, die sich durchdringen und reihen, zeigen eine gute Gestaltung weitgehend ohne Schmuck. Nur an einer Stelle, im Bereich des Haupteingangs am Turm, sieht man in konzentrierter Form ein zu den übrigen kargen Wandflächen kontrastierendes Schmuckareal, ein weitreichend ausgestaltetes Portal. Es fällt auf, dass es nicht genau in der Mitte des Turms und der markanten Nordfassade des Schlosses sitzt. Das hat einen funktionellen Grund. Der Turm ist nicht nur Gehäuse für das Haupttreppenhaus. Er muss auf seiner untersten Ebene auch den Zugang zum Erdgeschoss ermöglichen. Das geht nur seitlich vorbei am Antritt der sich in ihm hochwindenden Wendeltreppe.

Die Teile: Sitznischenportal, Architrav, Wappen- und Inschriftentafel

Der Schlosszugang, das Portal in engerem Sinne, ist ein Sitznischenportal, wie es damals, um 1600, in Mitteleuropa vielfach üblich war. Das Gewände mit Sitznischen mündet hier in Demerthin nach oben in einer Archivolte mit Stirnkopf. In ihm hängt eine stark reliefierte und kassettierte Holztür.

Über dem Sitznischenportal sitzt, völlig losgelöst von ihm, ein von Konsolen getragener ausladender Architrav. Seine beiden Konsolen tragen Charakterköpfe, links einen männlichen, rechts einen weiblichen. Unter den beiden Köpfen präsentieren die Konsolen je ein Fruchtgehänge.

Aufsitzend auf dem Architrav, aber stilistisch deutlich von ihm unterschieden, befindet sich, eingelassen in die Turmwand, eine Wappen- und Inschriftentafel. Sie ist zwischen einem Sockelsims und einem oberen Abschlusssims durch ein zurückhaltenderes Zwischensims horizontal geteilt in eine untere Schrift- und eine obere Wappentafel. Quer dazu ist die Tafel auch senkrecht gegliedert. Ihre linke Seite zeigt Wappen und Text zu den Klitzings, ihre rechte Wappen und Text zu Kaeta geb. von Oppen. Die Tafel wird flankiert von zwei im Renaissancestil dekorierten Greifenartigen Fabelwesen. In deren Fang-, Nabel- und Halsbereichen sieht man die Enden metallisch wirkender Zuggestänge, die die Notwendigkeit des Zusammenhaltens der Tafelspalten betonen.

Alter, Materialien, Stile

Alle Teile des Schlossportals, ausgenommen die hölzerne Tür, sind aus Cottaer, also sächsischem Sandstein gefertigt und gemeinsam bei Errichtung des Schlosses eingebaut worden. Die Holztür ist später erneuert worden. Die Farbgebung ist bei der letzten Sanierung derjenigen von etwa 1740 nachempfunden worden. Mit dem Jahr 1738 hatte in der Schlossgeschichte eine Phase der Erneuerung begonnen. Die Klitzings konnten nach Jahrzehnten ungeklärter Besitzverhältnisse (vgl. den Beitrag von Torsten Foelsch im Kap. »Das Dorf«) ihr Schloss neu in Besitz nehmen. Das gab die

Motivation, den Schlossturm zu erhöhen und das Schloss einschließlich Portal »*vorzurichten*«. Die damalige Farbgebung sieht man heute in rekonstruierter Fassung.

Alle Portalteile sind in ihren Architekturformen aus der Zeit um 1600. Denkmalpfleger und Restauratoren vermuten wegen der sächsischen Sandstein-Herkunft auch sächsische Bildhauer.[1]

Der Prignitzspezialist Torsten Foelsch folgert aus Vergleichen mit anderen bildnerischen Werken der Region eine Fertigung in der Werkstatt der Magdeburger Bildhauerschule um Sebastian Ertle und Christroph Dehne, die nach Vorbild von Antwerpener Stichvorlagen des Hans Vredemann de Vries gestaltet haben.[2] Dieser Werkstatt ordnet er im Übrigen auch das Epitaph des Andreas von Klitzing (1526–86) zu, der auf der Inschriftentafel benannt ist. Das Epitaph hat sich in der Kirche Walsleben erhalten (vgl. Abbildung im Beitrag von Torsten Foelsch im Kap. »Das Dorf«). Fontane beschreibt es als »*die geharnischte Reitergestalt eines v. Klitzing und zwar von hervorragend schöner Arbeit*«.[3] Als Auftraggeber ist auch hier Kaeta von Klitzing anzusehen.

Die hölzerne Tür im Schlossportal ordnet Torsten Foelsch der Zeit um 1700 zu. Er begründet das mit ihrer Ähnlichkeit zur Tür des Gutshauses in Wutike von 1702, die sich im Museum in Wusterhausen befindet.

2 und 3 Charakterköpfe an den Konsolen des Architravs

Die Inschriften und deren familiäre Hintergründe

Kaeta von Klitzing ist als Bauherrin des Schlosses auch Autorin aller Inschriften am Schloss. In der linken Textspalte der Inschriftentafel erinnert sie an ihren Ehemann Andreas, der schon 18 Jahre zuvor gestorben war. Sie nennt seinen Sterbeort Walsleben und den Namen Georg seines Vaters. Warum? Die Beantwortung dieser Frage bedarf eines familiengeschichtlichen Exkurses.

Andreas von Klitzing, der wahrscheinlich in Demerthin aufgewachsen ist, hat am kurfürstlichen Hof in Berlin als Kammerjunker Karriere gemacht. Das mag durch den Ruf Klitzing´scher Verwandter in früheren Zeiten begünstigt worden sein.[4] Er kam zu Reichtum und zu einem attraktiven zusätzlichen Gut, dem Lehen Walsleben im Ruppiner Land. Als er 1575 Katharina (Kaeta) von Oppen heiratete, wurde nicht Demerthin, sondern Walsleben Sitz der Familie. In Walsleben gab es oder entstand durch ihn ein attraktives Schloss[5], das einen aufwendigen Lebensstil und enge Beziehungen zur Berliner Hofgesellschaft ermöglichte.[6]

Nach dem Tod von Andreas 1586 bleibt Katharina mit fünf Kindern in Walsleben. Ihr Bruder, der kurfürstlich Brandenburgische Oberkämmerer Georg von Oppen, wird Vormund der Kinder. Die Witwe verwaltet und vermehrt das Vermögen geschickt. Sie hat zwei Söhne. Aber sie hat nur ein Schloss, das ihren Vorstellungen entspricht, die sie in die Zukunft ihrer Söhne projiziert: das Schloss Walsleben. Für den Jüngeren, Kaspar, lässt sie deshalb ihr Demerthiner Haus zu einem repräsentativen Renaissanceschloss erweitern. Da vorher jahrzehntelang kein Klitzing in Demerthin gelebt hatte, erinnert sie

4 Archivolte mit Marmorierung, Klötzchenfries, Eierstab und Schlusssteinkopf

auf der linken Tafelseite an die Demerthiner Generationenfolge der Klitzings, die nach Georg und Andreas nun durch ihren Sohn im neuen Schloss fortgesetzt werden soll.

Sich selbst stellt Kaeta von Klitzing auf der rechten Seite der Tafel als Bauherrin vor. Ergänzend fügt sie in kleinerer kursiver Schrift ein Glaubensbekenntnis hinzu: »*VNSR RHUMB ALLEIN IST CHRISTI BLVET DASSELB VON SVNDT VNS WASCHEN THVDT*«.

Die Wappentafel

Die dargestellten Wappen von Klitzing und von Oppen sind heraldisch regelgerecht gegliedert: Schild, Helm und Helmdecke sowie über dem Helm die Helmzier. Die Helmzier und die Ausprägung des Helms als Bügelhelm waren für Adelswappen üblich.

In der Zeit um 1600 hatten Schilde und Helme längst ihre ursprüngliche Funktion als ritterliche Verteidigungswaffen wie auch die von Turnier-Gerät verloren. In den Wappen-Darstellungen hatten sich deshalb schmückende Variationen und Beigaben immer mehr durchsetzen können und spielten nun, in der Renaissance, eine dominierende Rolle. Die Demerthiner Wappentafel zeigt das durchgängig. Man beachte etwa die ovale Form der Schilde und deren schnörkelreiche Rahmen oder die raumgreifenden, prunkvollen Ausgestaltungen der Helme, Helmdecken und Helmzieren. Die Helmdecken, die hier weit ausfransen, sollten ja ursprünglich nur die Rüstungen vor Sonnenstrahlen schützen. Man beachte die Farbabstufungen ihrer Faltenwürfe. Besonders fantastisch ist auch die im Oppen'schen Oberwappen bis über den Putto-Flügel hinweg ausgreifende Folge von Helm, Krone, Säule (statt eigentlich heraldisch vorgeschriebenem Spitzhut), Blütenkranz, Halbmond und Pfauenfedern. Man schaue auf die Mützen im Klitzing'schen Wappen, auf deren schwungvolle Zipfel und auf deren Stulpen aus schwarz-getupftem Hermelinpelz und stelle sich dabei vor, dass es ursprünglich Ritterhelme waren.

Die heute sichtbare Farbgebung entspricht teilweise nicht heraldischen Konventionen: Die Schildfläche des Oppen-Wappens ist rotbraun statt blau. Die Rose im Andreaskreuz der Oppens ist golden statt rot. Die Helmdecke des Klitzing-Wappens ist beidseitig rotbraun statt außen rot und innen golden. Es ist strittig, ob damals, um 1740, unkonventionell gestaltet oder in neuerer Zeit irrend rekonstruiert worden ist. Für die Schmuckwirkung des Portals spielt es keine Rolle.

Ein Wort zur Portalsanierung

Im Jahr 1990 war das Portal in solch desolatem Zustand, dass eine grundlegende Sanierung fällig war. Alle Teile wurden ausgebaut, in Berlin hinsichtlich Materialkonsistenz, Farbschichten und Zerstörungsgrad analysiert, restauriert und vor Ort wieder eingebaut. Die Untersuchungsergebnisse und Sanierungsentscheidungen wurden dokumentiert.[7] Die Sorgfalt und der Aufwand der Sanierung haben viel Aufmerksamkeit gefunden, nicht zuletzt bei den Klitzings. Die landesgeschichtliche Bedeutung des Hergangs wurde nach Abschluss aller Sanierungsarbeiten im Jahre 2003 unterstrichen durch einen Festakt vor Ort unter Beteiligung der damaligen Brandenburgischen Ministerin für Wissenschaft, Forschung und Kultur Johanna Wanka. Auch die Finanzierung der Sanierung, überwiegend durch die Deutsche

Stiftung Denkmalschutz und das Land Brandenburg, macht die überregionale Bedeutung des Portals deutlich. Der von Klitzing'sche Familienverein hat 1998/99 durch Aufrufe, zweckgebunden an die Deutsche Stiftung Denkmalschutz zu spenden, eine erste Sanierungsstudie zur Portalsanierung mit initiiert.

Die lebensfrohe Farbenpracht des Portals wird zurzeit leider beeinträchtigt durch Verschmutzungen oberhalb des Architravs. Ursache dafür sind von der Deckfläche des Architravs ausgehende Regenwasserspritzer. In früheren Zeiten haben die Klitzings den Architrav überwiegend unter Efeu gehalten.

5 Wappen- und Inschriftentafel

Bemerkungen zur ehemaligen Ausstattung des Schlosses Demerthin

Torsten Foelsch

Über die mobile Ausstattung der Burgen und älteren Rittersitze in der Prignitz vor 1600 liegen kaum bis gar keine Überlieferungen vor. Natürlich gab es aber zu allen Zeiten Wohn- und Wirtschaftsinventar unterschiedlichster Form und Ausprägung in den adligen Wohnungen, auch im 13. und 14. Jahrhundert, als die ersten Burgen und Ritterbehausungen in der Prignitz entstanden sind. Richtig greifbar wird die mobile Ausstattung der märkischen Herrensitze eigentlich erst mit den schriftlichen Überlieferungen des späten 16. Jahrhundert. Hier tauchen erstmals in Nachlass- und Hausverzeichnissen detailliertere Aufzählungen zum Wohninventar des Prignitzer Landadels in seinen Gutshäusern in der Zeit um 1600 auf. Endlich erfahren wir etwas über die mobilen Gegenstände des täglichen Alltagslebens, wie Möbel, Bilder, Silber- und Goldgegenstände, Textilien, Pretiosen, Bettzeug, Bücher, Briefschaften usw. Nur wenige kunsthandwerklich bedeutsame Möbel oder sonstige Hausinventarien haben sich aus den Jahrhunderten vor 1600 aus Prignitzer Herrensitzen erhalten. Neben dem allgemeinen Merkmal der Nützlichkeit des Wohninventars, also des Gebrauchsinventars, kommt seit spätestens 1600 immer stärker auch ein künstlerischer, modischer, dekorativer und repräsentativer Charakter der mobilen Ausstattung in den Wohnräumen der märkischen Gutshäuser in den wenigen überlieferten Inventaren und Nachlass-Verzeichnissen zum Ausdruck, der ganz wesentlich auch vom jeweiligen Geschmack und

1 Adda von Klitzing mit ihrem Dackel neben dem alten Baumstamm in der Eingangshalle des Schlosses

2 Hans Caspar von Klitzing, Gemälde bis 1945 im Schloss Demerthin (Kriegsverlust)

Interesse und den wirtschaftlichen Möglichkeiten der Besitzer bestimmt war. Das Küchen- und Wirtschaftsinventar spielte selbstredend in all diesen Inventaren zu allen Zeiten stets eine besondere Rolle.

So waren die alten Herrenhäuser stets ein Sammelbecken für Möbel, Bilder, Glas und Porzellan aus den verschiedensten Stilepochen und von sehr unterschiedlicher Herkunft und Abbild ihrer wechselhaften Geschichte. Möbel aller Art, jeglicher Qualität und aller Stilepochen befanden sich in großen Mengen stets in den Gutshäusern der Prignitz. Ahnenbilder kündeten von einer langen Familientradition. Dies alles gelangte durch Kauf, Erbschaft oder Aussteuer in vielen Generationen hierher und ergänzte die ohnehin in den Häusern vorhandenen »altväterlichen« Bestände. Im Laufe der Jahre, Jahrzehnte und Jahrhunderte ererbt, gesammelt und pietätvoll bewahrt, war auch das Demerthiner Gutshausinventar ein Spiegelbild der Kultur-, Kunst- und Familiengeschichte. Hier wurde es durch viele Generationen hindurch in den vielen, auf immerhin vier Geschossebenen verteilten Wohnräumen und Bodenkammern gehütet.

Die erst im späten 19. Jahrhundert einsetzende Kunstgeschichtsforschung widmete sich nur sporadisch dem unüberschaubaren Kunstinventar der märkischen Landgüter. Noch um 1910, als die ersten Kunstdenkmalinventare der Mark Brandenburg mit den beiden Bänden über die Ost- und Westprignitz entstanden, fanden sich darin – von wenigen Ausnahmen abgesehen – kaum ausführliche Schilderungen des Inventars der Gutshäuser und Schlösser. Für Demerthin gab es immerhin eine außerordentlich knappe Aufzählung der wichtigsten Stücke: »*Das Schloss birgt einige schöne Möbel, so z. B. eine Truhe, ferner Porzellan und ein Herrenkostüm mit reicher Seidenstickerei aus der Rokokozeit.*«[1] Außerdem entstanden in dem Zusammenhang zwei fotografische Aufnahmen, die der Perle-

3 Kaspar Joachim von Klitzing, Gemälde,
  bis 1945 im Schloss Demerthin (Kreigsverlust)

4 Louise Albertine Freiin von Grappendorff, als »Flora«,
  um 1750, Gemälde von Antoine Pesne,
  bis 1945 im Schlossh Demerthin (heute Privatbesitz) 151

berger Fotograf Max Zeisig 1907 angefertigt hatte, die die Truhe und das Porzellan zeigen. Es sind die einzigen bisher bekannten Fotos der alten Demerthiner Inneneinrichtung. Weitere Innenfotos, wie es sie von anderen Gutshäusern der Prignitz vielfach gibt, sind von Demerthin bisher nicht bekannt.

Sehr viel mehr erfahren wir dagegen aus anderen Quellen. Zwei wichtige Dokumente von 1898 und 1990 geben einen genauen Aufschluss über das im Schloss bis 1945 vorhandene Inventar und sind ein wertvoller Ersatz für fehlende Fotografien. Im Bestand des Brandenburgischen Landeshauptarchivs in Potsdam sowie im Geheimen Staatsarchiv in Berlin haben sich Unterlagen sowie die Stiftungsurkunde für das 1898 von Caspar Werner von Klitzing (1857–1901) auf Grund einer testamentarischen Bestimmung seiner ersten Gemahlin, Agnes von Gersdorff (1870–96), errichtete von Klitzing'sche Familien-Fideikommiss erhalten.[2] Der Stiftungsurkunde wurden in den Anlagen A und B Inventare des Schlosses und der Wirtschaft beigegeben, die zum unveräußerlichen und unteilbaren Bestandteil des Fideikommisses erklärt wurden. Hierdurch sind wir immerhin über die Ausstattung des Schlosses und der Gutswirtschaft um 1900 sehr gut unterrichtet, auch wenn Archiv- und Bibliothekskataloge darin fehlen. Das Schlossinventar war in diesem Umfang bis zum Kriegsende 1945 erhalten und wurde von Adda von Klitzing, geb. von Rohr (1876–1956) gehütet. Einige der im Inventar aufgeführten Familienbilder und Möbel konnten nach 1945 von Adda von Klitzing mühsam gerettet werden, während der größte Teil des übrigen Inventars bei den Plünderungen im Sommer 1945 untergegangen oder in alle Winde verstreut worden ist.

Unter den im Schloss vorhandenen Familiengemälden wurden insgesamt 20 zum Fideikommiss-Inventar gerechnet: »*1. Graf von der Schulenburg; 2. Gräfin von der Schulenburg; 3. Andreas von Klit-*

5 *Figuren der Berliner Porzellanmanufaktur Wegely, um 1755 bis 1945 im Schloss Demerthin (Kriegsverlust)*

zing; 4. *Kaspar Joachim von Klitzing; 5. Hans Kaspar von Klitzing; 6. Feldmarschall von Möllendorf; 7. Henri Auguste Baptist de la Motte Fouqué ; 8. Frau von Grappendorf, geb. von Brandt (von A. Pesne); 9. Frau von Klitzing, geb. von Nymschewska; 10. Kaspar Friedrich Christoph Wilhelm von Klitzing; 11. Wilhelm von Klitzing; 12. Amtsrat Bennecke; 13. Charlotte Luise Bennecke, geb. Gansauge; 14. Ludwig von Klitzing (von Lauchert); 15. Agnes von Klitzing, geb. Bennecke (von Lauchert); 16. Käthe von Graevenitz, geb. von Klitzing; 17. Wilhelmine und Luise von Klitzing; 18. Lebrecht von Klitzing; 19. Agnes von Klitzing, geb. von Klitzing; 20. Hermann von Gersdorff.«[3]*

6 *Wappentafel von 1744 (Gusseisen), Eingangshalle des Schlosses Demerthin*

Von den erwähnten Bildnissen sind nur wenige durch alte Fotografien, die vor allem für den 1903 erschienenen Band 2 der Familiengeschichte angefertigt wurden, dokumentiert. Nur einzelne konnte Adda von Klitzing in dem Chaos 1945/46 aus dem geplünderten Schloss retten, wie das zauberhafte Porträt der Louise Albertine Freiin von Grappendorff, geb. von Brandt (1729–53) als »Flora« vom Berliner Hofmaler Antoine Pesne. Das Gemälde hing bis 1945 im Kleinen Esszimmer (der sog. Gartenstube) gegenüber der Klitzing'schen Gedenktafel 1813/14/15. Es gelangte über die Enkelin der Freiin von Grappendorff, Louise Klara von Klitzing, geb. von Blumenthal (1797–1874), Anfang des 19. Jahrhundert nach Demerthin, von wo aus es Adda von Klitzing 1948 als Leihgabe ins Märkische Museum gab, um es vor weiteren Plünderungen zu schützen.[4] Hier befindet es sich noch heute.

Neben den genannten Familiengemälden werden 1898 im Inventar noch um die 140 weitere Bilder genannt, daneben unter den besonderen Wertgegenständen auch ein Elfenbeinpokal, diverse Porzellanfiguren der ersten Berliner Porzellanmanufaktur von Wilhelm Caspar Wegely (1714–64), zwei Rokoko-Kommoden mit eingelegtem Dekor, goldbronzierte Kronleuchter, altes Porzellan aus Meißen und z. B. auch ein Glas, aus dem König Friedrich Wilhelm IV. und der spätere Kaiser Wilhelm I. getrunken haben. Eine marmorne Gedächtnistafel, die um 1815 von Ludwig von Klitzing in der sog. Gartenstube über einem Kamin als dauernder Schmuck angebracht wurde, erinnert an die Teilnahme der Klitzing'schen Brüder an den Kämpfen der Koalitionskriege 1793 bis 1815 und ihre dafür verliehenen Auszeichnungen. Die noch heute im Schloss an alter Stelle erhaltene Tafel hat vermutlich die Plünderungen unbeschädigt überlebt, weil unter den genannten Auszeichnungen auch hohe russische Orden sind. Zum sonstigen Schlossinventar gehörte 1898 die überall auf den Gutshäusern anzutreffende obligatorische Ausstattung mit diversen Sofas, Tischen, Schreibtischen, Stühlen aller Art, Betten, Nacht- und Waschtischen, Kommoden, Schränken, Truhen, Spiegel, Teppiche, Uhren und Wild-Trophäen. Genannt werden weiter 1 Bücherschrank mit 1.200 Büchern, 1 Billard, 1 Gewehrschrank, 1 Büffet, 3 Büsten, 1 Nähmaschine, 1 Eisschrank, 1 Badewanne, 1 Zeitungsständer, eiserne Gartenmöbel, diverse Tisch- und Hängelampen, unermesslich viel Leinen-Inventar, wie Servietten, Tisch- und Handtücher, Tafelsilber, Leuchter und

Porzellangeschirr sowie Porzellanservice. Dazu kam dann noch ein umfangreiches Kücheninventar aus Kupfer, Eisen, Blech, Glas, Steingut und Porzellan.

Das zweite Dokument, das über die Einrichtung des Schlosses genauere Angaben bietet, ist eine Beschreibung der einzelnen Schlossräume zur Zeit der letzten Besitzerin, Adda von Klitzing, die ihre Großnichte Sibylle Scheller, geb. von Klitzing (Jg. 1930) unmittelbar nach dem Mauerfall im Jahre 1990 niedergeschrieben hat. Ihr Vater ist Axel von Klitzing (1898–1934), der seit 1911 Eigentümer von Demerthin war.[5] Nach dem frühen Tod des Vaters verbrachte die Tochter Sibylle oft die Ferien bei der Großtante Adda von Klitzing in Demerthin. Ihre Erinnerungen gehen also auf die Zeit um 1940 zurück und schildern die damalige Nutzung und Ausstattung der einzelnen Schlossräume bis kurz vor Kriegsende.

Der 1891 erschienene erste Band der Klitzing'schen Familiengeschichte gibt als Einleitung eine Inschrift wieder, die sich damals noch »*auf einem alten Stammbaum des Geschlechts und auf den ausgebreiteten Flügeln eines Phönix in der Vorhalle des Schlosses*« befand.[6] Damit kommt auch hier, wie in anderen Gutshäusern, dem Foyer die besondere Funktion einer Ahnenhalle zu.[7]

Hier in der Halle hat sich bis heute als einziger Schmuck aus alter Zeit auch eine über der Tür zum Gartensaal in die Wand eingelassene gusseiserne Wappentafel von 1744 erhalten, die ursprünglich wohl zu einem Feuerkasten eines Kachelofens gehört hat und hier als Zweitverwendung zur Zierde des Raumes, der in der zweiten Hälfte des 19. Jahrhunderts mit hohen Holzpaneelen und einem Fliesenfußboden neu gestaltet worden ist, eingelassen wurde.[8] In dieser Halle stand bis 1945 auch jene große Holztruhe, die in den Kunstdenkmälern 1907 abgebildet wurde. Sie hatte eine reiche geschnitzte architektonische Spätrenaissance-Fassung aus Pilastern, Säulen und ornamentalen Reliefs. Eine der Truhen im Schloss barg bis zuletzt »*den seidengestickten Hochzeitsfrack und Weste von Kaspar Friedrich Christoph Wilhelm von Klitzing.*«[9] In der Mitte des Raumes stand der ominöse rohe Eichenklotz,

7 Demerthin, Schloss, Truhe in Spätrenaissance-Formen in der Eingangshalle, Foto um 1914

der als massiver Dielentisch benutzt wurde und auf dessen glatten und lackierten Baumscheibe stets eine Blumenvase placiert war.

Schloss Demerthin wurde bei Einmarsch der Roten Armee im Mai 1945 und danach restlos geplündert. Zum Zeitpunkt der Enteignung im Herbst 1945 war noch einiges Mobiliar, Bilder, Geschirr etc. vorhanden und wurde erst später endgültig in alle Winde verstreut oder vernichtet.[10] Unterm 12. April 1946 meldeten die Vorsitzenden der Gemeindekommission und des Ausschusses für gegenseitige Bauernhilfe in Demerthin, Stefan und Jenrich, dem Kyritzer Landratsamt: »*Es wurde in Demerthin das Schloss, das Wirtschaftsgebäude und alle anderen Gebäude, wie Ställe, Scheunen usw. enteignet im Zuge der Bodenreform. Die Möbel des Schlosses [sind] zum Teil nicht mehr da, zum anderen kleineren Teil von Flüchtlingen, die im Schlosse wohnen benutzt. Die Geräte, die jetzt bei der Übernahme noch vorhanden waren, sind an die Neubauern verteilt, außer dem Großgerät, welches zur allgemeinen Benutzung dem Ausschuss der gegenseitigen Bauernhilfe übergeben worden ist. Die Bibliothek mit einer Reihe von gesammelten Werken ist noch vorhanden und durch den Bürgermeister sichergestellt.*[11] *Die Bücher befinden sich noch im Schloss und zwar in der ehemaligen Bibliothek. Dies Zimmer ist von Flüchtlingen bewohnt, denselben ist es aber untersagt, Bücher an irgend jemand herauszugeben, sei es auch nur zum Lesen.*«[12] Unterm 20. April 1946 meldete das Landratsamt in Bezug auf Demerthin und die dortige Gutsbibliothek an die Landesregierung: »*Die Bücher befinden sich noch im Schloss. Für die Pflege und Bestanderhaltung ist der Bürgermeister der Gemeinde verantwortlich.*«[13] Dann verliert auch ihre Spur sich endgültig. Als Adda von Klitzing nach ihrer Ausweisung aus Demerthin ihre Heimat am 9. September 1946 erstmals wieder besuchte, bot sich ihr folgendes Bild, wie sie selbst

8+9 Ludwig von Klitzing (1786–1867) und seine Gemahlin Agnes von Klitzing, (1792–1871), Gemälde von Richard Lauchert, 1865 (bis 1945 in Demerthin, gerettet, in Privatbesitz)

in einem Brief schreibt: »*Ich war an meinem Geburtstag*[14] *zum ersten Mal wieder in D.[emerthin]*
welches einen erschütternden Anblick äußerlich bot, im Turm kein Fenster mehr, und im Park und auf
der Begräbnisstätte die besten Bäume heruntergenommen, die ich immer besonders schonte, das schnitt
einem ins Herz, aber auf der anderen Seite taten viele Beweise treuer Anhäng[lichkeit] einem sehr wohl.
Die eigenen Leute sind als Siedler nicht glücklich, wenigstens nur einige, die sehr verstehen voran zu
kommen, im allgemeinen können sie auf diesem Wege nicht voran kommen. Die Gemeinde hat keine
Steuern, allerdings haben sie vieläufig sich aus dem Wald Einnahmen verschafft, aber das geht ja nicht
immer so weiter.«[15]

Schon vor dem Einmarsch der Roten Armee in Demerthin versuchte Adda von Klitzing, Teile des
Archivs nach Westen in die Altmark zu retten. »*Die Familienakten*«, so erinnert sie sich im September
1945 in einem Brief an ihren Neffen Hans Henning von Klitzing, »*habe ich mit einem Treck zu Runds-*
tedts nach Schönfeld geschickt auf Anraten von Hans Charlottenhof, nun sollen leider auch dort meine
ganzen Sachen verloren sein, ebenso wie hier auch der größte Teil des Schlossinventars fort ist, Silber,
Schmuck, Wäsche u.s.w. auch wertvolle Bilder.«[16] Auch Familienbilder, Porzellan und andere Dinge
wurden nach Schönfeldt evakuiert, wo schließlich doch auch alles verlorenging. Nach der Besetzung
Demerthins durch die Sowjets im Mai 1945 zog Adda von Klitzing zeitweise in das dem Schloss
benachbarte Wirtschaftshaus. Sie war bemüht, die vielfach verstreuten Reste des Schlossinventras
irgendwie doch noch zu retten, bevor sie nach dem Beginn der Bodenreform aus Demerthin ausgewiesen wurde. Insgesamt sind heute nur noch einzelne Gegenstände des einstmals umfangreichen
Schlossinventars im Besitz der Familie von Klitzing erhalten, so u. a. das Gemälde von Antoine Pesne
mit dem Bildnis der Freiin von Grappendorff und die beiden Altersbildnisse von Ludwig und Agnes
von Klitzing, die 1867 von Richard Lauchert gemalt wurden.

Zutreffend für das traurige Schicksal der vielen Herrenhäuser und Schlösser in den von den Russen
1945 besetzen deutschen Gebieten und den von der Bodenreform betroffenen alten Familienbesitzen ist
das für die damalige Zeit mutige Resümee, das der Archivar des Kreises Westhavelland Walther Specht
bereits 1947 ganz offen in einem amtlichen Schreiben an den Landrat zu den Folgen der unkontrollier-
ten Plünderungen der Gutshäuser und der Aufsiedlung des Großgrundbesitzes zog. Im Zusammenhang
mit einem Lagebericht über den Zustand verschiedener Gutshäuser im Kreis Westhavelland schrieb
er damals darüber, dass einige Gutshäuser von Siedlern bewohnt seien. »*Was diese fast überall aus den*
Schlössern gemacht haben, ist zu bekannt, als dass darüber noch ein Wort zu verlieren wäre. Es bleiben
wohl die Mauern, Wände und Dächer bestehen, manchmal auch Türen, Fenster, Öfen und Treppen, sonst
aber sind die Räume kahl geworden wie die Erde vor dem ersten Schöpfungstage. Das Inventar ist zerstreut
und dürfte, wenn es nicht längst spurlos verschärft worden ist, in einzelnen Häusern der Dörfer oder bei
Antiquitätenhändlern in Berlin zu finden sein. Leider sind auch die meisten Bürgermeister, die in vielen
Dörfern sehr oft gewechselt haben, völlig interessenlos und gleichgültig gegen Kulturwerte, sonst hätte die
Vernichtung und Verschleuderung nicht ein so hohes Maß erreichen können. Es ist nicht zu viel gesagt,
wenn wir behaupten, dass durch diese Umstände die gesamte Westhavelländische Kultur der letzten 100 bis
400 Jahre und noch weiter hinaus in den beiden vergangenen Jahren fast restlos vernichtet worden ist.«[17]
Diese ernüchternde Einschätzung, der nichts hinzuzufügen ist, gilt in vollem Umfang auch für die Prignitz und insbesondere das Schloss in Demerthin, dessen Räume 1945ff. ihres historisch gewachsenen
Inventars beraubt und damit seelenlos und kahl wurden.

10 Demerthin, Schloss, Turmportal um 1905

Der Patronatsfriedhof »Dunkle Horst«

Friedrich von Klitzing

Zur Demerthiner Patronatsgeschichte

Die erste urkundlich belegte Belehnung der Klitzings mit Demerthin von 1438 umfasste ausdrücklich auch das »*Kirchlehn*«. Spätestens seitdem hatten die Klitzings das Patronat inne. Sie hatten damit der Kirche Schutz zu gewähren und für sie Baulasten zu tragen. Diesen Pflichten standen Rechte gegenüber: das Vorschlagsrecht für die Besetzung der Pfarrstelle, das Recht auf einen hervorgehobenen Sitzplatz im Patronatsgestühl in der Kirche und das Recht auf Begräbnis in der Gruft der Kirche oder auf einem gesonderten Patronatsfriedhof.

Unter ihrer Ägide entstanden u. a. die mittelalterliche Kirche, deren Ausmalung, ein Renaissance-Patronatsgestühl, der Barockaltar, die spätere Kirchturmerhöhung. In ihre Zeit fällt auch das Übertünchen der mittelalterlichen Wandmalereien, die 1958 wieder freigelegt worden sind. Die Beiträge von Thalmann und Kühne / Mai machen die Bau- und Ausstattungsgeschichte der Kirche und teilweise auch deren Prägung durch die Patronatsfamilie von Klitzing deutlich.

Ihre Toten haben die Klitzings noch bis Anfang des 19. Jahrhunderts in den Gewölben unter der Kirche beigesetzt. Damit war aber spätestens ab 1816 Schluss.

Mausoleum und Friedhof »Dunkle Horst« bis 1945

Im Jahr 1811 hat der Demerthiner Guts- und Patronatsherr Wilhelm von Klitzing, Stammvater fast aller später lebenden Klitzings, in seinem Testament festgelegt: »*Da ich mein Ende nahen fühle, so wünsche ich, daß meine Gebeine nach Demerthin gebracht, dort in der Dunkelhorst begraben werden, wo auch die liebe Mutter, Eleonorchen und meine liebe Emilie gebracht werden sollen.*« Zu der Zeit hatte Wilhelm acht lebende Söhne und eine Tochter. Im Testament verfügte er, das seine nicht mehr lebenden nächsten Verwandten aus der Gruft der Kirche dann auch nach »Dunkle Horst« zu überführen sind.

»Dunkle Horst« klingt als Flurname geheimnisumwittert, auch seine Geschichte ist es. Richter beschreibt in seinem Beitrag die Stelle als Standort einer ehemaligen mittelalterlichen Turmhügelburg.[1] Noch heute sind ein Ringgraben mit Wall und ein erhöhtes Plateau (vgl. Beitrag von Richter die Abb. 7), auf dem der Friedhof liegt, deutlich im Gelände zu erkennen. Die Schmettausche Karte von 1767–87 enthält für sie den Eintrag »*Burg-Wall*«,[2] das Urmesstischblatt von 1843 den Eintrag »*Mausoleum*«, das Messtischblatt von 1882 den Eintrag »*Dunkle Horst*« in Kombination mit Symbolen für ein Gebäude und einen Friedhof.

Das Kirchenbuch weist für gestorbene Klitzings ab 1816 Beisetzungen mit Kommentaren aus wie »*in der neuen Familienbegräbniserde*« und »*still in der neuen Familiengruft*« oder »*im Gewölbe der Gutsherrschaft im Felde*«.[3] Ende des 19. Jahrhunderts hat es jedoch kein Mausoleum mehr gegeben. Warum es keinen dauerhafteren Bestand hatte, ist nicht bekannt.

Jedenfalls fanden ab 1816 am Standort »Dunkle Horst« Beisetzungen statt, sowohl auf einem Friedhof, als spätestens ab 1820 auch in einem Mausoleum. Daneben gab es Umbettungen aus den

Gewölben unter der Kirche nach »Dunkle Horst« und später aus dem Mausoleum anlässlich seiner Aufgabe auf den benachbarten Friedhof.

Ein Mausoleum für eine Patronatsfamilie war in dieser Zeit kein Einzelfall. Für die Klitzings in Demerthin gab es ein nachbarschaftliches Vorbild. 1816 war in Gadow im Park für den Feldmarschall von Möllendorf ein Mausoleum in klassizistischem Stil entstanden, das sicher Demerthiner Aufmerksamkeit fand, da der von Möllendorff Vormund des früh verwaisten Wilhelm von Klitzing gewesen war.

Das Foto unten zeigt den Zustand des Friedhofs »Dunkle Horst« nach 1901. Direkt vor der Sitzbank befindet sich das Grab des Werner von Klitzing, durch dessen Tod 1901 seine Frau Adda von Klitzing, geb. von Rohr, im Alter von 23 Jahren Witwe wurde. Sie übernahm die Verantwortung für die Gutswirtschaft und für das Patronat und behielt sie mehr als 40 Jahre lang bis 1945.

Im Jahr 1945 gab es auf dem Friedhof »Dunkle Horst« schließlich 26 Gräber, darunter eines nur für ein Herz.[4] Alle Grabsteine waren einheitlich gestaltet: Steinplatte, oben angeschrägt zur Aufnahme einer gusseisernen Platte als Blickfang für die Daten der Person. Jeder Stein hatte neben seinem sichtbar bleibenden Teil ein im Stück angearbeitetes schweres Fundament für Halt im Erdreich.

Außerdem gab es auf dem Friedhof zwölf Gedenksteine für Angehörige, die in der Ferne gestorben waren, ohne dass die sterblichen Reste überführt worden waren. Deren Steine waren um ein zentrales Kreuz (links im Bild) herum abgelegt.

Das kreisrunde Friedhofsplateau war umfasst von einer Eibenhecke. Der umgebende Wald formte über ihm eine natürliche domartige Rundhalle. Nur an einer Stelle war deren grüne Wand durchbrochen. Eine breite Sichtschneise vom und zum Schloss wurde freigehalten. So viel Verbindung zwischen Lebenden und Toten sollte nach Auslagerung der Totenruhestätte aus der Kirche in die Landschaft immer noch sein.

1 Friedhof »Dunkle Horst«, vor 1945

Der Friedhof »Dunkle Horst« nach 1945

Im Jahr 1945 endete das mehr als 500 Jahre währende Patronat der Klitzings und mit ihm für immer jegliche Verantwortung zur Erhaltung der Dorfkirche aus Erträgen der umliegenden Felder und Wälder. Der Friedhof »Dunkle Horst« wurde zunächst noch notdürftig gepflegt. Im Laufe der späteren DDR-Jahrzehnte kam es zu Vernachlässigung, Vandalismus und Raubgrabungen. Es entstand ein Chaos-Gelände mit halbvergrabenen Grabsteinen. Ende der 80er Jahre wurden einige Klitzings über die Grenzen der deutschen Teilung hinweg aktiv. Ein befreundeter DDR-Denkmalpfleger, Dipl.-Ing. Wolfgang Hähle, legte einen Sanierungsentwurf vor. Nachdem das Staatssekretariat für Kirchenfragen der DDR sich mit dem Vorgang befasst hatte, lag schließlich eine amtliche Sanierungserlaubnis für die Klitzings vor. Nun konnte der Familienverein die Grablege »Dunkle Horst« neugestalten.

Eine Zuordnung der herumliegenden Grabsteine zu ihren ursprünglichen Standorten und Gedenkpersonen war 1990/91 nicht mehr möglich. Abbildung 3 zeigt die Grabsteine in neuer Anordnung. Sie erinnern nun, entindividualisiert, an eine generationenübergreifende Ahnen-Gemeinschaft. Sie zeigen klagend ihre entblößten Schrägflächen. Die Steingruppe steht nach wie vor auf der Waldlichtung in einer natürlichen Domhalle.

Den geschichtlichen Bezug der Anlage stellt die Beschriftung des einzigen zusätzlich gestellten größeren Steins, eines Granits, her. Es wird an die erste nachgewiesene Belehnung der »Klytczinge« mit »Damerthin« erinnert. Dem folgt der Hinweis auf die Bestattungen ab dem 19. Jahrhundert:

2 *Wanderweg zwischen Dorf und »Dunkle Horst«*

»Wilheilm von Klitzing (1754–1811), Wilhelmine von Klitzing (1757–1811), Charlotte Louise Benne-cke (1760–1827) ruhen hier gemeinsam mit Angehörigen und Nachkommen Ihres unvergessenen Familienkreises«.

Wilhelm und Wiihelmine sind die Stammahnen aller nachfolgend beigesetzten Klitzings. Die Verwandte Charlotte Louise Bennecke ist mit ihren Initialen CLB in die Zeitgeschichte eingegangen.[5] Der nach ihr benannte Familien- und Freundeskreis hat durch soziales Engagement und Vernetzung mit der Berliner Moderne das Gutsleben in Demerthin beeinflusst.

1992 war die Einweihung des sanierten Friedhofs durch die örtliche Pastorin im Beisein von Klitzing-Nachkommen, Ortsbewohnern und Gästen. Dass der Wald in staatlichem Besitz war, wur-de zunächst noch als Bestandssicherung für die Gedenkstätte interpretiert. Als aber die BVVG 2004 begann, ihn zu verkaufen, entstand Handlungsbedarf. Weder die Gemeinde als Schlosseigentümer noch der von Klitzing'sche Familienverein waren bereit, die betroffenen Waldparzellen zu kaufen. Aber es fand sich ein junger Klitzing, der dazu bereit war. Es bleibt zu hoffen, dass der geschichtliche Ensemble-Zusammenhang von »Dunkle Horst« mit der Kirche und dem Schloss in Erinnerung bleibt.

Adda von Klitzing ist 1945 trotz Vertreibung aus Demerthin und der Umgebung weiterhin in der Prignitz geblieben. 1956 starb sie als Oberin im Stift Marienfließ. Es war ihr Wunsch, auf dem Fried-hof »Dunkle Horst«, für den sie mehr als 40 Jahre lang Verantwortung getragen hatte und auf dem ihr Mann ruhte, begraben zu werden. Der Wunsch fand vor den waltenden politischen Umständen keine Gnade.

3 Friedhof »Dunkle Horst«

Nutzungsperspektiven des Schlosses aus denkmalpflegerischer Sicht

Georg Frank und Andreas Salgo

Nach den politischen Veränderungen im Jahr 1990 schien auch für das Schloss in Demerthin eine neue Zeit anzubrechen, in der die dringenden Sanierungen erfolgen und das Gebäude und sein Umfeld einer tragfähigen Nutzung zugeführt werden könnten. In einem mühsamen Prozess gelang es auf Betreiben der Schutzbehörden und des Landesamtes, mit vielen Fördermitteln bis zum Jahr 2000 die bauliche Sicherung, die Neueindeckung und die Fassadensanierung umzusetzen. Mühsam war der Prozess vor allem durch das uneindeutige, schwankende Bekenntnis der Gemeinde Demerthin und des Amtes Gumtow für ein Engagement zum Erhalt und zu einer Nutzung durch die Gemeinde.

Bis zu diesem Zeitpunkt war es gelungen, Untersuchungen zur Baugeschichte des Schlosses, Begutachtungen zur statischen Situation und zu Schäden der Substanz, restauratorische Untersuchungen und Analysen der Fassadenputze als Voraussetzungen für Entscheidungen zum Umgang mit der Substanz durchführen zu lassen.[1]

Es wurden umfangreiche bauliche Maßnahmen zur Instandsetzung des Dachtragwerks, das zugleich als zweites Obergeschoss mit den großen Zwerchhäusern ausgebaut ist, durchgeführt. Die statische Instandsetzung des Dachtragwerks bedingte punktuelle Eingriffe und Verstärkungen der Fachwerkstruktur von Erd- und erstem Obergeschoss, die in einzelnen Punkten bis in das Kellergeschoss reichen. Die Arbeiten im Inneren wurden nach der statischen Instandsetzung beendet; weitere Ausbauten im Gebäude blieben späteren Umbauphasen vorbehalten.

An den Außenfassaden wurden die historischen Putze gesichert und in den weitgehenden Neuverputz mit Kalkmörtel eingebunden, der eine einheitliche Farbgebung erhielt.

Der Bestand an Fenstern war sehr heterogen. Alle sanierungsfähigen Fenster wurden erhalten und aufgearbeitet, alle Neuanfertigungen orientierten sich an den vorhandenen barocken Fenstern.

Die bauliche Grundinstandsetzung und die Sanierung der Außenhülle waren damit abgeschlossen. Die Maßnahmen gingen davon aus, dass sich eine Innensanierung anschließen und damit eine Nutzung und Beheizung des Bauwerks erfolgen würde.

Das im Zuge der Sanierung des Treppenturms ausgebaute und eingelagerte Portal wurde im Jahr 2003 restauriert und wieder eingebaut.

Zwar ließ die Gemeinde ein kleines Heimatmuseum im Erdgeschoss betreiben, mit dem versucht wurde, die Lebenswelt in einem Prignitzdorf zu vermitteln. Das führte dazu, dass Besucher das Schloss betreten konnten, doch schlief dieser Versuch mangels Personals im Laufe der Jahre ein.

Danach fand keine Nutzung mehr statt, die ganzjährig für eine Beheizung des Schlosses gesorgt hätte. In den Jahren nach Abschluss der Sanierungsarbeit vermissten die Denkmalbehörden ein klares Bekenntnis des Amtes Gumtow und der Gemeinde Demerthin zur Erhaltung und Nutzung, dem eine positive Handlung gefolgt wäre.

Es gab im Laufe der Jahre einzelne Nutzungsabsichten für das Schloss, zu der sich entweder das Amt nicht positiv stellte oder die durch die Denkmalbehörden als nicht denkmalverträglich abgelehnt werden mussten.

Das hat zur Konsequenz, dass Wartung und Pflege des Denkmals unterblieben und nach 30 Jahren Leerstand die ersten Schäden wieder aufgetreten sind. Verluste am Außenputz erforderten dringende Sicherungs- und Ergänzungsarbeiten. Auch hier zeigte sich, dass die Gemeinde nicht willens war, die zur Verfügung stehenden Fördermittel durch eine Kostenbeteiligung zu vervollständigen. Es bedurfte langer Interventionen der Denkmalschutz- und Denkmalpflegebehörden, bis die dringenden Arbeiten zur Ausführung kamen.

Untersuchungen zeigten, dass die Fassade von einem barocken Putz aus der Renovierungsphase 1738–48 geprägt ist. Dieser Putz, bestehend aus einem Kalkmörtel mit einem hohen Anteil an Kälberhaar, stellt eine für Brandenburg seltene Zusammensetzung dar. Im Fokus der Maßnahme lag dementsprechend seine Sicherung und Reparatur, um den fortschreitenden Verfall zu stoppen. Mit Hilfe von Mitteln des Förderprogramms Denkmalhilfe des Landes Brandenburg wurde die notwendige Maßnahme im Jahre 2019 umgesetzt.

Landeskonservator Prof. Dr. Drachenberg besuchte im Mai 2019 das Schloss Demerthin im Beisein der Vertreter des Amtes Gumtow, der unteren Denkmalschutzbehörde und der Referenten des BLDAM. Die Anwesenden konnten sich einen Überblick über den Stand der Arbeiten am Schloss sowie zu Strategien im Umgang mit dem Denkmal verschaffen. Unter anderem wurde auch die Frage nach einer zukünftigen Nutzung angesprochen. Allen Beteiligten war klar, dass die Nutzung des Schlosses ein entscheidender Bestandteil zur Erhaltung und Pflege dieses bedeutenden baukulturellen Erbes ist. Leider war festzuhalten, dass eine nachhaltige Nutzung seit langer Zeit fehlt. Ein Verkauf wird von der Gemeinde zwar angestrebt, eine konkrete Entwicklung zeichnet sich jedoch noch nicht ab.

Daran anschließende, intensive Beratungen zwischen der Gemeinde und den Denkmalbehörden führten zum Lösungsansatz, dass mit Hilfe einer partizipativ entwickelten Machbarkeitsstudie Rahmenbedingungen für eine nachhaltige und denkmalgerechte Nutzung formuliert werden könnten. Diese Zusammenstellung von Rahmenbedingungen könnte einem potentiellen Käufer bereits im Vorfeld Wege und Möglichkeiten im Umgang mit dem Denkmal aufzeigen und gleichzeitig im partizipativen Verfahren die Bürger und Bürgerinnen der Gemeinde einbinden.

Die untere Denkmalschutzbehörde und das BLDAM wurden hierauf gebeten, die Aufgaben und die Zielstellung für das Verfahren zu erarbeiten.

Die Machbarkeitsstudie soll aus zwei Stufen bestehen: erstens aus einer »Ideenwerkstatt mit Bürgerbeteiligung« und zweitens aus einer Studie zu denkmalgerechten Nutzungskonzepten in Varianten. Schwerpunkt bildet die Umsetzbarkeit unter denkmalfachlichen Vorgaben. Bereits bestehende Vorarbeiten und Machbarkeitsstudien sollten dabei kritisch berücksichtigt werden.

Wichtigster Punkt dieser Untersuchung sollte die Berücksichtigung der gesamten Anlage unter Einbeziehung von bestehenden Bauten und der Umgebung, des Parks sowie von möglichen Neubauten im direkten Umfeld des Schlosses sein. In der Einbeziehung der Gesamtanlage könnten Potentiale liegen, die weit über die Möglichkeiten der ausschließlichen Nutzung des Schlosses hinausgehen und für Investoren attraktive und innovative Entwicklungsmöglichkeiten darstellen könnten. Eine positive Wirkung auf die Strukturentwicklung des Ortskerns ist hierbei zu erwarten. Gleichzeitig wäre man auch dem Ziel einer denkmalgerechten Nutzung des gesamten Denkmals »Gutsanlage Demerthin, bestehend aus Schloss, Gutshof und Gutspark« und damit der Rettung eines der wertvollsten Denkmalensembles der Prignitz einen Schritt näher gerückt.

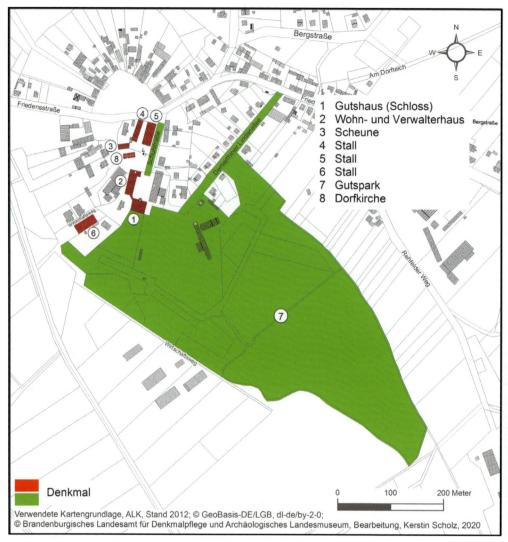

Legend within map:

1 Gutshaus (Schloss)
2 Wohn- und Verwalterhaus
3 Scheune
4 Stall
5 Stall
6 Stall
7 Gutspark
8 Dorfkirche

Denkmal

0   100   200 Meter

Verwendete Kartengrundlage, ALK, Stand 2012; © GeoBasis-DE/LGB, dl-de/by-2-0;
© Brandenburgisches Landesamt für Denkmalpflege und Archäologisches Landesmuseum, Bearbeitung, Kerstin Scholz, 2020

1 *Karte des Denkmals »Gutsanlage Demerthin mit Schloss, Gutshof und Gutspark«*

18. Abent nach 11 Uhr ist Catharina Dorothea Otten aus Dannenwalde geboren, David Otten Einnömer Tochter von einen ... ... getaufft d. 17t. nomine   3
Catharina Elisabeth

Paten 1) Catharina Mar: Michels ... Tochter 2) Catharina ... Soldaten Tochter 3) Elis: Zanders ferna 4) Christian Lugow 5) Michel Orgel, Bauer Vater allsia

19t. Abent um 12 Uhr ist Jac. Bauer ... Tangermann Ehegenossin   4
Charlotte Franzow von einem Sohn entbunden, getauffet d. 23 h.
Johann Ernst

Paten 1) Joh. Joach. Orgel, Bauer Sohn 2) Ernst Mylatz, ferug 3) Hans Joachim Boah, Bauer Sohn 4) Anna Dorothea Franzow, soror puerpera 5) Marg. Doroth: Lamprecht

19. Morgens um 7 Uhr ist des Tagelöhners Carl Busch Ehefrau   5
Anna Maria Oldenburg von einer Tochter entbunden, getaufft
d. h. nomine
Henriette Catharina Maria

Paten 1) des Mayors Fried. Giesenhagen Henriette Buschen 2) Christ: Kuhasts uxor Jfr. Catharina Hincken 3) Mar Elis: Hartmann 4) Hans Seli luthgen auf dem Hofe 5) Ernst Mylatz, ferug ibidem

20t. N. Mittag um 3 Uhr ist des Bauers Hans Reuter Ehegenossin   6

Anmerkungen

Die Gemarkung Demerthin aus archäologischer Sicht (S. 12–19)

1 Vielleicht handelt es sich um das Vorwerk, welches 1791 erstmals erwähnt wird. Vgl. ENDERS 1997, S. 161.
2 MATTHES 1929, S. 120 und BLDAM, Archiv, Dokumentation PRH 2012 : 37.
3 ENDERS 1997, S. 160.
4 Vgl. Beitrag Gordon Thalmann.
5 ENDERS 1997, S. 160.
6 Flurname für ein dicht bewaldetes Areal.
7 Bei Turmhügelburgen, Motten, Erdhügelburgen, Erdkegelburgen handelt es sich um einen mittelalterlichen Bautyp für einen meist niederadeligen Herrschaftssitz (Lokator). Dieser Bautyp war im Mittelalter weit in Europa verbreitet. Die erste bekannte Abbildung einer derartigen Anlage findet sich auf dem Teppich von Bayeux. Er ist kennzeichnet durch einen zumeist künstlich aufgeworfen Erdhügel mit einem befestigten Erdgeschoss und einem aufgesetzten Wohngeschoss, das häufig in Fachwerk aufgeführt war. Der Erdhügel wurde zusätzlich durch einen Wassergraben über den eine schnell zerstörbare Brücke führte, befestigt. Spätestens ab dem 16. Jh. werden sie entweder nicht mehr bewohnt oder mit neuen Baukörpern ergänzt bzw. überformt. Diese kleinen Burgen sind in der Prignitz zur Sicherung der neuen Siedlungen im Zuge der deutschen Ostsiedlung errichtet worden. Die meist nur rudimentär erhaltenen Anlagen zählen zu der späten Form dieses Bautyps. Vergleichbare Anlagen kann man in der Prignitz beispielsweise in Burghagen, Groß Welle, Hoppenrade oder Kletzke besichtigen.
8 BLDAM Archiv, Fundplatzregister, Wünsdorf.
9 Vgl. Beitrag von Torsten Foelsch.
10 ENDERS 1997, S. 160f.
11 Die Parkanlage wurde um 1800 begonnen. Vgl. Beitrag Torsten Foelsch.
12 Schmettausches Kartenwerk.
13 Urmesstischblatt »zu Gumtow« und auf der Karte des Deutschen Reiches Kohlmetzhof, heute wüst
14 1827–30 gebaut. Vgl. https://de.wikipedia.org/wiki/Bundesstraße_5. Zuletzt besucht am 9.9.2020
15 BLDAM, Archiv, Dokumentation PRH 2010:54, Wünsdorf.
16 MATTHES 1929, S. 120.
17 MATTHES 1929, S. 119.
18 MATTHES 1929, S. 119.
19 GÖTZE 1907, S. 43 und Matthes 1929, S. 119f.
20 MATTHES 1929, S. 120.
21 Corpus, 73/21, S. 101.
22 BLDAM, Archiv, Dokumentation PRH 2012 : 37, Wünsdorf.

Der Ursprung des Namens Demerthin (S. 20–23)

1 Vgl. SCHMITT 2013a.
2 Vgl. SCHMITT 2013b.
3 Vgl. BNB 6, S. 415-416.
4 Vgl. FISCHER 2005, S. 202-203.
5 Vgl. Helmold von Bosau [1963], S. 312.
6 Vgl. BNB 6, S. 85.
7 Vgl. CARNOY 1949, S. 161 (die Bände haben durchlaufende Seitenzählung).
8 Vgl. GYSSELING 1960, S. 277 (Bem. wie Anm. 7).
9 Sie ist heute wieder eine Sehenswürdigkeit und als solche im ADAC-Autoatlas (Ausgabe 2017/18), S. 582, verzeichnet. Man findet sie natürlich auch auf der Michelin-Straßenkarte Frankreich, Blatt 51.
10 Vgl. die entsprechenden Ortsartikel in SCHMITT 2013a, insbes. zu Häsen (S. 18).

Demerthin seit dem Mittelalter und seine spätere Entwicklung bis 1945 (S. 24–40)

1 KLITZING / MEYER-RATH 2014.
2 RIEDEL 1842: CDB, A III, S. 496 Nr. 210.
3 SCHULTZE 1928, S. 32.
4 Brandenburgisches Landeshauptarchiv Potsdam (künftig: BLHA), Rep. 24 Ostprignitz 129
5 ENDERS 2000, S. 369 (nach BLHA, Rep. 4 A, Sentenzenbücher Nr. 2, S. 437, 443, 449 und 457)

6 RIEDEL 1838, CDB, A I, S. 382 Nr. 34.
7 SCHMIDT 1903, Teil II, S. 87.
8 Ebenda, Teil II, S. 83.
9 Ebenda, S. 141.
10 Lt. Kirchenbuch gab es am Mittelfach des herrschaftlichen Chores die Inschrift (vermutlich mit den Wappen): »Caspar Jochim v. Klitzing. Ilsabe Ehrentraut v. Klitzing geb. v. Moellendorf. 1754.« Die hölzerne Altarschranke wurde 1825 entfernt (Kirchenbuch Demerthin).
11 KÖRTE 2013, S. 545.
12 SCHMIDT 1903, S.214.
13 Staatsbibliothek zu Berlin, Preußischer Kulturbesitz, Kartenabteilung, Sign. N 729, Urmeßtischblatt Demerthin Nr. 1545, 1 : 25.000, gezeichnet von Leutnant v. Pawel.
14 C. H. VOGLER: Allgemeines Gestüt-Buch. Ein Verzeichnis der Vollblut-Pferde nebst ihrer Abstammung. Berlin 1852.
15 Es gibt Postkartenaufnahmen des Gasthauses aus der Zeit um 1900 und 1912, auf denen die jeweiligen Inhaber Schulz und Strieker genannt werden.
16 VOGEL 1985, S. 356.
17 Notizen zur Chronik der Kirche und Schule im Kirchenbuch von Demerthin.
18 Kirchenbuch Demerthin.
19 Kirchenbuch Demerthin. Vgl. dazu besonders: Karl Haenchen (Hg.): Revulutionsbriefe 1848. Ungedrucktes aus dem Nachlaß König Friedrich Wilhelms IV. von Preußen. Leipzig 1930; Gerd Heinrich (Bearb.): Karl Ludwig von Prittwitz. Berlin 1848. Das Erinnerungswerk des Generalleutnants Karl Ludwig von Prittwitz und andere Quellen zur Berliner Märzrevolution und zur Geschichte Preußens um die Mitte des 19. Jahrhunderts. Berlin, New York 1985.
20 Auf den Umbau und die Stiftung weißt eine Sandsteintafel an der Westfassade des Turmes mit dem Allianzwappen Klitzing / Gersdorff mit einer Inschrift hin.
21 Notiz des damaligen Pfarrers Hermann Grabe im Demerthiner Kirchenbuch.
22 BLHA, Rep. 2A I SW 1939–41.

Die Baugeschichte der Kirche Demerthin (S. 42–49)

1 Vgl. MEYER-RATH 2016.
2 RIEDEL 1838, CDB A I 32 Kop.
3 RIEDEL 1843, CDB A III 433 Kop.
4 ENDERS 1997, S. 161.
5 HEUSSNER / SCHÖFBECK 2017 (Dendrolabor Petershagen): Dendrochronologisches Gutachten vom 29.06.2010 und 04.07.2010.
6 Vgl. KNÜVENER 2017, S. 47 ff..
7 HEUSSNER / THALMANN: Dendrochronologisches Gutachten vom 09.12.2013, Labor-Nr. C 73489 - 73494.
8 Ebenda: Dendrochronologisches Gutachten vom 21.11.2012, Labor-Nr. C 68225 - 68232.
9 Ebenda: Dendrochronologisches Gutachten vom 31.07.2013, Labor-Nr. C 72623 - 72626. Proben mit desolatem Splintholzanteil +/- 10.
10 Vgl. Thalmann, in: MEYER-RATH 2018, S. 30 ff..
11 HEUSSNER / THALMANN: (Dendrolabor Petershagen: Dendrochronologisches Kurzgutachten vom 05.04.2014.
12 Vgl. VON KLITZINGSCHER FAMILIENVEREIN 1990.

Die Wandmalereienin der Demerthiner Kirche – Eine kultur- und frömmigkeitsgeschichtliche Interpretation (S. 58–107)

1 Vgl. THALMANN 2014, S. 16f.
2 Vgl. KNÜVENER 2014, S. 20 und 24.
3 Vgl. Abschnitt 3.1.
4 RIEDEL 1842, Nr. 210, S. 469.
5 SCHMIDT 1891, Nr. 127, S. 46.
6 SCHMIDT 1903, S. 27.
7 Zur Person und Karriere des Albrecht von Klitzing vgl. SCHMIDT 1891, S. 27-32; WENTZ / SCHWINEKÖPER 1972, S. 364f.; ANDRESEN 2017, S. 447-452.

8   SCHWINEKÖPER 1972, S. 364.
9   Zur Romreise vgl. PARAVICINI 2017, hier bes. S. 334f.
10 Vgl. WENTZ / SCHWINEKÖPER 1972, S. 415f.
11 Vgl. ebd., S. 423.
12 KLITZING 1903, S. 9-11; zustimmend KNÜVENER 2017, S. 49.
13 Nitzschewitz, Hermannus: Novum beatae Mariae virginis psalterium, Zinna, [ca. 1493, nicht nach 1496], (GW M27158),
    Bl. 1a (erscheint noch einmal auf Bl. 87a)
14 Vgl. DÖRING 2014, S. 330f. mit der Zusammenfassung der älteren Forschung.
15 Vgl. Thalmann in diesem Band, S. 46
16 Vgl. THALMANN 2018, S. 30ff; Richter 2018.
17 KARG 2010, S. 219-229.
18 Ebd., S. 101-106.
19 Ebd., S. 145-147.
20 Ebd., S. 117-130.
21 Ebd., S. 103, Abb. 6.
22 Umfassende Hinweise zur Passionsfrömmigkeit u. a. in HAUG / WACHINGER 1993.
23 Wolfram von Eschenbach: Parzival. Handschrift auf Papier, Hagenau,Werkstatt Diebold Lauber, um 1443–46,
    Universitätsbibliothek Heidelberg, Cod. Pal. Germ. 339, fol. 20r.
24 Zur Geißelung und ihrer Funktion als Andachtsbild vgl. Noll 2004, S. 313-320.
25 Vgl. zu diesem Konzept, u.a. KIENING 2011.
26 Zur Entwicklung des Vesperbildes und Maria als Identifikationsfigur der Compassio vgl. SCHILLER 1968, S. 192ff;
    SATZINGER / ZIEGELER 1993.
27 Weiterführend zu diesem Konzept KRAß 2015.
28 Zur Ikonografie der Arma Christi vgl. grundlegend BERLINER1955; SCHILLER 1968, S. 202-210.
29 Beispiele in Brandenburg finden sich u.a. im Kreuzgang von Neuzelle, vgl. KARG 2010, S. 184f.
30 In der mediävistischen Kunstgeschichte thematisieren diese Wechselwirkungen u. a. SCHLIE 2000, S. 307-333;
    REUDENBACH 2005, S. 265-270.
31 Vgl. REUDENBACH 2005, S. 260-265. Zur Verbindung von liturgischem Nachvollzug mit den Heiligen Stätten
    REUDENBACH 2008, S. 31f.
32 Grundlegend dazu BROWE 2007.
33 Lübeck, St. Annen Museum, Inv.-Nr. 4.
34 SCHLIE 2000, S. 279ff und S. 319ff.
35 Vgl. BROWE 2007, S. 395f.; KÜHNE / BÜNZ / MÜLLER 2013, S. 75f.
36 KNÜVENER 2010, S. 49.
37 Vgl. zur Bemalung des Wilsnacker Schreins KNÜVENER 2012, S. 242-244.
38 Zu Corpus-Christi Prozessionen vgl. RUBIN 1992, S. 243-271.
39 Vgl. KÜHNE / BÜNZ / MÜLLER 2013, S. 81f, Kat. Nr. 1.5.4
40 Vgl. KNÜVENER 2017, S. 53f.
41 KÜHNE / BÜNZ / MÜLLER 2013, S. 77, mit weiterführender Lit.
42 Weitere Quellen und ikonografische Belege zum Höllenschlund bei SCHMIDT 1995, S. 33ff; SCHILLER 1971, S. 42ff.
43 Wie Anm. 13, fol. 93a.
44 Vgl. LÖHR 1934, S. 61-69; HONEMANN 2017, S. 163.
45 Vgl. JUNGMANN 1969, S. 106f.
46 Vgl. KLINKHAMMER 1987 mit weiterer Lit.
47 Vgl. KLINKHAMMER 1975, S. 30-50; Klinkhammer 1978A; Klinkhammer 1980, S. 35-40; Klinkhammer 1980A.
48 Vgl. KLINKHAMMER 1978.
49 Vgl. zur Kölner Gründung vgl. KÜFFER 1975; SCHMIDT 2003.
50 Vgl. LANGE 1975; HÖHLBAUM 1885; ULRICH 1889.
51 Vgl. LEUKEL 2019.
52 Zusammenfassend jetzt JAHNKE 2020.
53 Vgl. die Nachweise bei ANDRESEN, S. 450.
54 Vgl. PRIEBATSCH 1897, Nr. 90, S. 134.
55 LEUKEL 2014.
56 Der Gründungsakt wird im Rückgriff auf ältere Quellen aber im Einzelnen nicht unbedingt verlässlich geschildert von
    Aegidius Gelenius, De Admiranda, Sacra, Et Civili Magnitudine Coloniae Claudiae Agrippinensis Augustae Ubiorum
    Urbis. Libri IV. [...], Köln 1645 (VD17 12:116890R), S. 467f. Nach dem sächsischen Kurfürsten und Herzog wird genannt
    »Albertus Dux & Elector Brandenburgicus«.
57 Jakob Sprenger, Erneuerte Rosenkranzbruderschaft, [Augsburg 1476] (GW M43164), Bl. 1v.
58 Ebd.

59 Vgl. SCHMIDT 2003, S. 61.
60 Sprenger, Erneuerte Rosenkranzbruderschaft (wie Anm. 57), Bl. 4v-5r.
61 Vgl. KÜFFER 1975, S. 115.
62 Vgl. SCHMIDT 2003, S. 60f. Neue Einsichten verspricht die bisher noch ungedruckte Dissertation von Christian Ranacher: Heilseffizienz aus Gemeinschaftssinn. Die Rosenkranzbruderschaft als innovative Form der Jenseitsvorsorge um 1500, Diss. Dresden 2020.
63 ABB / WENTZ 1929, S. 400.
64 Vgl. ABB / WENTZ 1929, S. 171; TSCHIRCH 1928, Bd. 1, S. 251.
65 Vgl. zum Bildmotiv VETTER 1958/59.
66 Vgl. VETTER 1958/1959, S. 45-47.
67 GRIESE 2011, S. 318ff; NOLL 2004 (Albrecht Altdorfer), S. 61-63. Vgl. SCHNEIDER 2019, S. 28; KÜHNE / BÜNZ / MÜLLER 2013, S. 346.
68 Vgl. PAULUS 2000, S. 251.
69 KÜHNE 2017, S. 431-433.
70 MAGIN / EISERMANN 2020. Wir danken Christine Magin und Falk Eisermann herzlich für die Möglichkeit, in den Text vor Drucklegung Einsicht zu erhalten.
71 Vgl. KURMANN 2003, hier weiterführender Lit.
72 Zum Gleichnis und seiner Rezeption vgl. KÖRKEL-HINKFOTH 1994.
73 Vgl. LCI 7, Sp. 47-51.
74 Vgl. LCI 8, Sp. 198-205.
75 Vgl. zum Orden und seinen Aktivitäten MISCHLEWSKI 1976.
76 Vgl. RÖPCKE 1998, S. 164.
77 Vgl. zu Legende und Kult Georgs die Übersicht in LCI 6, Sp. 365-390.
78 Das heute in der Wismarer Nikolaikirche befindliche Retabel hat inzwischen einen großen Teil der Malereien verloren. Die Szene war aber bereits vor 120 Jahren nur noch fragmentarisch erhalten; vgl. SCHLIE 1898, vgl. hier die Tafel vor S. 77.
79 Vgl. u.a. HABENICHT 2015, S. 94f.; RICHTER 2015, Kat. Nr. 14-16, S. 196-203, Kat. Nr 72-74, S. 368-377.
80 Vgl. VOLBACH 1917, S. 131-135.
81 Dies vermuten KAWALLA / ADAM 2014, S. 60 und erwägt auch KNÜVENER 2014, S. 21.
82 Vgl. etwa PETER 1930, S. 20, der für den Barnim und Teltow zwar neun Kapellen, vor allem Spitalkapellen nennt, aber keine Pfarrkirche.
83 Vgl. KOLLER 1980, S. 417-429.
84 Vgl. SCHREINER 2000, S. 104.
85 WENTZ / SCHWINEKÖPER 1972, S. 294f.
86 ZENDER 1974, S. 7; vgl. auch LCI 6, Sp. 406.
87 Vgl. zur Gertrudenverehrung allgemein den Überblick bei ZENDER 1959, S. 89-143, zur Verehrung im niederdeutschen Raum dort bes. S. 102-107.
88 ZENDER 1974, S. 6f.
89 Vgl. die Karte 5 bei ZENDER 1974.
90 ZENDER 1959, S. 103.
91 BÜNZ 2013, S. 14.
92 Die Angabe »Hat bei 90 Communicanten« findet sich in den Visitationsakten des 16. Jahrhunerts, die auch einige grundlegende Informationen zu den Pfarrverhältnissen vor Ort liefern, vgl. die Edition von HEROLD 1931, S. 78f und S. 90.

Restaurierung und Perspektiven für die Demerthiner Wandmalereien (S. 108–117)

1 Alle Angaben zu Vorbereitung und Durchführung der Restaurierung zitiert aus der Objektakte im BLDAM
2 Die Beiträge zur Wandmalerei zusammengestellt im Arbeitsheft des BLDAM Nr. 41: Mittelalterliche Wandmalerei in der Mark Brandenburg, Berlin 2017

Die Familie von Klitzing – Gutsherren und ihre starken Frauen (S. 122–131)

1 RIEDEL 1843, CDB, A III, S. 433 Nr. 155.
2 RIEDEL 1838, CDB, A I, S. 382 Nr. 34.
3 Das Gutshaus in Grassee wurde nach einem Brand 1879 ff. völlig neu nach Plänen des Berliner Architekten Wilhelm Martens, einem Schüler und Schwiegersohn von Martin Gropius, erbaut.
4 Das stattliche Herrenhaus in Zuchow wurde 1866 für Kurt v. Klitzing (1824–1907) a. d. H. Charlottenhof im klassizistischen Stil von seinem Vetter und Freund, dem Berliner Architekten Martin Gropius erbaut.

5 SCHMIDT 1907; VON KLITZING 1990.

6 Die Relieftafel wurde bereits vor 1907 aus dem Herrenhaus in die Kirche zu Nieder Neuendorf umgesetzt. Aus der Zeit um 1600 ist ein solches Doppelporträt als Fassadenschmuck eines Wohnhauses z. B. auch in der Familie v. Quitzow an dem Witwensitz von Magdalena v. Quitzow, geb. v. Münchhausen in Rinteln erhalten. Dort fand Alabaster als Werkstoff Verwendung. Aus der Kirche in Kossenblatt hat sich ein überdimensionales Familien-Gemälde (2,20 x 4,20 m) erhalten, daß den dortigen Patronatsherrn und kurfürstlichen Oberkammerherrn Georg v. Oppen (1548–1609) zusammen mit seiner Ehefrau, Anna v. Klitzing (1567–1606), seinen sieben Söhnen und seinen sieben Töchtern zeigt (heute Haus der Brandenburg-Preußischen Geschichte in Potsdam).

7 Elisabeth von Falkenhausen: Drei Klitzing-Frauen in Demerthin, in: Mitteilungen des Vereins für Geschichte der Prignitz, Bd. 7, Perleberg 2007, S. 80ff.

8 Ob ein Figurengrabstein – wie für ihren Mann – oder ein anderes Epitaph noch zur Ausführung gelangt ist oder den beginnenden Kriegsereignissen und dem Vermögensverfall des Geschlechts anheimfiel, kann nicht eingeschätzt werden. Jedenfalls hat sich in Walsleben und auch in Demerthin kein Epitaph für sie erhalten. Ob es von ihr und ihrem Mann gemalte Bildnisse – wie etwa von dem gleichaltrigen kurfürstlichen Oberstkämmerer Matthias v. Saldern und seiner Frau Gertrud v. Hake – gegeben hat, kann auf Grund des Fehlens alter Hausinventare von Walsleben und Demerthin nicht gesagt werden.

9 In erster Ehe war Kaspar v. Klitzing seit 1611 mit Anna v. d. Schulenburg (1585–1619) vermählt. Aus der Ehe ging neben 4 Töchtern der Sohn Andreas Dietrich v. Klitzing († 1660) hervor, der auf Walsleben saß.

10 SCHMIDT 1903, S. 86 f.; SCHMIDT 1907, S. 6.

11 Die Datierung des Gedächtnisschildes ist eindeutig 1660, die Jahreszahl steht mehrfach unter den einzelnen Wappen und vor allem dem zentralen Allianzwappen v. Klitzing / v. Wulffen. Anderslautende Datierungen, die gelegentlich in der kunsthistorischen Literatur zu finden sind (1669), sind unzutreffend.

12 Vgl. Bogislaw von Klitzing: Bilder aus der Vergangenheit der Familie von Klitzing, in: Die 700-Jahr-Feier der Familie von Klitzing. Am 22. August 1937 in Demerthin. 1237–1937, o. O. 1937, S. 59-61.

13 15. Juni 1777 – 15. Juni 1927. Hundertfünfzig Jahre Kur- und neumärkisches Ritterschaftliches Kredit-Institut. Denkschrift herausgegeben von der Kur- und Neumärkischen Haupt-Ritterschafts-Direktion in Berlin, 1927, S. 18.

14 Vgl. Bogislaw von Klitzing: Bilder aus der Vergangenheit der Familie von Klitzing, in: Die 700-Jahr-Feier der Familie von Klitzing. Am 22. August 1937 in Demerthin. 1237–1937, o. O. 1937, S. 59-61.

15 BLHA, Pr. Br. Rep. 4 A, Kammergericht, Testamente, Nr. 9192 (Berlin, den 27.9.1811). Gemeint sind hier seine Gemahlin, Dorothea Wilhelmine (1757–1808, starb in Demerthin, nicht in Berlin, wie lt. Familiengeschichte), seine Schwiegertochter Eleonore Caroline Adolphine Dorothee v. Klitzing, geb. v. Plessen († 17.3.1807 in Krams, beigesetzt 20.03.1807 in Demerthin) sowie seine früh verstorbene Tochter Emilie (1778–91), die auf dem von ihm neu angelegten Begräbnisplatz ca. 1 km nordwestlich vom Schloß in der Gutsfeldmark auf dem Flurstück »Dunkle Horst« neben ihm bestattet werden sollten.

16 Christian Reim wurde in Drewen geboren und 1820 »auf dem neuen Begräbnisplatz« in Demerthin beigesetzt.

17 SCHMIDT 1903, S. 210-213; VON KLITZING 1990, S. 15.

18 Notiz im Kirchenbuch von Demerthin. Außerdem wurde 1839 auch das alte Kirchengestühl »in eine bessere Ordnung« gebracht.

19 VON KLITZING 1990, S. 17 f.

20 Walter Müller: Die Warmblutgestüte der Mark Brandenburg. Ihre Geschichte, ihr Blutaufbau und ihre Bedeutung für die Landespferdezucht. Berlin 1929, S. 148-155.

21 Heinrich Gerd Dade (Hg.): Die Deutsche Landwirtschaft unter Kaiser Wilhelm II. Mutterland und Kolonien. Zum 25jährigen Regierungsjubiläum Seiner Majestät des Kaisers, Erster Band, Königreich Preußen, Halle 1913, S. 327-331.

22 Gemeint ist hier einmal Ehrentraut v. Klitzing, geb. v. Wulffen (1591–1659), die nach dem Tode ihres Gatten, Kaspar v. Klitzing (1581–1638), das wüst liegende Gut Demerthin mit den Vorwerken Drewen, Karnzow und Brüsenhagen in eigene Bewirtschaftung übernahm und es neu aufbaute und ausstattete. Zum anderen ist dann noch als zweite Agnes v. Klitzing, geb. Bennecke (1792–1871) gemeint, die in der unsicheren Zeit nach der französischen Niederlage im Rußlandfeldzug und der darauf folgenden preußischen Mobilmachung im Frühjahr 1813 allein die Demerthiner Wirtschaft und den Schloßhaushalt führte, während ihr Mann Ludwig v. Klitzing (1786–1867) sich zum Militär meldete und die folgenden Feldzüge gegen die Franzosen mitmachte. Die ländlichen Regionen um Berlin und entlang den Heerstraßen, die über die Elbe führten, waren besonders über Plünderungen und Requirierungen durch die französischen Besatzungstruppen bedroht, die gegen Berlin gezogen wurden. Gefahr bestand aber auch selbst durch die verbündeten Russen, die das Land plündernd durchstreiften und mancherorts übel hausten.

23 Erinnerungen von Eva v. Freier (1904–94) über ihren Aufenthalt in Demerthin 1945. Maschinenschriftliches Exemplar im Archiv des Autors.

24 Kopie eines Briefes im Archiv des Autors

Renaissanceschloss, Wirtschaftsgut und Parkanlage Demerthin (S. 132–143)

1 KDM OSTPRIGNITZ 1907, S. 19-26; Foelsch (1997), S. 22.
2 Die wertvolle Wutiker Portaltür mit dem Allianzwappen-Aufsatz Platen / Wilmersdorff wurde um 1960 ausgebaut und im Museum Wusterhausen deponiert.
3 BERG / MÜLLER 1997, S. 43 ff.
4 HELMIGK 1929, S. 13.
5 HAHN / LORENZ 2000, Bd. 2, S. 101.
6 Die Cousine des Andreas v. Klitzing, Catharina geb. v. Klitzing, war mit Klaus v. Arnsberg vermählt, der vor 1566 gestorben war.
7 KDM RUPPIN 1914, S. 348-352.
8 SCHMIDT 1903, S. 58-61.
9 Auch der kurfürstliche Baumeister Rochus Graf zu Lynar 1525–96), der wenige Jahre zuvor den Bau des sog. Quergebäudes am Berliner (Cöllner) Schloß realisierte, kommt wegen seiner Nähe zum Kanzler Lampert Distelmeyer und Andreas v. Klitzing möglicherweise als entwerfender Baumeister hier in Betracht.
10 SCHMIDT 1907, S. 3.
11 HAHN / LORENZ 2000, Bd. 2, S. 101.
12 HELMIGK 1929, S. 112 f.
13 SCHMIDT 1903, S. 85.
14 KDM WESTHAVELLAND 1913, S. LX. Weitere Beispiele dafür hatten sich u. a. im Schloß Leitzkau und bis 1949 auch im Schloß Eldenburg (bei Lenzen) erhalten.
15 BERG / MÜLLER 2000, S. 8–24; LODDENKÄMPER 2000, S. 25–32; LODDENKÄMPER 1998.
16 Vgl. Jan Raue: Demerthin. Untersuchung der Oberflächen und Konservierung des barocken Putzes des Schlosses, in: Brandenburgische Denkmalpflege, Jg. 9, Heft 2, Berlin 2000, S. 36.
17 Das Motiv erinnert stark an die sandsteinernen Sphingen im Schloßpark zu Steinhöfel.
18 JONAS 1910, Bd. 2, S. 237 f.
19 Der Bau war noch von ihrem Mann, Werner v. Klitzing (1857–1901) geplant und über dem neuen Eingang wurde daher eine Sandsteintafel mit dem Allianzwappen Klitzing / Rohr und der Jahreszahl 1908 eingelassen.
20 FOELSCH 2017, S. 64.
21 1801 bis 1803 im Kirchenbuch erwähnt.
22 BLHA, Pr. Br. Rep. 4 A, Kammergericht, Testamente, Nr. 8733 (Verordnung vom 25.01.1805).
23 Im Einzelnen beschreibt Adda v. Klitzing, die das Gut seit 1901 bis 1945 als Witwe selbst verwaltet hat, die Demerthiner Gutswirtschaft sehr eingehend und fachlich versiert in einem Aufsatz von 1913. Vgl. Heinrich Gerd Dade (Hg.): Die Deutsche Landwirtschaft unter Kaiser Wilhelm II. Mutterland und Kolonien. Zum 25jährigen Regierungsjubiläum Seiner Majestät des Kaisers. Erster Band, Königreich Preußen. Halle 1913, S. 327–331; Walter Müller: Die Warmblutgestüte der Mark Brandenburg. Ihre Geschichte, ihr Blutaufbau und ihre Bedeutung für die Landespferdezucht. Berlin 1929, S. 148–159.
24 Werner Dünkel: Demerthin. Anleitung und Überwachung der Bauausführung an Dach und Fassaden des Schlosses. in: Brandenburgische Denkmalpflege, Jg. 9, Heft 2, Berlin 2000, S. 48–52; Georg Frank: Demerthin. Die Sanierung des Schlosses aus der Sicht des praktischen Denkmalpflegers. In: ebenda, S. 53–57.

Das Schlossportal (S. 144–149)

1 FRANK / SCHUBERT / STREICH 2004 u.a., S. 4–16.
2 Hinweise von Torsten Foelsch an den Autor, teilweise wiedergegeben auf der ersten Seite seines Beitrags »Renaissance-schloss, Wirtschaftsgut und Parkanlage Demerthin«.
3 FONTANE 1966, S. 581.
4 Vgl. z. B. Einführungsseiten des Beitrags Kühne/Mai.
5 Das Schloss ist im 30-jährigen Krieg vernichtet worden. Fontane zitiert aus einem Kirchenbuch als Ereignis des Jahres 1638: »das schöne Gebäude des v. Klitzing zu Walsleben, wo doch der General Gallas selbst das Hauptquartier gehabt, abgebrannt«., Fontane S. 477.
6 Kapitel »Demerthin«, in: »Herrenhäuser in Brandenburg und Niederlausitz«, hrsg. von Peter-Michael Hahn und Helmut Lorenz, 2000.
7 FRANK / SCHUBERT / STREICH 2004 u.a., S. 4–16.

Bemerkungen zur ehemaligen Ausstattung des Schlosses Demerthin (S. 150–157)

1 KDM Ostprignitz 1907, S. 23.
2 Geheimes Staatsarchiv, Preußischer Kulturbesitz (GStA, PK), I. Hauptabteilung (HA), Justizministerium, Rep. 84 a, Nr. 5318. Die Familienfideikommisse mußten auf Grund gesetzlicher Bestimmungen im Dritten Reich aufgelöst werden. Das Klitzing'sche Familienfideikommiss Demerthin und Rehfeld (Wilhelmsgrille) wurde 1936/37 aufgelöst (vgl. BLHA, Rep. 2A Regierung Potsdam III F 18605).
3 Ebenda.
4 Das prominente Bild diente 1990 dem Märkischen Museum Berlin (heute Stiftung Stadtmuseum Berlin) als Vorlage für ein farbiges Plakat zur Ausstellung »Berliner Bildnisse vom Barock bis zum Biedermeier. Malerei und Plastik« im Ephraim-Palais.
5 Nach dem frühen Tod von Axel v. Klitzing 1934 wurde dessen jüngerer Bruder Lebrecht v. Klitzing (1903–1972) Fideikom-mißherr auf Demerthin und Rehfeld, das Schloß seiner verwitweten Tante Adda weiterhin als Wohnsitz überlassend, da er mit seiner Frau Ehrengard geb. v. Bredow (1909–65) in den 1930er Jahren in Ortelsburg / Ostpreußen lebte.
6 SCHMIDT 1891, S. 8.
7 Der Wortlaut der Inschrift: »*Dein Stammbaum blüht, es grüßen dich die Ahnen. Sie treten vor aus der Vergangenheit; Ihr Zweige all', euch wollen sie nun mahnen, Zu leben und zu wirken eure Zeit. Daß euch die Mitwelt liebend ehre, Daß euch die Nachwelt nicht vergißt, Daß Gott mein still Gebet erhöre Und mit dem Namen Klitzing ist.*«
8 Zumindest die Helmzier der Wappendarstellung ist identisch mit dem Wappen der Familie v. Rohr: ein vor sieben in Rot und Silber wechselnden Rosen springender Fuchs. Der übliche Spitzenschnitt des Rohr'schen Wappens ist hier allerdings stark abgewandelt in Form von vier übereinander angeordneten Blättern in Fischform.
9 GStA, PK, I. HA, Justizministerium, Rep. 84 a, Nr. 5318 (Inventar Demerthin 1898).
10 BLHA, Ld. Br. Rep. 250 Ostprignitz, Nr. 290, Blatt 296–298 (Aufstellung über totes Inventar im Schloß, Schreibmasch. o. J.).
11 Heute fehlt jede Spur davon.
12 BLHA, Ld. Br. Rep. 250 Ostprignitz, Nr. 290, Bl. 289.
13 BLHA, Rep. 205 A Ministerium für Volksbildung Nr. 803 fol 51.
14 Dem 9. September 1946.
15 Brief von Adda v. Klitzing vom 6. Oktober 1946 aus Neustadt / Dosse an Carl Günther von Freier (1894–1977) über ihren Besuch in Demerthin am 9. September 1946 (Archiv des Autors, Nachlaß Gundis v. Freier).
16 Brief aus Demerthin an Hans-Henning v. Klitzing vom 25. September 1945 im Archiv des Autors (Nachlass Gundis v. Freier).
17 Schreiben des Rates des Kreises Westhavelland, Kreisarchivar, vom 17. Juli 1947 an das Amt für Denkmalpflege der Provinz Brandenburg in Potsdam (Kopie im Archiv des Autors). Der Kreisarchivar beantwortete mehrere Rundschreiben des Denkmalamtes in Bezug auf die Sicherung der denkmalwerten Schlösser und ihrer Kulturgegenstände in Briesen, Hohennauen, Wagenitz, Plaue und Roskow.

Der Patronatsfriedhof »Dunkle Horst« (S. 158–161)

1 Siehe Beitrag von Kai Richter hier im Buch.
2 Siehe Abb. im Beitrag »Demerthin im Mittelalter und seine spätere Entwicklung« von Torsten Foelsch.
3 Meine Ausführungen zu Kirchenbucheinträgen und zum Mausoleum basieren auf Hinweisen und dem Archiv von Torsten Foelsch.
4 Der Offizier und Komponist Friedrich von Klitzing (1779–1844) war in Saalfeld bei Jena, dem Todesort von Prinz Louis Ferdinand von Preußen, dem er sehr verbunden gewesen war, gestorben und dort begraben worden. Sein Herz aber kam nach Dunkle Horst. VON KLITZING 2006. Er war u. a. auch Gründer der Kyritzer Liedertafel.
5 Charlotte Louise Bennecke war die zentrale Figur eines angesehenen großen Familienkreises, zu dem die Klitzings gehör-ten. Das Wirken dieses Kreises, vor allem die Briefe der Zeit der Empfindsamkeit, sind 100 Jahre später auf 1204 Seiten in zwei Bänden dokumentiert und kommentiert worden: Siehe JONAS 1910.

Nutzungsperspektiven des Schlosses aus denkmalpflegerischer Sicht (S. 162–164)

1 Die Ergebnisse der Untersuchungen wurden in Beiträgen unterschiedlicher Autoren publiziert. Siehe Brandenburgische Denkmalpflege Jg. 9, 2000, H 2.

Bildnachweise

Kapitelseiten
Das Dorf (S. 11): Bernd Schönberger 2019
Die Kirche (S. 41): Bernd Schönberger 2019
Das Schloss (S. 121): Dr. Peter-Michael Bauers 2018
Anhang (S. 165): Torsten Foelsch

Die Gemarkung Demerthin aus archäologischer Sicht (S. 12–19)
Abb. 1: Schmettausches Kartenwerk 1:50.000 (1767-87), Brandenburg-Sektion 49, Neustadt, Staatsbibliothek Preußischer Kulturbesitz, Berlin und unterlegtes Digitales Geländemodell (DGM 1), © GeoBasis-DE/LGB 2020, Grafik: Kay Richter
Abb. 2, 3, 5, 8: Kay Richter
Abb. 4: Preußische Kartenaufnahme 1:25.000 – Uraufnahme, 3039 Demerthin, 1843, Staatsbibliothek Preußischer Kulturbesitz, Berlin

Demerthin im Mittelalter und seine spätere Entwicklung bis 1945 (S. 24–40)
Torsten Foelsch
Abb. 1: Staatsbibliothek zu Berlin, Preußischer Kulturbesitz, Kartenabteilung
Abb. 2, 11: Landesvermessung und Geobasisinformation Brandenburg, Potsdam
Abb. 3, 9: Archiv Torsten Foelsch (Sammlung Sibylle Scheller)
Abb. 4: KDM 1914
Abb. 5: Andreas Mieth, ev. Kirchengemeinde der Marienkirche Berlin
Abb. 6: Schmidt 1903
Abb. 7: Torsten Foelsch
Abb. 8, 10: Bernd Schönberger 2020

Die Baugeschichte der Kirche Demerthin (S. 42–49)
Abb. 1, 2, 3, 4, 6, 8, 9: Gordon Thalmann
Abb. 5: Ingenieurbüro IBS Hoppegarten
Abb. 7, 10, 11: Bernd Schönberger 2019

Die Demerthiner Wandmalereien im regionalen Kontext (S. 50–57)
alle Abbildungen: Peter Knüvener

Die Wandmalereien in der Demerthiner Kirche – Eine kultur- und frömmigkeitsgeschichtliche Interpretation (S. 58–107)
Abb. 1, 5: ©Bayrische Staatsbibliothek München [BSB-Ink N-208] http://daten.digitale-sammlungen.de/bsb00030293/
Abb. 2: Udo Drott
Abb. 3, 9: ©Universitätsbibliothek Freiburg i. Br. / [Ink. K 3412,m] [http://dl.ub.uni-freiburg.de/diglit/heinrich1480/0073
Abb. 4: https://www.lagis-hessen.de/de/subjects/idrec/sn/gdm/id/847 © Originalaufnahme Andreas Schmidt, HLGL bzw. Wettenberg, 2007
Abb. 6: ©St. Annen-Museum/Fotoarchiv der Hansestadt Lübeck
Abb. 7: Maria Deiters
Abb. 8: Abbildung nach https://upload.wikimedia.org/wikipedia/commons/2/21/Seven_Sacraments_Rogier.jpg
Abb. 10: Marcus von Weida: Der Spiegel hochloblicher Bruderschafft des Rosenkrantz Marie […], Leipzig 1515, Bl. 33v. ©Forschungsbibliothek Gotha, Mon typ 01515-4-19
Abb. 11: Abbildung nach Albert Schramm: Der Bilderschmuck der Frühdrucke, Band 12: Ghotan. Mohnkopfdrucke. Die Drucker in Magdeburg, Leipzig 1929, Tafel 46
Abb. 12: Abbildung nach Albert Schramm: Der Bilderschmuck der Frühdrucke, Band 11: Die Drucker in Lübeck 2. Steffen Arndes, Leipzig 1928, Tafel 2.
Abb. 13: Abbildung nach Wilhelm Ludwig Schreiber / Paul Heitz: Holzschnitte und Schrotblätter aus der Königlichen Universitäts-Bibliothek in Tübingen (Einblattdrucke des fünfzehnten Jahrhunderts 5), Straßburg 1906, Tafel 14.

Abb. 14: Umzeichnung nach V. Kretschmar: Der sogenannte Hippolyt-Altar im Museum Wallraf-Richartz Köln, in: Jahrbuch der Königlich Preußischen Kunstsammlungen 4 (1883), S. 93–104.
Abb. 15: http://www.zeno.org/nid/20004001478
alle Abbildungen der Wandmalereien ab S. 91: Bernd Schönberger 2014

Restaurierung und Perspektiven für die Demerthiner Wandmalereien (S. 108–117)
Abb. 1: Bernd Schönberger 2019
Abb. 2, 8: Björn Scheewe 2020
Abb. 3: BLDAM um 1968
Abb. 4, 5, 6, 7, 9, 10, 12, 13: Hans Burger 2020
Abb. 11: Dr. Peter-Michael Bauers 2018

Der barocke Kanzelaltar – ein Solitär (S. 118–120)
Abb. 1: Bernd Schönberger 2014
Abb. 2–3: Objektakte, Archiv des BLDAM

Die Familie von Klitzing – Gutsherren und ihre starken Frauen (S. 122–131)
Abb. 1: Torsten Foelsch
Abb. 2: Archiv Torsten Foelsch
Abb. 3: Archiv Stadt- und Regionalmuseum Perleberg (Sammlung Max Zeisig)
Abb. 4: Bernd Schönberger 2020
Abb. 5, 6: Schmidt 1903
Abb. 7, 8: Jonas 1910
Abb. 9: Archiv Torsten Foelsch (Nachlass Gundis von Freier)
Abb. 10, 11: Archiv Torsten Foelsch (Sammlung Sibylle Scheller)

Renaissanceschloss, Wirtschaftsgut und Parkanlage Demerthin (S. 132–143)
Abb. 1, 8, 9: Archiv Torsten Foelsch (Sammlung Sibylle Scheller)
Abb. 2: KDM 1907
Abb. 3, 6, 7, 10: Bernd Schönberger 2019/20
Abb. 4, 5: Archiv Torsten Foelsch

Das Schlossportal (S. 144–149)
Abb. 1: Archiv Friedrich von Klitzing
Abb. 2, 3, 4: Dr. Peter-Michael Bauers 2018
Abb. 5: Bernd Schönberger 2019

Bemerkungen zur ehemaligen Ausstattung des Schlosses Demerthin (S. 150–157)
Abb. 1, 3: Archiv Friedrich von Klitzing
Abb. 2: Schmidt 1903
Abb. 4: Archiv Torsten Foelsch (Stiftung Stadtmuseum Berlin)
Abb. 5: Archiv Stadt- und Regionalmuseum Perleberg (Sammlung Max Zeisig)
Abb. 6: Bernd Schönberger 2020
Abb. 7: KDM 1907, Foto Max Zeisig
Abb. 8, 9: Archiv Torsten Foelsch (Nachlass Karl-Wolf von Klitzing)
Abb. 10: Archiv Torsten Foelsch (Sammlung Sibylle Scheller)

Der Patronatsfriedhof »Dunkle Horst« (S. 158–161)
Abb. 1: Archiv von Klitzing
Abb. 2: Dr. Peter-Michael Bauers 2018
Abb. 3: Bernd Schönberger 2019

Nutzungsperspektiven des Schlosses aus denkmalpflegerischer Sicht (S. 162–164)
Abb. 1: BLDAM, K. Scholz 2020

Fachliteratur und Quellen

Die Gemarkung Demerthin aus archäologischer Sicht
Kay Richter

CORPUS 1985
Corpus: Corpus archäologischer Quellen zur Frühgeschichte auf dem Gebiet der DDR (7. bis 12. Jahrhundert), 3. Lieferung, Bezirke Frankfurt, Potsdam, Berlin 1985.

ENDERS 1997
Liselotte Enders: Historisches Ortslexikon für Brandenburg, Teil 1, Prignitz, Weimar 1997.

GÖTZE 1907
Alfred Götze: Die vor- und frühgeschichtlichen Denkmäler des Kreises Ostprignitz, Berlin 1907.

MATTHES 1929
Walter Matthes: Urgeschichte des Kreises Ostprignitz, Leipzig 1929.

KARTEN
*Schmettausches Kartenwerk: 1:*50.000 (1767–87), Brandenburg-Sektion 49, Neustadt, GeoBasis-DE/LGB.

Urmesstischblatt: Preußische Kartenaufnahme 1:25000 - Uraufnahme -, 3039 Demerthin, 1843, Staatsbibliothek Preußischer Kulturbesitz, Berlin.

ARCHIV
BLDAM, Archiv
DGM 1: Schmettausches Kartenwerk, GeoBasis-DE/LGB 2020.

Der Ursprung des Namens Demerthin
Hans Joachim Schmitt

CARNOY 1949
Albert Carnoy: Origines des noms des communes de Belgique (y compris les noms des rivières et principaux hameaux). Tome I : A – J, Tome II: K – Z, Louvain 1948–49.

FISCHER 2005
Reinhard E. Fischer: Die Ortsnamen der Länder Brandenburg und Berlin. Alter – Herkunft – Bedeutung, Berlin/Brandenburg 2005.

GYSSELING 1960
Maurits Gysseling: Toponymisch Woordenboek van Belgie, Nederland, Luxemburg, Noord-Frankrijk en West-Duitsland (vóór 1226). Teil 1: A–M, Teil 2: N–Z, Tongeren 1960.

HELMOLD VON BOSAU [1963]
Helmold von Bosau: Chronica Slavorum / Slawenchronik [Lat.–Dt.]. Neu übertragen und erläutert von Heinz Stoob, Darmstadt 1963.

SCHMITT 2013A
Hans Joachim Schmitt: Ortsnamen aus dem nordfranzösisch-wallonischen Sprachraum in Brandenburg, in: Romanistik in Geschichte und Gegenwart, Heft 19, 1, 2013, S. 11–31.

SCHMITT 2013B
Hans Joachim Schmitt: Ortsnamen aus Nordfrankreich und Wallonien in der Prignitz und im Havelland, in: Mitteilungen des Vereins für Geschichte der Prignitz, Band 13, 2013, S. 193–198.

WAUER 1989
Sophie Wauer: Brandenburgisches Namenbuch, Teil 6: Die Ortsnamen der Prignitz, Weimar 1989.

Demerthin im Mittelalter und seine spätere
Entwicklung bis 1945
Torsten Foelsch

ENDERS 2000
Lieselott Enders: Die Prignitz. Geschichte einer kurmärkischen Landschaft vom 12. bis
zum 18. Jahrhundert (Veröffentlichungen des
brandenburgischen Landeshauptarchivs 38),
Potsdam 2000.

JONAS 1910
Gertrud Jonas: Charlotte Louise Bennecke und
ihr Kreis. Familienbild für Verwandte und
Freunde, Bd. 2, Berlin 1910.

KLITZING / MEYER-RATH 2014
*Friedrich von Klitzing, Wolf-Dietrich Meyer-
Rath (Hgg.):* Die spätmittelalterlichen Wand-
malereien in der Dorfkirche zu Demerthin,
Berlin 2014.

RIEDEL 1838
Adolph Friedrich Riedel: Codex diplomaticus
Brandenburgensis oder Geschichte der Städte,
Klöster und geistlichen Stiftungen, adelichen
Familien, Burgen und Schlösser der Mark Bran-
denburg. Erster Hauptteil, Bd. 1, Berlin 1838.

RIEDEL 1843
Adolph Friedrich Riedel: Codex diplomaticus
Brandenburgensis oder Geschichte der Städte,
Klöster und geistlichen Stiftungen, adelichen
Familien, Burgen und Schlösser der Mark
Brandenburg. Erster Hauptteil, Bd. 3, Berlin
1843.

SCHMIDT 1903
Georg Schmidt: Die Familie von Klitzing. Teil 2,
Die Genealogie des Geschlechts, Charlottenhof
1903.

SCHULTZE 1928
Johannes Schultze (Bearbeiter): Die Prignitz
und ihre Bevölkerung nach dem 30jährigen
Kriege. Auf Grund des Landesvisitationsproto-
kolls von 1652, Perleberg 1928.

VOGEL 1985
Werner Vogel: Prignitz-Kataster 1686–87 (Mit-
teldeutsche Forschungen, Bd. 92), Köln, Wien
1985.

Die Baugeschichte der Kirche Demerthin
Gordon Thalmann

ENDERS 1997
Liselott Enders: Historisches Ortslexikon für
Brandenburg Teil 1. Prignitz / bearb. von Lieselott Enders (Veröffentlichungen des Brandenburgischen Landeshauptarchivs), Weimar 1997.

KNÜVENER 1997
Peter *Knüvener:* Demerthin und die Wand-
malerei in der Prignitz, in: Mittelalterliche
Wandmalerei in der Mark Brandenburg – Bei-
träge der Fachtagung in Demerthin am 19.
Juni 2015. (Brandenburgisches Landesamt für
Denkmalpflege und Archäologisches Landes-
museum 41), Berlin 2017, S. 45–55.

MEYER-RATH 2016
Wolf-Dietrich Meyer-Rath (Hg): Die Kirchen
und Kapellen der Prignitz. Wege in eine bran-
denburgische Kulturlandschaft – mit Fachbei-
trägen von Hans Burger, Uwe Czubatynski,
Torsten Foelsch, Peter Knüvener, Hartmut
Kühne, Antje Reichel, Gordon Thalmann,
Johannes Wauer, Werner Ziems, Berlin 2016.

MEYER-RATH 2018
Wolf-Dietrich Meyer-Rath (Hg): Der Havelberger Altar und die Wandmalereien in der Dorfkirche zu Rossow, Berlin 2018.

RIEDEL 1842
Adolph Friedrich Riedel: Codex diplomaticus
Brandenburgensis – Sammlung der Urkunden,
Chroniken und sonstigen Quellenschriften für
die Geschichte der Mark Brandenburg und
ihrer Regenten, Bd. 3, Berlin 1842.

VON KLITZING 1990

Von Klitzingscher Familienverein (Hg.): Menschen und Schicksale. v. Klitzingsche Häuser im 19. und 20. Jahrhundert, Selbstverlag 1990.

Die Demerthiner Wandmalereien im regionalen Kontext
Peter Knüvener

BADSTÜBNER / KNÜVENER / LABUDA / SCHUMANN 2008

Ernst Badstübner, Peter Knüvener, Adam S. Labuda und Dirk Schumann: Die mittelalterliche Kunst in der Mark Brandenburg, Berlin 2008.

KARG 2010

Detlef Karg (Hg.): Mittelalterliche Wandmalerei in Brandenburg, Bd. 1: Der Südosten – die Brandenburgische Lausitz (Forschungen und Beiträge zur Denkmalpflege im Land Brandenburg 11), Worms 2010, S. 72–84.

KNÜVENER 2017

Peter Knüvener: Demerthin und die Wandmalerei in der Prignitz, in: Mittelalterliche Wandmalerei in der Mark Brandenburg (Arbeitshefte des Brandenburgischen Landesamtes für Denkmalpflege und Archäologischen Landesmuseums 41), Berlin 2017, S. 45–55.

KNÜVENER 2011

Peter Knüvener: Die spätmittelalterliche Malerei und Skulptur in der Mark Brandenburg (Forschungen und Beiträge zur Denkmalpflege im Land Brandenburg 14), Worms 2011 (zugl. Diss. HU Berlin 2010).

KNÜVENER / SCHUMANN 2015

Peter Knüvener, Dirk Schumann: Die Mark Brandenburg unter den frühen Hohenzollern. Beiträge zu Geschichte, Kunst und Architektur im 15. Jahrhundert, Berlin 2015.

KNÜVENER / RAUE / SCHUMANN 2010

Peter Knüvener, Jan Raue, Dirk Schumann: Die Wandmalereien in der Südvorhalle der Brandenburger Katharinenkirche. Ein herausragendes Beispiel spätmittelalterlicher Kunst und seine Konservierung, in: Beiträge zur Erhaltung von Kunst- und Kulturgut 2/2010, S. 46-60.

KNÜVENER 2009

Peter Knüvener: Bemerkungen zur Wandmalerei der ersten Hälfte des 15. Jahrhunderts in Brandenburg, in: Clemens Bergstedt, Heinz-Dieter Heimann, Hartmut Krohm, Wilfried Sitte (Hgg.): Die Bischofsresidenz Burg Ziesar und ihre Kapelle. Dokumentation der Wandmalereien im Kontext der spätmittelalterlichen Kunst- und Kulturgeschichte der Mark Brandenburg und angrenzender Regionen, Berlin 2009, S. 97–113.

Die Wandmalereien in der Demerthiner Kirche – Eine kultur- und frömmigkeitsgeschichtliche Interpretation
Hartmut Kühne und Nadine Mai

ABB / WENTZ 1929

Gustav Abb, Gottfried Wentz: Das Bistum Brandenburg 1,1 (Germania Sacra A. F. Abt. 1), Berlin 1929.

ANDRESEN 2017

Suse Andresen: In fürstlichem Auftrag. Die gelehrten Räte der Kurfürsten von Brandenburg aus dem Hause Hohenzollern im 15. Jahrhundert (Schriftenreihe der Historischen Kommission bei der Bayerischen Akademie der Wissenschaften 97), Göttingen 2017.

BERLINER 1955

Rudolf Berliner: Arma Christi, in: Münchner Jahrbuch der Bildenden Kunst 3. Folge, 6 (1955), S. 35–152.

BROWE 2007

Peter Browe: Die Eucharistie im Mittelalter: Liturgiehistorische Forschungen in kulturwissenschaftlicher Absicht, Berlin 2007.

DÖRING 2014

Thomas Th. Döring: Zinnaer Marienpsalter, in: Markus Cottin (Hg.): Thilo von Trotha. Merseburgs legendärer Kirchenfürst. Katalog zur Ausstellung Merseburg, 10.VIII.2014 bis 2.XI.2014, (Schriftenreihe der Vereinigten Domstifter zu Merseburg und Naumburg und des Kollegiatstifts Zeitz 7), Petersberg 2014, S. 330f.

DRACHENBERG 2017

Thomas Drachenberg (Hg.): Mittelalterliche Wandmalerei in der Mark Brandenburg: Beiträge der Fachtagung in Demerthin am 19. Juni 2015, hg. v. Brandenburgisches Landesamt für Denkmalpflege und Archäologisches Landesmuseum, Berlin 2017.

GRIESE 2011

Sabine Griese: Text-Bilder und ihre Kontexte. Medialität und Materialität von Einblatt-Holz- und Metallschnitten des 15. Jahrhunderts, Zürich 2011.

HABENICHT 2015

Georg Habenicht: Die Heilsmaschine. Der Flügelaltar und sein Personal, Petersberg 2015.

HAUG / WACHINGER 1993

Walter Haug, Burghart Wachinger (Hgg.): Die Passion Christi in Literatur und Kunst des Spätmittelalters, Tübingen 1993.

HÖHLBAUM 1885

Konstantin Höhlbaum: Zur Geschichte der Belagerung von Neuss 1474–75. Regesten, in: Mittheilungen aus dem Stadtarchiv von Köln 8 (1885), S. 1–52.

HONEMANN 2017

Volker Honemann: Predigt und geistliches Schrifttum im Leipziger Dominikanerkloster um 1500, in: Hartmut Kühne, Enno Bünz, Peter Wiegand (Hgg.): Johann Tetzel und der Ablass: Begleitband zur Ausstellung »Tetzel – Ablass – Fegefeuer« in Mönchenkloster und Nikolaikirche Jüterbog vom 8. September bis 26. November, Berlin 2017, S. 161–177.

JAHNKE 2020

Carsten Jahnke: Die Pilgerfahrt Christians I. nach Köln – Eine Pilgerreise ohne Pilger, in: Hartmut Kühne (Bearbeiter): Pilgerspuren. Ausstellungskatalog zu den Ausstellungen »Von Lüneburg an das Ende der Welt« 26.07.2020–01.11.2020 Museum Lüneburg und »Wege in den Himmel« 03.10.2020–14.02.2021 Museum Schwedenspeicher Stade, Petersberg 2020, S. 306–308.

JUNGMANN 1969

Josef Andreas Jungmann: Christliches Beten in Wandel und Bestand, München 1969.

KARG 2010

Detlef Karg (Hg.): Mittelalterliche Wandmalerei in Brandenburg. Bd. 1: Der Südosten – die Brandenburgische Lausitz, hg. v. Brandenburgisches Landesamt für Denkmalpflege und Archäologisches Landesmuseum (Forschungen und Beiträge zur Denkmalpflege im Land Brandenburg 11), Worms 2010.

KAWALLA / ADAM 2014

Gottfried Kawalla, Gottfried Adam: Die Wandmalereien und ihre Botschaften, in: Wolf-Dietrich Meyer-Rath, Friedrich von Klitzing 2014, S. 26–68.

KIENING 2011

Christian Kiening: Prozessionalität der Passion, in: Katja Gvozdeva, Hans-Rudolf Velten (Hgg.): Medialität der Prozession. Performanz ritueller Bewegung in Texten und Bildern der Vormoderne (Germanisch-romanische Monatsschrift, Beiheft 39), Heidelberg 2011, S. 177–197.

KLINKHAMMER 1975

Karl Joseph Klinkhammer: Die Entstehung des Rosenkranzes und seine ursprüngliche Geistigkeit, in: 500 Jahre Rosenkranz 1475. Köln

1975. Kunst und Frömmigkeit im Spätmittelalter und ihr Weiterleben, Ausstellungskatalog Erzbischöfliches Diözesan-Museum Köln, Köln 1975, S. 30–50.

KLINKHAMMER 1978

Karl Joseph Klinkhammer: Artikel »Alanus de Rupe (de la Roche, van der Clip)«, in: Verfasserlexikon, Bd. 1 (1978), Sp. 102–106.

KLINKHAMMER 1978A

Karl Joseph Klinkhammer: Artikel »Adolf von Essen«, in: Verfasserlexikon, Bd. 1 (1978), Sp. 66–68.

KLINKHAMMER 1980

Karl Joseph Klinkhammer: Artikel »Dominikus von Preußen«, in: Verfasserlexikon, Bd. 2 (1980), Sp. 190–192.

KLINKHAMMER 1980A

Karl Joseph Klinkhammer: Dic Kartause und die Entstehung des Rosenkranzes, in: Cistercienser-Chronik 87 (1980), S. 35–40.

KLINKHAMMER 1987

Karl Joseph Klinkhammer: Art. »Marienpsalter« und »Rosenkranz«, in: Verfasserlexikon, Bd. 6 (1987), Sp. 42–50 und Nachtrag in Bd. 11, Sp. 977.

KOLLER 1980

Heinrich Koller: Der St.-Georgs-Ritterorden Kaiser Friedrichs III, in: Josef Fleckenstein, Manfred Hellmann: Die geistlichen Ritterorden Europas (Vorträge und Forschungen. Konstanzer Arbeitskreis für mittelalterliche Geschichte, 26), Sigmaringen 1980, S. 417–429.

KÖRKEL-HINKFOTH 1994

Regine Körkel-Hinkfoth: Die Parabel von den klugen und törichten Jungfrauen (Mt. 25, 1–13) in der bildenden Kunst und im geistlichen Schauspiel, Frankfurt a. M. 1994.

KRASS 2015

Andreas Kraß: Räume des Mitleidens. Text und Bild in einem deutschen Mariengebetbuch des Spätmittelalters, in: Hans Aurenhammer, Daniela Bohde: Räume der Passion. Raumvisionen, Erinnerungsorte und Topographien des Leidens Christi in Mittelalter und Früher Neuzeit (Vestigia Bibliae 32/33), Bern u. a. 2015, S. 311–332.

KNÜVENER 2012

Peter Knüvener: Die spätmittelalterliche Skulptur und Malerei in der Mark Brandenburg (Forschungen und Beiträge zur Denkmalpflege im Land Brandenburg 14), Worms 2012.

KNÜVENER 2014

Peter Knüvener: Die Malereien aus kunsthistorischer Sicht, in: Meyer-Rath / Klitzing 2014, S. 20–25.

KNÜVENER 2017

Peter Knüvener: Demerthin und die Wandmalerei in der Prignitz, in: Drachenberg 2017, S. 45–55.

KÜFFER 1975

Hatto Küffer: Zur Kölner Rosenkranzbruderschaft, in: 500 Jahre Rosenkranz. Kunst und Frömmigkeit im Spätmittelalter und ihr Weiterleben, Ausstellungskatalog Erzbischöfliches Diözesan-Museum Köln, Köln 1975.

KÜHNE / BÜNZ / MÜLLER 2013

Hartmut Kühne, Enno Bünz, Thomas Müller (Hgg.): Alltag und Frömmigkeit am Vorabend der Reformation in Mitteldeutschland, Katalog zur Ausstellung ›Umsonst ist der Tod‹, Mühlhausen: Museum am Lindenbühl, Leipzig: Stadtgeschichtliches Museum, Magdeburg: Kulturhistorisches Museum, Petersberg 2013.

KÜHNE 2017

Hartmut Kühne: Ablassvermittlung und Ablassmedien um 1500. Beobachtungen zu Texten, Bildern und Ritualen um 1500 in Mitteldeutschland, in: Andreas Rehberg (Hg.): Ablasskampagnen des Spätmittelalters. Luthers Thesen von 1517 im Kontext (Bibliothek des Deutschen Historischen Instituts in Rom 132), Berlin 2017, S. 427–457.

KURMANN 2002

Peter Kurmann: Zur Vorstellung des Himmlischen Jerusalem und zu den eschatologischen

Perspektiven in der Kunst des Mittelalters, in: Jan A. Aertes, Martin Pickavé (Hgg.): Ende und Vollendung. Eschatologische Perspektiven im Mittelalter (Miscellanea mediaevalia 29), Berlin 2002, S. 293–300.

LANGE 1975

Joseph Lange: Pulchra Nussia. Die Belagerung der Stadt Neuss durch Herzog Karl den Kühnen von Burgund 1474/75, in: Ders. (Hg.): Neuss, Burgund und das Reich, Neuss 1975, S. 9–190.

LCI

Lexikon der christlichen Ikonographie, hg. v. Engelbert Kirschbaum in Zusammenarbeit mit Günter Bandmann, Rom 1990.

LEUKEL 2014

Patrick Leukel: »des hers obirster heuptman«. Zur Rolle Albrechts Achilles für Kaiser Friedrich III. im Neusser Krieg (1474/75), in: Mario Müller (Hg.): Kurfürst Albrecht Achilles (1414–86), Kurfürst von Brandenburg, Burggraf von Nürnberg (Jahrbuch des Historischen Vereins für Mittelfranken 102), Ansbach 2014, S. 511–526.

LEUKEL 2019

Patrick Leukel: »all welt will auf sein wider Burgundi«. Das Reichsheer im Neusser Krieg 1474/75 (Krieg in der Geschichte 110), Paderborn u.a. 2019.

LÖHR 2009

Gabriel M. Löhr: Die Dominikaner an der Leipziger Universität (Quellen und Forschungen zur Geschichte des Dominikanerordens in Deutschland 30), Vechta 1934, unveränderter Nachdruck Köln, Dominikaner-Provinz Teutonia 2009.

MAGIN / EISERMANN 2020

Christine Magin, Falk Eisermann: Eine neue niederdeutsche Inschrift in Kraak, erscheint in: Mecklenburgisches Jahrbuch 135 (2020) (in Vorbereitung).

MEYER-RATH / KLITZING 2014

Wolf-Dietrich Meyer-Rath, Friedrich von Klitzing: Die spätmittelalterlichen Wandmalereien in der Dorfkirche zu Demerthin, Berlin 2014.

MEYER-RATH 2018

Wolf-Dietrich Meyer-Rath (Hg.): Der Havelberger Altar und die Wandmalereien in der Dorfkirche zu Rossow, Berlin 2018.

MISCHLEWSKI 1976

Adalbert Mischlewski: Grundzüge der Geschichte des Antoniterordens bis zum Ausgang des 15. Jahrhunderts (Bonner Beiträge zur Kirchengeschichte 8), Wien u. a. 1976.

NOLL 2004

Thomas Noll: Zu Begriff, Gestalt und Funktion des Andachtsbildes im späten Mittelalter, in: Zeitschrift für Kunstgeschichte 67 (2004), S. 297–328.

NOLL 2004A

Thomas Noll: Albrecht Altdorfer in seiner Zeit. Religiöse und profane Themen in der Kunst um 1500 (Kunstwissenschaftliche Studien 115), München 2004.

PARAVICINI 2017

Werner Paravicinir: König Christian in Italien (1474), in: Oliver Auge (Hg.): König, Reich und Fürsten im Mittelalter. Festschrift für Karl-Heinz Spieß (Beiträge zur Geschichte der Universität Greifswald 12), Stuttgart 2017, S. 255–368 und S. 528-533 (Abbildungen).

PAULUS 2000

Nikolaus Paulus: Geschichte des Ablasses am Ausgange des Mittelalters, Neudruck Darmstadt 2000.

PETER 1930

Alfred Peter: Die Schutzheiligen im Barnim und Teltow, in: Jahrbuch für brandenburgische Kirchengeschichte 25 (1930), S. 14–42.

PRIEBATSCH 1897

Felix Priebatsch: Politische Correspondenz des Kurfürsten Albrecht Achilles, Bd. 2: 1475–80 (Publikationen aus den königlich-preußischen Staatsarchiven 67), Leipzig 1897.

REUDENBACH 2005

Bruno Reudenbach: Wandlung als symbolische Form. Liturgische Bezüge im Flügelretabel der St. Jacobi-Kirche in Göttingen, in: Bernd Carqué, Hedwig Röckelein (Hgg.): Das Hochaltarretabel der St. Jacobi-Kirche in Göttingen, Göttingen 2005, S. 249–272.

REUDENBACH 2008

Bruno Reudenbach: Loca sancta. Zur materiellen Übertragung der heiligen Stätten, in: Bruno Reudenbach (Hg.): Jerusalem du Schöne (Vestigia Bibliae 28), Bern u. a. 2008, S. 9–32.

RICHTER 2015

Jan Friedrich Richter (Hg.): Lübeck 1500. Kunstmetropole im Ostseeraum, Petersberg 2015.

RICHTER 2018

Kay Richter: Die spätmittelalterlichen Wandmalereien in der Dorfkirche zu Rossow und ihre Botschaften, in: Meyer-Rath / Klitzing 2018, S. 83–118.

RÖPCKE 1998

Andreas Röpcke: Anfänge, Aufgaben und Aktivitäten der Antoniter in Tempzin, in: Mecklenburgisches Jahrbuch 113 (1998), S. 157–176.

RUBIN 1992

Miri Rubin: Corpus Christi. The Eucharist in Late Medieval Culture, Cambridge 1992.

SATZINGER / ZIEGELER 1993

Georg Satzinger, Hans-Joachim Ziegeler: Marienklagen und Pietà, in: Walter Haug, Burghart Wachinger *(Hgg.):* Die Passion Christi in Literatur und Kunst des Spätmittelalters, Tübingen 1993, S. 241–276.

SCHILLER 1968

Gertrud Schiller: Ikonografie der christlichen Kunst. Bd. 2: Die Passion Christi. Gütersloh 1968. Schiller 1971 (Gertrud Schiller: Ikonografie der christlichen Kunst. Bd. 3: Auferstehung und Himmelfahrt), Gütersloh 1971.

SCHLIE 1898

Friedrich Schlie: Die Kunst- und Geschichts-Denkmäler des Grossherzogthums Mecklenburg-Schwerin. 2. Bd., Die Amtsgerichtsbezirke Wismar, Grevesmühlen, Rehna, Gadebusch und Schwerin, Schwerin 1898.

SCHLIE 2002

Heike Schlie: Bilder des Corpus Christi. Sakramentaler Realismus von Jan van Eyck bis Hieronymus Bosch, Berlin 2002.

SCHMIDT 1891

Georg Schmidt: Die Familie von Klitzing, Bd. 1: Urkundenbuch, Charlottenburg 1891.

SCHMIDT 1903

Georg Schmidt: Die Familie von Klitzing, Bd. 2: Die Genealogie des Geschlechts, Charlottenburg 1903.

SCHMIDT 1995

Gary Schmidt: The Iconography of the Mouth of Hell. Eight Century Britain to the Fifteenth Century, Danvers 1995.

SCHMIDT 2003

Siegfried Schmidt: Die Entstehung der Kölner Rosenkranzbruderschaft von 1475, in: Heinz Finger (Hg.): Der heilige Rosenkranz. Eine Ausstellung der Diözesan- und Dombibliothek Köln zum Rosenkranzjahr 2003, Köln 2003, S. 45–62.

SCHNEIDER 2019

Katja Schneider (Hg.): Verehrt, geliebt, vergessen. Maria zwischen den Konfessionen. Katalog zur Ausstellung im Augusteum Lutherstadt Wittenberg, 13.04.–18.09.2019, Petersberg 2019.

SCHREINER 2000

Klaus Schreiner: Märtyrer, Schlachtenhelfer, Friedenstifter: Krieg und Frieden im Spiegel mittelalterlicher und frühneuzeitlicher Heiligenverehrung, Opladen 2000.

THALMANN 2014

Gordon Thalmann: Zur Baugeschichte der Dorfkirche, in: Meyer-Rath / Klitzing 2014, S. 14–19.

THALMANN 2018

Gordon Thalmann: Zur Baugeschichte der Dorfkirche zu Rossow im Kontext spätmittel-

alterlicher Sakralarchitektur, in: Meyer-Rath/
Klitzing 2018, S. 17–36.

TSCHIRCH 1928/1929

Otto Tschirch: Geschichte der Chur- und Haupt-
stadt Brandenburg an der Havel. Festschrift zur
Tausendjahrfeier der Stadt 1928/29, Brandenburg 1928.

ULRICH 1889

Adolf Ulrich: Acten zum Neusser Krieg 1472–
75, in: Annalen des Historischen Vereins für
den Niederrhein 49 (1889), S. 2–191.

VOLBACH 1917

Wolfgang Fritz Volbach: Der Hl. Georg. Bildli-
che Darstellung in Süddeutschland mit Berücksichtigung der norddeutschen Typen bis zur
Renaissance, Straßburg 1917.

WENTZ/SCHWINEKÖPER 1972

Gottfried Wentz, Berent Schwineköper: Das Erz-
bistum Magdeburg 1,1: Das Domstift St. Moritz
in Magdeburg (Germania Sacra A. F. Abt. 1: Die
Bistümer der Kirchenprovinz Magdeburg), Ber-
lin/New York 1972.

VETTER 1958/59

Ewald M. Vetter: Mulier amicta sole und Mater
salvatoris, in: Münchener Jahrbuch der bildenden Kunst, 3. Folge 3 (1958/59), S. 32–71.

ZENDER 1959

Matthias Zender: Räume und Schichten mittelalterlicher Heiligenverehrung in ihrer Bedeutung
für die Volkskunde: Die Heiligen des mittleren
Maaslandes und der Rheinlande in Kultge-
schichte und Kultverbreitung, Düsseldorf 1959.

ZENDER 1974

Matthias Zender: Heiligenverehrung im Han-
seraum, in: Hansische Geschichtsblätter 92
(1974), S. 1–15.

**Restaurierung und Perspektiven für die
Demerthiner Wandmalereien**
Hans Burger

BLDAM OBJEKTAKTE

Alle Angaben zu Vorbereitung und Durchführung der Restaurierung zitiert aus der Objektakte in der Registratur im Brandenburgischen Landesamt für Denkmalpflege und
Archäologisches Landesmuseum (BLDAM);
Altakte der Berliner Arbeitsstelle des Instituts
für Denkmalpflege der DDR (1949–90).

BLDAM 2017

Die Beiträge zur Wandmalerei zusammengestellt im Arbeitsheft des BLDAM Nr. 41: Mittelalterliche Wandmalerei in der Mark Brandenburg, Beiträge der Fachtagung in Demerthin
am 19. Juni 2015, Berlin 2017.

**Die Familie von Klitzing – Gutsherren und
ihre starken Frauen**
Torsten Foelsch

VON KLITZING 1990

v. Klitzing'schen Familienverein e. V.: Menschen
und Schicksale. v. Klitzing'sche Häuser im 19. und
20. Jahrhundert. Die Familie von Klitzing, Teil 5,
hg. v. v. Klitzing'schen Familienverein e. V. , Kassel
1990.

RIEDEL 1838

Adolph Friedrich Riedel: Codex diplomaticus
Brandenburgensis oder Geschichte der Städte,
Klöster und geistlichen Stiftungen, adelichen
Familien, Burgen und Schlösser der Mark Bran-
denburg. Erster Hauptteil, Bd. 1, Berlin 1838.

RIEDEL 1843

Adolph Friedrich Riedel: Codex diplomaticus
Brandenburgensis oder Geschichte der Städte,

Klöster und geistlichen Stiftungen, adelichen Familien, Burgen und Schlösser der Mark Brandenburg. Erster Hauptteil, Bd. 3, Berlin 1843.

SCHMIDT 1903

Georg Schmidt: Die Familie von Klitzing. Teil 2. Die Genealogie des Geschlechts, Charlottenhof 1903.

SCHMIDT 1907

Georg Schmidt: Die Familie von Klitzing. Teil 3. Der Güterbesitz des Geschlechts und 2. Abteilung des Urkundenbuches, Berlin 1907.

Renaissanceschloss, Wirtschaftsgut und Parkanlage Demerthin
Torsten Foelsch

BERG / MÜLLER 1997

Peter Berg, Betty H. Müller: Schloß Demerthin. Ergebnisbericht zur historischen Bauforschung. Maschschr. Manuskript (Kopie im Archiv des Autors), Berlin 1997.

BERG / MÜLLER 2000

Peter Berg, Betty H. Müller: Demerthin. Bauforschung in Schloß Demerthin – seine Wandlungen im 17. und 18. Jahrhundert, in: Brandenburgische Denkmalpflege, 9. Jg., Heft 2, Berlin 2000.

KDM OSTPRIGNITZ 1907

Georg Büttner, Paul Eichholz, Friedrich Solger, Willy Spatz: Die Kunstdenkmäler des Kreises Ostprignitz, Berlin 1907.

FOELSCH 1997

Torsten Foelsch: Adel, Schlösser und Herrenhäuser in der Prignitz. Ein Beitrag zur Kunst- und Kulturgeschichte einer märkischen Landschaft, Leipzig, Perleberg 1997.

FOELSCH 2017

Torsten Foelsch: Die Gutsparks in der Prignitz. Nicht nur märkischer Sand – 400 Jahre Geschichte ländlicher Gartenkunst, Groß Gottschow 2017.

HAHN / LORENZ 2000

Peter-Michael Hahn, Hellmut Lorenz (Hgg.): Herrenhäuser in Brandenburg und der Niederlausitz. Kommentierte Neuausgabe des Ansichtenwerks von Alexander Duncker (1857–83), Berlin 2000, 2 Bände.

HELMIGK 1929

Hans-Joachim Helmigk: Märkische Herrenhäuser aus alter Zeit, Berlin 1929.

JONAS 1910

Gertrud Jonas: Charlotte Louise Bennecke und ihr Kreis. Familienbild für Verwandte und Freunde. Bd. 2, Berlin 1910.

KDM RUPPIN 1914

Theodor Goeck, Paul Eichholz, Willy Spatz, Friedrich Solger: Die Kunstdenkmäler des Kreises Ruppin, Berlin 1914.

KDM WESTHAVELLAND 1913

Theodor Goecke, Paul Eichholz, Willy Spatz: Die Kunstdenkmäler des Kreises Westhavelland, Berlin 1913.

LODDENKÄMPER 1998

Monika Loddenkämper: Schloß Demerthin, in: Schlösser und Gärten der Mark, Berlin 1998.

LODDENKÄMPER 2000

Monika Loddenkemper: Demerthin. Bauforschung an den Fassaden des Schlosses, in: Brandenburgische Denkmalpflege, Jg. 9, Heft 2, Berlin 2000.

SCHMIDT 1903

Georg Schmidt: Die Familie von Klitzing. Teil 2. Die Genealogie des Geschlechts, Charlottenhof 1903.

SCHMIDT 1907

Georg Schmidt: Die Familie von Klitzing. Teil 3. Der Güterbesitz des Geschlechts und 2. Abteilung des Urkundenbuches, Berlin 1907.

Das Schlossportal
Friedrich von Klitzing

BRANDENBURGISCHE DENKMALPFLEGE 2000
Brandenburgische Denkmalpflege, Jg. 9, H. 2, Berlin 2000: Sieben Fachbeiträge von mehreren Autoren zur Geschichte der Familie von Klitzing, zum Schloss, zur Bauforschung am Schloss und zur Sanierung des Schlosses.
FONTANE 1966
Theodor Fontane: Wanderungen durch die Mark Brandenburg, Bd. 1: Die Grafschaft Rupin, u.a. Ullstein 1966.
FRANK / SCHUBERT / STREICH 2004
Georg Frank, Thomas Schubert und André Streich: Demerthin – Die Restaurierung des Schlossportals, in: Brandenburgische Denkmalpflege, Jg. 13, H. 1, Berlin 2004.
HAHN / LORENZ 2000
Peter Michael Hahn, Hellmut Lorenz (Hgg.): Herrenhäuser in Brandenburg und der Niederlausitz. Kommentierte Neuausgabe des Ansichtenwerks von Alexander Duncker (1857–83). 2 Bände, Berlin 2000.
JONAS 1910
Gertrud Jonas: Charlotte Louise Bennecke und ihr Kreis. Familienbild für Verwandte und Freunde, 2 Bände, Berlin 1910.
VON KLITZING 2006
Friedrich von Klitzing: Der Offizier und Musiker Friedrich von Klitzing, in: Mitteilungsblatt der Landesgeschichtlichen Vereinigung für die Mark Brandenburg e.V., Berlin, September 2006.

Bemerkungen zur ehemaligen Ausstattung des Schlosses Demerthin
Torsten Foelsch

KDM OSTPRIGNITZ 1907
Georg Büttner, Paul Eichholz, Friedrich Solger, Willy Spatz: Die Kunstdenkmäler des Kreises Ostprignitz, Berlin 1907 (KDM 1907).
SCHMIDT 1891
Georg Schmidt: Die Familie von Klitzing. Erster Teil: Urkundenbuch, Charlottenhof 1891.

Die Autoren

Kay Richter M.A.

Geboren 1976 in Karl-Marx-Stadt, Studium der Kunstgeschichte und Geschichte an der Friedrich-Alexander-Universität Erlangen-Nürnberg, Auslandssemester in Parma/Italien, Magisterarbeit 2001: Das Stadttheater in Chemnitz (veröffentlicht). Forschungsschwerpunkte: Stadtkernarchäologie, historische Bauforschung und moderne Architektur und Städtebau.

Dr. Hans Joachim Schmitt

Geboren 1930, studierte romanische und englische Philologie und promovierte in Romanistik. Er unterrichtete an zwei rheinland-pfälzischen Gymnasien; daneben versah er einen Lehrauftrag für Französisch an der Universität Gießen. Er publizierte zahlreiche Aufsätze in deutschen und französischen Fachzeitschriften, insbes. auf dem Gebiet der französischen Lexikologie, aber auch einige Beiträge zur Ortsnamenkunde.

Torsten Foelsch

Geboren 1968 in der Prignitz, 1990–2005 Mitarbeiter der Unteren Denkmalschutzbehörde des Landkreises Prignitz, seit 2005 selbständiger Hotelier in der Prignitz und in Masuren sowie Reiseunternehmer und Publizist. Zahlreiche Veröffentlichungen zur Geschichte und Kunstgeschichte der Prignitz, Mecklenburgs und Ostpreußens sowie zum Adel und der Gütergeschichte der Prignitz. Seit 2020 auch Mitarbeiter des Stadt- und Regionalmuseums Perleberg.

Gordon Thalmann M.A.

Geboren 1980 in Perleberg, Studium der Kultur-, Wirtschafts- und Verwaltungswissenschaften in Berlin und Potsdam 2001–09. Aufbaustudium der Denkmalpflege mit den Schwerpunkten des Kulturgutschutzes, der Kunstgeschichte und der Historischen Bauforschung in Frankfurt an der Oder 2006–10. Masterarbeit 2010: Die mittelalterlichen Dachwerke auf Prignitzer Dorfkirchen des 13. und 14. Jahrhunderts im Kontext des hochmittelalterlichen Landesausbaus. Promotionsschrift in Fertigstellung: Mittelalterliche Kirchen im Bistum Havelberg (Arbeitstitel). Leiter der unteren Denkmalschutzbehörde des Landkreises Prignitz.

Dr. phil. Peter Knüvener

Geboren 1976 in Essen, Studium der Kunstgeschichte, Klassischen Archäologie und Mittelalterlichen Geschichte in Münster, Freiburg, Bologna und Berlin (HU), Promotion zur spätmittelalterlichen Skulptur und Malerei in der Mark Brandenburg, ab 2004 Lehraufträge an der HU, Wissenschaftlicher Mitarbeiter bzw. Ausstellungskurator bei der Stiftung Stadtmuseum Berlin (Märkisches Museum), dem HBPG Potsdam, dem Stadt- und Regionalmuseum Perleberg und dem Landesmuseum Hannover, seit März 2016 Direktor der Städtischen Museen Zittau.

Dr. Hartmut Kühne

Geboren 1965 in Magdeburg, studierte an der Kirchlichen Hochschule Berlin (Ost) und an der Theologischen Fakultät der Humboldt-Universität zu Berlin Evangelische Theologie. Von 1993 bis 2008 war er an der Humboldt-Universität zu Berlin als wissenschaftlicher Mitarbeiter beschäftigt. Seit 2009 ist er freiberuflich für verschiedene Ausstellungs- und Forschungsprojekte tätig. Schwerpunkte seiner Arbeit sind die Kirchen- und Frömmigkeitsgeschichte des späten Mittelalters und der Frühen Neuzeit, insbesondere die Wallfahrtsforschung und die Frömmigkeitsgeschichte des frühneuzeitlichen Luthertums.

Dr. des. Nadine Mai

Geboren 1983, promovierte Kunsthistorikerin, forscht zu Fragen der Ikonografie, Medialität und Materialität in der mittelalterlichen Kunst. Besondere Schwerpunkte sind der Umgang mit Reliquien, Kultbildern sowie der der Passion Christi. Ihre Dissertation verfasste sie zur Jerusalemkapelle in Brügge mit einem weiten Ausblick zu den »Monumentalen Nachbildungen der Heiligen Stätten« um 1500. Zudem war sie an verschiedenen Ausstellungen und Forschungsprojekten, u.a. zu »Jugendstil« (Hamburg), »Pilgerspuren« (Lüneburg, Stade) oder »Hüllen und Enthüllungen«(Hamburg) beteiligt.

Hans Burger, Diplom-Restaurator

Geboren 1961 in Leipzig, Vorstudium Malerei und Grafik an der HfGBK Leipzig, Studium Restaurierung an der HfBK Dresden, Diplom Fachrichtung Wandmalerei und Architekturfassung. Ab Ende 1989 angestellt bei der Berliner Arbeitsstelle des Instituts für Denkmalpflege, seit 1991 im Brandenburgischen Landesamt für Denkmalpflege; im Referat Restaurierung zuständig vor allem für Putz- und Farbgestaltungen in den nördlichen Teilen Brandenburgs.

Werner Ziems, Diplom-Restaurator

Geboren 1956 in Berlin, 1982 Abschluss des Studiums an der Hochschule für Bildende Künste Dresden als Diplom-Gemälderestaurator, danach angestellt und freischaffend in der Denkmalpflege tätig, seit 1987 im Brandenburgischen Landesamt für Denkmalpflege und Archäologischen Landesmuseum (bis 1990 Institut für Denkmalpflege), Fachbereich Gemälde/Holzskulptur, mit dem Arbeitsschwerpunkt Kirchenausstattungen, insbesondere gefasste Holzskulpturen.

Friedrich von Klitzing

Geboren 1933 in Hinterpommern, aufgewachsen in Mecklenburg, Studium der Mathematik in Rostock und der Architektur in Dresden, 1969 übergesiedelt in den Westen Deutschlands durch Freikauf, nach beruflicher Tätigkeit als Systemanalytiker für Planungsinformation, überwiegend als Selbständiger, jetzt im Ruhestand.

Geprägt durch Flucht und Vertreibung 1945, Miterleben des 17. Juni 1953, Inhaftierung in der DDR und Aktionen zur Deutschen Einheit, seit Mitte der 80er Jahre familiengeschichtlich für Demerthin engagiert.

Dr. Georg Frank

Geboren 1957, Promotion im Fach Kunstgeschichte 1989, anschließend zwei Jahre Volontariat im Landesdenkmalamt Rheinland-Pfalz. 1991 bis 1992 Mitarbeit in einem Architekturbüro in Erfurt, seit Oktober 1992 Mitarbeiter des Brandenburgischen Landesamtes für Denkmalpflege und archäologischen Landesmuseums mit Sitz in Zossen. Als Fachreferent der Abteilung Bau- und Kunstdenkmalpflege für wechselnde Kreise zuständig. Seit April 2013 Leiter des Dezernats Praktische Denkmalpflege.

Dipl.-Ing. Univ. Andreas Salgo, M.Sc.

Geboren 1973, von 1994 bis 1999 Architektur und Städtebau an der TU München studiert und von 2005 bis 2007 historische Bauforschung und Denkmalpflege an der TU Berlin. Freiberufliche Tätigkeit in Architekturbüros in München und Berlin, Volontariat in der Bauabteilung der Bayerischen Verwaltung der staatlichen Schlösser, Gärten und Seen. Seit Dezember 2017 Mitarbeiter des Brandenburgischen Landesamtes für Denkmalpflege und archäologischen Landesmuseums mit Sitz in Zossen. Als Fachreferent der Abteilung Bau- und Kunstdenkmalpflege für die Kreise Prignitz, Ostprignitz-Ruppin, Oberhavel und Oberspreewald-Lausitz zuständig.

Derzeit Promotion am Institut für Stadt und Regionalplanung der TU Berlin.

Studienstiftung Dr. Uwe Czubatynski

Die »Studienstiftung Dr. Uwe Czubatynski« wurde am 2. Mai 2005 als rechtlich selbständige Stiftung errichtet und hat ihren formellen Sitz in Perleberg. Sie wird von dem Stifter als Vorstand ehrenamtlich geleitet und von einem fünfköpfigen Kuratorium beraten und kontrolliert. Als Stiftungsaufsicht fungiert das Ministerium des Innern des Landes Brandenburg in Potsdam.

Zweck der Stiftung ist laut Satzung »die Förderung von Wissenschaft und Forschung auf dem Gebiet der Geisteswissenschaften und des Buch- und Bibliothekswesens sowie der Kultur«.

Kooperationen bestehen mit dem Verein für Geschichte der Prignitz, dem Förderkreis Alte Kirchen Berlin-Brandenburg, dem Förderverein Wunderblutkirche St. Nikolai Bad Wilsnack und mit der Evangelischen Kirchengemeinde Rühstädt. Seit 2007 ist die Studienstiftung Mitglied im Bundesverband Deutscher Stiftungen. Aktuelle Informationen finden Sie im Internet unter:

www.stiftung-czubatynski.de

Stiftungen sind eine Investition in die Zukunft. Deshalb zählen wir auf Ihre Mithilfe. Die Studienstiftung legt besonderen Wert darauf, durch Veröffentlichung der Jahresberichte ihre finanziellen Verhältnisse offenzulegen. Sie leistet damit einen Beitrag zur oft noch fehlenden Transparenz gemeinnütziger Organisationen. Mit Ihrer Zustiftung helfen Sie dauerhaft und nachhaltig, die satzungsmäßigen Zwecke erfüllen zu können.

Bankverbindung
Sparkasse Prignitz
»Studienstiftung«
IBAN: DE89 1605 0101 1311 0125 39

Ingenieurbüro für Baustatistik und Sanierungsplanung

Die in der zweiten Hälfte des 15. Jahrhunderts entstandene Kirche in Demerthin stellt aufgrund der erhaltenen bauzeitlichen Baustruktur, Dachkonstruktion und der mittelalterlichen Ausmalung des Innenraumes eine Besonderheit dar. Somit benötigt sie eine besondere Herangehensweise, was eine Herausforderung für ein Planungsbüro darstellt. Die Planungsarbeiten für die Kirche wurden bereits 2007 begonnen und in Jahren 2019–20 weitergeführt. Im Zuge dessen ist eine komplexe Sanierungskonzeption mit Kostenschätzung entstanden, die das Aufmaß des Gebäudes mit Erstellung von CAD – Zeichnungen als Grundlage für die weiteren Arbeiten, eine konstruktive und holzschutztechnische Bewertung der Haupttragelemente der vorhandenen Dachkonstruktionen von Schiff und Turm, eine Kartierung der festgestellten Schäden sowie eine Ableitung von Sanierungsmaßnahmen erfasste. Die Maßnahmenkonzeption ist in enger Zusammenarbeit mit den Denkmalbehörden, dem kirchlichen Bauamt und den Restauratoren entstanden. Die Sanierung der Kirche, beginnend mit den Maßnahmen am Kirchenschiff, ist für 2021 und 2022 geplant und wird durch das Büro ibs weiterbetreut. Das historisch gewachsene, authentische Erscheinungsbild des Denkmals soll dabei besonders gewürdigt werden.

Das Büro ibs führt seit 1993 erfolgreich alle Planungsleistungen sowie Fachplanungen mit Schwerpunkt im Bereich der Sanierung von denkmalgeschützten Bauwerken aus. Unser Wissen basiert auf langjähriger Erfahrung und den breitgefächerten Kompetenzen unserer Mitarbeiter.

IBS Ingenieurbüro
für Baustatik und
Sanierungsplanung
Dipl.-Ing.(FH) A. Nisse

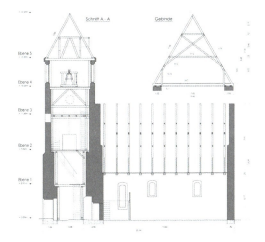

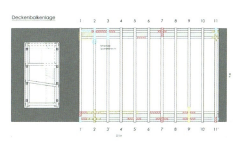

Förderkreis Alte Kirchen
Berlin-Brandenburg e.V.

Dorfkirche Glienicke

Am 3. Mai 1990 wurde unter dem Motto »Retten – Erhalten – Nutzen« der Förderkreis Alte Kirchen Berlin-Brandenburg e.V. (FAK) gegründet. Der gemeinnützige Verein setzt sich für die Bewahrung und Instandsetzung von historischen Kirchengebäuden in den ländlichen Regionen Brandenburgs ein. Dafür arbeitet er mit der staatlichen und kirchlichen Denkmalpflege und mit Kirchengemeinden, Kommunen und den lokalen Fördervereinen zusammen. Der FAK finanziert sich ohne öffentliche Zuschüsse aus Spenden, Mitgliedsbeiträgen und dem Verkauf eigener Publikationen. Schirmherr des Förderkreises Alte Kirchen ist der Präsident a. D. des Deutschen Bundestags Dr. hc. Wolfgang Thierse.
Bis heute konnte der FAK Zuschüsse in Höhe von mehr als 2.000.000 Euro zur Verfügung stellen. Um die Erhaltung der Kirchengebäude auch langfristig sichern zu können, gründete er 2007 eine eigene »Stiftung Brandenburgische Dorfkirchen«.
Seit 2002 schrieb der FAK jährlich den Wettbewerb »Startkapital« aus, der neu gegründete Kirchen-Fördervereine mit einer Anschubfinanzierung für ihre Arbeit auszeichnete. Als Dachverband berät und vernetzt der FAK lokale Initiativen und Vereine.
Seit 2000 erscheint die Jahresbroschüre »Offene Kirchen« mit dem Ziel, den Reichtum an sakraler, künstlerischer und geschichtlicher Tradition zu zeigen, der sich hinter den Mauern brandenburgischer Dorfkirchen verbirgt. Der FAK fördert Projekte zur behutsamen Nutzungserweiterung von Kirchen. So arbeitete er eng mit dem Verein »Theater in der Kirche« e.V. zusammen und ist Mitveranstalter der Reihe »Musikschulen öffnen Kirchen«.
Im Jahr 2002 erhielt der FAK den Brandenburgischen Denkmalpreis, im Jahr 2013 den Deutschen Preis für Denkmalschutz.

Förderkreis Alte Kirchen Berlin-Brandenburg e.V.
Postfach 024675, 10128 Berlin, Tel. 030 4493051
altekirchen@gmx.de, www.altekirchen.de

SPENDENKONTO: Förderkreis Alte Kirchen e.V.
IBAN: DE94 5206 0410 0003 9113 90

Verein für Geschichte der Prignitz

Am 9. September 1999 wurde der Verein für Geschichte der Prignitz e. V. in Rühstädt gegründet. Im Vordergrund der Vereinsarbeit steht die wissenschaftliche Erforschung der Regionalgeschichte der Prignitz.

Der Verein möchte allen an der Geschichte der Prignitz Interessierten ein Forum bieten. Ur- und Frühgeschichte, mittelalterliche Geschichte, Stadtgeschichte, Industriegeschichte, Kirchengeschichte, Adelsgeschichte, Genealogie und andere Aspekte der historischen Überlieferung sollen im Verein eine Plattform für den Informationsaustausch finden. Der Verein organisiert jährlich im Frühjahr eine Exkursion zu verschiedenen Orten in der Prignitz sowie eine Jahrestagung im Herbst.

Die Forschungsergebnisse werden in den »Mitteilungen des Vereins für Geschichte der Prignitz« seit 2001 einem größeren Publikum auch außerhalb der Prignitz zugänglich gemacht.

Darüber hinaus will der Verein den vielen bereits seit Jahren erfolgreich tätigen lokalen Vereinen in der Prignitz in dieser Zeitschrift die Möglichkeit bieten, über ihre Aktivitäten zu berichten. Aktuelle Informationen finden Sie im Internet unter:

www.uwe-czubatynski.homepage.t-online.de/verein.html

Um diese Vereinsarbeit dauerhaft aufrecht erhalten zu können, sind wir neben den bewusst niedrig bemessenen Mitgliedsbeiträgen auch auf Spenden angewiesen. Wir bitten daher sowohl Privatpersonen als auch Unternehmen um freundliche Unterstützung unserer gemeinnützigen Tätigkeit.

Mitglieder, Spender und Geschichts-Interessierte
sind stets willkommen!

SPENDENKONTO: Verein für Geschichte der Prignitz
IBAN: DE16 1605 0101 1311 0088 09

Impressum

Fachautoren: Hans Burger, Torsten Foelsch, Georg Frank, Peter Knüvener, Hartmut Kühne, Nadine Mai, Kay Richter, Andreas Salgo, Hans Joachim Schmitt, Gordon Thalmann, Friedrich von Klitzing, Werner Ziems
Konzeption: Gordon Thalmann
Redaktion: Wolf-Dietrich Meyer-Rath
Fotos: Bernd Schönberger u.a.

Herausgeber:
Wolf-Dietrich Meyer-Rath und Friedrich von Klitzing
mit
Förderkreis Alte Kirchen Berlin-Brandenburg e.V.
Postfach 024675, 10128 Berlin
www.altekirchen.de

Lukas Verlag für Kunst und Geistesgeschichte
Kollwitzstraße 57
10405 Berlin
www.lukasverlag.com

Layout und Satz: Kathrin Reiter Werbeagentur, www.kathrinreiter.de
Druck: Westermann Druck Zwickau GmbH

Printed in Germany
ISBN 978-3-86732-364-2